中国社会科学引文索引（CSSCI）来源集刊

制度经济学研究

总第六十一辑（2018年第3期）

黄少安　主编

中国财经出版传媒集团
经济科学出版社
Economic Science Press

图书在版编目（CIP）数据

制度经济学研究．2018 年．第 3 期：总第六十一辑/黄少安主编．—北京：经济科学出版社，2018．9
ISBN 978－7－5141－9785－3

Ⅰ．①制…　Ⅱ．①黄…　Ⅲ．①制度经济学－文集
Ⅳ．①F091．349－53

中国版本图书馆 CIP 数据核字（2018）第 222774 号

责任编辑：于海汛　王　莹
责任校对：靳玉环
责任印制：李　鹏

制度经济学研究
总第六十一辑（2018 年第 3 期）
黄少安　主编
经济科学出版社出版、发行　新华书店经销
社址：北京市海淀区阜成路甲 28 号　邮编：100142
总编部电话：010－88191217　发行部电话：010－88191522
网址：www．esp．com．cn
电子邮件：esp@ esp．com．cn
天猫网店：经济科学出版社旗舰店
网址：http：//jjkxcbs．tmall．com
北京财经印刷厂印装
787×1092　16 开　14．25 印张　270000 字
2018 年 9 月第 1 版　2018 年 9 月第 1 次印刷
ISBN 978－7－5141－9785－3　定价：43．00 元
（图书出现印装问题，本社负责调换。电话：010－88191510）

制度经济学研究

Journal of Research in Institutional Economics

目　录

CONTENTS

制度结构、技术进步、交易费用与经济增长[*]

杨友才　史倩姿　王　希[**]

【摘　要】本文沿用戴维斯（Davis，2010）的研究思路在市场分工的基础上，研究制度结构、技术进步和交易费用之间的关系，从而解读经济增长。模型研究表明：（1）长期经济增长率在技术外生且增长率为零的条件下，取决于人力资本和制度质量的增长速度。（2）交易成本和经济增长之间的关系取决于制度的柔性水平。当制度柔性水平越高，交易费用越小时，收入增长率水平越高；反之，当制度柔性越小，交易费用越高时，则收入增长率越低，甚至出现负增长。（3）在强制度柔性条件下，技术冲击会导致交易费用的减少；而在弱制度柔性条件下，技术进步有可能导致交易费用的增加。（4）在技术内生化模型中，在强制度柔性时，人力资本的提高会降低交易成本，从而促进经济增长；在弱制度柔性时，则可能出现相反的结果。

【关键词】**经济增长　制度柔性　劳动分工　交易成本**

中图分类号：**F061**　文献标识码：**A**

一、引　言

改革开放以来，中国经济开启了腾飞的大门，以超乎寻常的速度创造了经济发展史上的奇迹，经济始终保持中高速增长。1978～2011年，中国GDP的增长率大多保持在8%～10%水平，1992～1994年，增长率更是高达13%，

---

* 基金项目：本文受到国家社科基金项目（09DJG09）和青岛市社科基金（QDSKL1701124）的资助。

** 杨友才，青岛科技大学经济与管理学院金融系教授，硕士导师；地址：（266061）青岛市松岭路99号青岛科技大学经管学院；E-mail：yangyoucai@ pku. edu. cn。史倩姿、王希，青岛科技大学研究生。

中国经济取得了辉煌的成就。这得益于我国人口基数庞大的人口红利、以土地为代表的资源红利和以市场化改革为导向的制度红利。然而，近年来随着人口红利的逐渐消失、资源红利的日趋紧张，中国经济逐步进入经济新常态，GDP增长率保持在中高速发展。在新的经济形势下，为实现全面建设小康社会的目标，就必须进一步依靠制度变迁所带来的“制度红利”与科技创新所带来的“技术红利”。

制度红利在近几年主要体现为政府的简政放权，废除冗余制度，充分发挥市场的自我调控功能。现实经济中的“公地悲剧”及“反公地悲剧”所造成的资源浪费及“寻租”引起的过高的交易成本都说明了简政放权的必要性。简政放权其实就是在资源配置问题上对政府以及市场关系进行结构性的调整，从而使得政府和市场能够各司其职，最终增进社会的总效益。从交易成本的视角来看，解放束缚市场主体的“无形枷锁”和错装在政府身上的“有形之手”可以降低交易成本，促进资源优化配置①。李克强总理强调，新时期深化行政体制改革、转变政府职能要简政放权、放管结合、优化服务同时推进。改革最根本的目的就是要解放和发展生产力。将制约人民手脚的冗余制度废除掉，将千千万万中国人民的积极性充分调动起来，这就是改革最大的红利②。各地开展的“五证合一、一照一码、多证合一”等商事制度改革有效降低了创业创新的制度性成本，一系列制约企业设立的规定得到了松绑减负，市场主体活力被迅速激发③。

科技进步对于经济发展的影响已毋庸置疑。智能电话、电脑以及一系列网络服务的普及和完善提高了物流效率、降低了物流成本和交易成本，大大促进各种交易的发生④。以“共享单车和共享汽车”为代表的共享经济的本质就在于它降低交易成本，使得原来不可交易的资源进入了可交易的范围。共享经济实际上是通过共享平台来高效率匹配供求双方，从而降低了交易成本，进而实现资源的最优配置。这一重大商业模式变革需要强有力的技术进步供给。

---

① 赵晓丽、邓荣霖：《交易成本经济学理论与企业的制度变迁》，载于《经济问题》2006年第11期。

② 安放在国家博物馆内的109枚公章曾经“天经地义”地代表着政府的审批权力，每枚公章都是一道通往市场的“关卡”，束缚了人民群众的手脚。简政放权改革中，天津滨海新区将分散在18个不同单位的216项审批职责合并为“一局一章”，原有的109枚公章就此废弃。2014年9月，在李克强总理见证下，它们被永久封存了起来，其目的是把错装在政府身上的手，换成市场的手。赵之林：《109枚公章“革”进国家博物馆》，载于《新京报》2017年2月19日，第8版。

③ 石毅：《商事制度改革降低创业门槛》，载于新华网，2018年1月12日，http：//www.nmg.xinhuanet.com/xwzx/2018－01/12/C－1122246538.htm。

④ 例如，2017年11月11日凌晨，天猫“双十一”狂欢节开始5分57秒，交易额就达到了191亿元，至1小时49秒，成交额超过了571亿元。https：//tech.sina.cn/i/gn/2017－11－11/detail－ifynshev5377922.d.html。

中国“渐进式、先行先试、抢抓机遇、全面铺开”等特点的制度变迁提高了中国制度质量，从而改变了制度结构，带来了制度红利。因此，制度结构和技术进步与交易费用为我们理解中国经济增长的奇迹提供了非常好的思路和视角，本文将在市场化分工的基础上构建制度结构与经济增长模型，并在此基础上引入技术内生性，探讨制度结构、技术进步与交易成本以及经济增长之间的关系。

二、文献综述

在制度变迁与经济增长的研究中，诺斯（North，1991）认为在欧洲早期的经济发展中，包括避免高利贷方法的进步、货币之间的兑换、标准权重的确定以及会计实务、保险公司和股份公司发展等的制度变迁发挥着至关重要的作用。林毅夫（1994）利用生产函数实证研究了我国1978～1984年农村改革对农村经济的影响，结果表明，农村改革即制度变迁对农村的经济发展做出了巨大贡献。孙斌栋（2007）以新制度经济学为理论基础，研究制度变迁与经济增长之间的关系，利用回归分析发现制度变迁是影响中国区域经济增长的主要因素。与之相反，缺乏制度变革的社会则阻碍了经济增长。库兰（Kuran，2004）认为在中世纪晚期，伊斯兰教的继承法和合同法并没有很好地支持集体商业企业发展，因此限制了中东地区规模经济的开发。同时，他还认为“这些制度在它们出现的时候并没有造成经济衰退。然而在西方发展现代经济体制的长期过程中，这些一成不变的制度却变成了障碍”。其实，制度与经济增长之间是相互影响的。阿西莫格鲁（Acemoglu，2002）以欧洲殖民的历年数据为研究对象发现制度与经济增长之间存在因果关系。钟昌标（2008）利用约翰逊（Johnson）协整检验与格兰格（Granger）因果关系检验，结果显示制度与经济增长之间存在长期均衡的关系，同时又存在因果关系。

影响经济增长的因素中，制度结构这一因素至关重要，其中制度结构包括制度质量（Institutional Quality）与制度柔性（Institutional Flexibility）（Davis，2010）。诺斯（1995）强调制度结构存在静态与动态的区别，指出配置效率是一个静态的概念，它是一套固定的制度，要想保持经济良性增长关键在于制度的灵活性即制度柔性，制度能随着技术与人口的不断变化而迅速调整。奈克（Knack）、基弗（Keefer，1995）和莫罗（Mauro，1995）的研究中对制度的定义进行延伸，给出了现代制度质量的衡量标准。在制度质量与经济增长研究中，格罗斯曼（Grossman，2005）认为当跨国公司处于不完全契约的制度环境中时，这个企业则面临“敲竹杠”和“反敲竹杠”的风险。所以制度质量决定了跨国企业的行为，进而影响经济的发展。列夫琴科（Levchenko，

2007）以不完全契约分析框架为基础引入制度质量，分析表明，包括契约执行质量、知识产权保护、投资者法律保护程度等在内的制度质量的确可以构成一国比较优势的重要来源。类似地，伯纳德（Bernard，2010）通过分析美国跨国公司贸易发现，以政府管制与企业执行等为基础的制度质量对公司的贸易起到决定性的作用。阿拉（Ara，2013）首次将制度质量和企业异质性结合起来，发现制度质量具有引致型的比较优势，尤其是依赖制度质量的产业部门，这种比较优势更加明显，所以具有较高制度质量的北方国家在具有制度质量密集型的产业上出口占比更大。在实证研究方面，巴蒂兹（Rivera－Batiz，2002）往往侧重于对制度质量的静态衡量。刘文革等（2008）基于中国1952～2006年的数据，通过C－D生产函数模型，引入制度质量因素，结果表明制度质量对产出有显著的正向促进作用。阿西莫格鲁等人（2001）还提出了1900年民主程度与当前的制度质量之间的联系，认为随着时间的推移，拥有更灵活的早期制度的社会，在更具竞争性的政治市场，会创造出更好的产权和更高的收入水平。一般来说，一个国家的政治自由度与经济自由度较高，那么这个国家的经济增长率也就较高（Scully，1988，1992）。沃特尼、劳森和霍尔科姆（Cwartney，Lawson and Holcombe，1999）则把世界经济自由指数作为制度变量，验证了在国家层面上经济自由度对经济增长的重要作用。

制度质量冲击和制度柔性冲击的影响解读为不同类型的制度改革，其正面的质量冲击与经济制度质量的提高相对应，正面的柔性冲击与包含政治和法律制度在内的更为根本性的制度改革相对应。对经济增长而言，制度质量的提高只有水平效应而无增长效应；制度柔性的提高导致了经济的永续增长，即改变了经济的增长率水平（Davis，2010）。制度柔性与制度变迁与创新相联系，米尔格龙（Milgrom，1990）和格雷夫（Greif，1994）分别通过研究同一时期出现的私人法官和商业行会这一制度创新认为，该制度创新的出现扩大了贸易机会同时又创造了扩大贸易的机会。王艾青（2008）指出制度变迁是一个动态变化过程，这个过程涉及激励水平与交易费用的不断变化，判断一个国家制度水平的高低在于观察该制度提供的激励水平的高低与降低交易费用的多少。马蒂·闵金恩（Matti Minkkinen，2015）以渐进制度变迁理论为基础构建制度变迁的分析框架，认为隐私权保护作为一种社会制度，有着特定历史和动态性。

相对价格的变化对制度变迁有着重要推动作用，这是因为相对价格的变化改变了人们在互动中的激励，所谓的相对价格的变化包括以下几个方面，即土地、劳动及资本等要素价格比率的变化、信息成本的变化以及技术的变化（诺斯，2008）。林毅夫（2000）从粮食生产的角度出发，认为各种交易费用的总和小于制度创新的费用才能推进制度变革。在交易费用与制度变迁的研究中，经济增长的源泉来自劳动分工的演进。专业技能的积累提高了劳动分工的收益，同时也要求员工采用更广泛、更复杂的人际交流模式。这就涉及交易成本的高低。交易关系复杂性的增强提高了市场交易成本，降低了进一步专业化和增长的动力。历史事实证明，企业机械式的扩大生产规模并不能实现规模收益，企业规模扩大会增加企业内部交易成本，缺乏制度变迁使得交易成本居高不下，从而限制经济增长。发达经济体中，政治瘫痪导致的制度僵化可能解释一些发达经济体国家长期停滞的情况。比如一些专家指出，20世纪90年代的日本（Gimond，2002）以及20世纪70年代的英国（Olson，1982）所表现出的现象就是如此。刘琳（2013）在研究我国少数民族地区的扶贫工作时提出，由于贫困地区的制度变迁在家庭联产承包责任制后出现停滞，一些必要的制度设置缺失，损害了扶贫的效率，导致经济发展缓慢。

在技术进步与制度变迁的研究中，纳尔逊（Nelson，1994）首次对技术创新与制度变迁的关系进行了理论研究，强调了技术与制度协同演化以驱动经济增长。林毅、何代欣（2012）认为制度变迁对经济的影响中已经包含了技术进步对经济增长的作用，也就是说制度变迁引发了技术进步的产生。李平（2015）基于1998～2012年省级面板数据实证研究了市场化制度变迁对我国技术进步的影响，研究表明，虽然市场化制度变迁抑制了技术创新，但促进了技术的溢出效应。杨发庭（2016）认为技术进步与制度变迁两者紧密联系，是不可分割的动态结构与有机整体。技术进步为制度变迁提供支撑，是制度变迁的动力源。制度变迁为技术进步提供坚实保障，是技术进步的助推器。技术进步和制度变迁的双向互动，促进了经济发展和社会进步。类似地，范忠宏（2011）利用中国不同的发展阶段，通过对制度变迁与技术创新的分析，认为技术与制度是相互作用共同推动中国经济发展的。综观各种研究，可以将制度与技术的关系分为三种：决定论、互不决定论、协同演化论。其中“决定论”又分为技术创新决定制度创新，制度变革决定技术创新；“互不决定论”是指两者相互影响、相互依赖，对于谁决定谁没有实质性的意义；“协同演化论”是技术创新与制度变迁两者相互适应，在两者相互作用的情况下，原因和结果相互交替。一般情况下，技术创新既包括技术自身的创新，又包括在经济活动中组织与管理过程的创新。一项技术的创新往往会引发制度的变革，给新技术的实施创造条件。

与新兴古典经济学的观点类似，诺斯和沃利斯（Wallis，1994）为交易费用、制度变迁与经济增长三者提供了统一的理论分析框架，研究认为经济的增长并不是简单地来自技术的进步而是源于分工结构的改变，劳动分工导致交易活动量的变化，交易活动量的改变则会引起交易费用的增减，从而引起制度的变化。蔡潇彬（2016）在研究诺斯的制度变迁理论时指出诺斯变迁理论主要依赖于三个方面，即交易费用的重要性、人类行为的假定和制度构成。然而针对交易费用的研究，很多学者往往孤立地去对其进行分析，造成了交易费用与制度的割裂。由于制度本身具有复杂性与层次性的特点，制度也是随时间延伸变化的。在经济生产活动中，个体由于接触新的交易而拓展了新型关系，同时劳动分工的增加也为制度变革提供了机会。制度变革提高了制度质量，降低了市场交易成本，并允许进一步扩大劳动分工。

此外，很多学者还研究了在适应经济增长时各种制度变迁的能力。在英美法系中，法官在制定法律时扮演主动积极的角色，而在大陆法系中，法制体系被立法者制定，法官则扮演着被动的角色。在一种研究新兴经验主义的文献中人们发现，实行英美法系的国家往往会获得更好的经济结果（Djankov，2002；Botero，2004）。就像拉姆瑞思（Lamoreaus）和罗森塔尔（Rosenthal，2005）的研究结果一样，其他关于比较法律发展的研究也倾向于强调制度变迁和创新能力，而不是法律体系的效率。在一项跨国公司法律的对比分析中，皮斯托等人（Pistor et al.，2003）得出的结论是，在任何时候法律体系的创新能力比法律体系能给特定利益相关者提供利益的保护性更重要。伯科威茨等人（Berkowitz et al.，2003）研究发现，法律体系的成功很大程度上取决于法官和律师是否能够“提高法律的质量，以适应当地的需求”。因此，尽管在英美法和大陆法的相对柔性方面存在一些分歧，但对法律体系的研究会对法律制度的长期运行具有重要意义。

综上所述，技术进步会促进制度变迁，降低交易费用，促进交易的发生，加快制度的变迁，提高制度的质量。本文试图在劳动分工的基础上，从交易费用的视角，沿用戴维斯（2010）的思路，分别考虑技术外生和内生的情况下，制度质量和制度柔性与经济增长的关系，从而在理论上进一步丰富制度经济学研究。

三、模型框架

（一）基于劳动分工的生产函数

模型由一个“纳米经济体”（Nano－Economic）出发，其生产被分解为单个任务的连续体，每一个任务都与一个特定的知识分支相关联。有 N 个相同的个体。每个人都被赋予了 h 单位人力资本和单位时间。有一个连续的生产任务，取值为 $a\in[0,1]$，每一个任务与相同指数的中间产品相关联。专业工人生产的产品是全部中间产品的一个子集 $n\in(0,1]$，劳动专业化程度与个体生产的中间产品的数量成反比：$s\equiv\frac{1}{n}$。一个个体的时间和人力资本在他的生产活动中都是均匀分配的，因此特定的中间产品的劳动和资本投入分别为式（1）、式（2）：

$$l_a = \frac{1}{n} = s \tag{1}$$

$$h_a = \frac{h}{n} = sh \tag{2}$$

中间产品是利用柯布—道格拉斯生产函数进行生产的如式（3）所示：

$$z_a(l_a,\ h_a) = Al_a^{\varepsilon}h_a^{\beta} \tag{3}$$

这里 ε，$\beta \in (0,\ 1)$，并且在整个生产过程中都是一致的，技术水平 A 是外生的，与模型本身无关。简单起见，假定技术水平保持不变。通过对 z_a 积分来得到生产任务集合中的人均产出，即为式（4）。

$$z(s,\ h) = \int_n z_a da = As^{\alpha}h^{\beta} \tag{4}$$

其中 $\alpha \equiv \varepsilon + \beta - 1$。注意式（4）和大多数生产函数不同的地方在于它的参数 s，不是生产的要素，而是一个组织变量。专业化生产表现为假定劳动分工的指数是正的。通常的，专业化的收益增加是由于中间产品的收益增加。

通过专业化生产，工人增加了花费在每种工作上的时间，从而允许他们更充分地利用分配在特定工作的人力资本，意味着 $\frac{dz_h}{ds} > 0$。同样的，人力资本的上升会提高分配在每个生产任务上的时间效率，从而提高专业化的收益，即 $\frac{dz_s}{dh} > 0$。劳动专业化和人力资本之间的相互作用为经济增长提供了一个良性循环的基础，这个循环是由资本积累和专业化相互强化的过程所驱动的，因此有 $z_{sh}(s,\ h) > 0$。

在里昂惕夫（Leontief）的理论中，每单位中间产品会被组合生产成为一单位最终产品。最终产品可以被用来消费，或者被视为存货投资。由于每个专业化生产者只生产全部中间产品的一部分，因此他们必须拿出一部分产品与其他专业化生产者进行交换，这样才能获得他没有生产的那些中间产品。

交换产品需要成本。用 m 表示“市场规模”，即专业化生产组合中参与者的个数。假定生产组合中一个参与者的全部交易成本是 $x(m) = \tau m$，这里 τ 是单位个体的市场交易成本。交易的对称性表明了劳动分工与市场参与者是统一的，因此有劳动专业化等于市场规模。

$$s = m \tag{5}$$

人均收入可以表示为劳动专业化程度和人力资本的函数，它等于产出减去交易成本：

$$y(s,\ h) = As^{\alpha}h^{\beta} - \tau s \tag{6}$$

中间产品生产环节不考虑垄断问题，由于生产的个体是基本相同的，假定商品交易是根据专业化决定之前协商好的交易合同进行的，在合同签订时没有哪一个中间产品生产者是垄断的，都是价格的接受者（Yang and Borland，1991）。

给定交易成本系数和人力资源禀赋，个体选择适当的劳动专业化使收入最大化。如前面所述，均衡劳动专业化 s^e 随着人力资本的增大而增大，随着市场交易成本的增大而减小。

$$s^e = \left[\frac{\alpha A}{\tau}\right]^{\frac{1}{1-\alpha}} h^{\frac{\beta}{1-\alpha}} \tag{7}$$

将式（7）代入式（6），则人均产出为式（8）：

$$y(h) = \bar{A}\tau^{\frac{-\alpha}{1-\alpha}} h^{\frac{\beta}{1-\alpha}} \tag{8}$$

其中 $\bar{A} = (1-\alpha)\alpha^{\frac{\alpha}{1-\alpha}} A^{\frac{1}{1-\alpha}}$，在这些等式中，人力资本的指数可以大于 1 或者小于 1，这取决于在中间产品的生产中专业化收益和人力资本收益递减的相对作用。为了分析方便，假定 $\alpha \equiv 1-\beta$，意味着专业化收益能够弥补规模效益递减。这类似于“AK”结构的生产函数，对永久的内源增长是十分必要的（Romer，1994）。因此均衡的劳动专业化和人力资本分别是式（9）和式（10）：

$$s^e = \left[\frac{\alpha A}{\tau}\right]^{\frac{1}{1-\alpha}} h \tag{9}$$

$$y(h) = \bar{A}\tau^{\frac{-\alpha}{1-\alpha}} h \tag{10}$$

式（10）显示了资本的回报率 r 是独立于人力资本的水平的，且随着市场交易成本的增加而减少：

$$r = \bar{A}\tau^{\frac{-\alpha}{1-\alpha}} \tag{11}$$

即每个单位的人力资本对于收益的回报率与人力资本水平无关。

（二）制度变迁、制度柔性与市场交易成本

在任何时刻，市场交易成本 τ 都是随着平均市场规模 $\bar{m}$ 的扩大而增加，随着技术水平 A 的提高而减小，且随着制度质量水平 q 的增大而减小，这就是说制度质量①水平越高，信息的不对称性越低，人们的诚信度越高，政府

---

① 伊斯特利和莱文（Easterly and Levine，1996）在纳克和基弗（Knack and Keefer，1995）研究的基础上建构了一个制度质量指数（Index of Institutional Quality）。他们的研究成果为后来的经济学家对于制度与经济绩效关系的研究提供了一个重要的分析工具。Knack 和 Keefer 认为，一国制度质量的高低主要体现在一国政府的治理（Governnance）水平上，因此他们基于对这样四个与政府治理有关的方面的测度来说明制度质量的：（1）官僚机构的质量（Quality of the Bureaucracy），指政府行政服务的水平与效率以及行政人员的培训与招募方式；（2）法律规则（Rule of Law），指是否有健全的政治制度、强有力的法律体系以及政治权力的平稳交替；（3）侵占的风险（Risk of Expropriation），指政府对私人财产的保护力度，私人财产被没收和国有化的风险；（4）政府当局对合同或债务的拒绝承认（Repudiation of Contracts by Government），指政府的公信度。

的公信力越高，市场竞争越公平，法律制度越健全，产权保护越完善，契约的执行力越强，人们之间交易越容易实现。因此，我们假定式（12）：

$$\tau = \frac{\bar{m}}{A^{\frac{2}{1-\alpha}} q} \tag{12}$$

市场规模提供了一个市场交易复杂性的大概度量。在一个有 m 个参与者的市场中，将会有$\frac{m(m-1)}{2}$双边交易。但为了分析上方便，我们可以假定每个人的交易数量近似是随着市场规模线性增长的。通过增加每个人的交易数量，市场规模会扩大，这会降低制度及其相关基础设施（如马路、法庭和警察等）的有效性，从而增加了市场交易成本。因此，市场规模的扩大通过影响相关公共基础设施的使用而提高了交易成本。

制度质量影响了当前社会与交易相关的知识储备（比如产权与专利保护法、消费法等）。这种知识储备是过去在市场交易相关的经验中逐渐积累起来的。例如，在英美法系社会中，从交易冲突中积累的判例构成了一种社会改进的形式，它导致了商业法的逐渐演变。在信贷和信用评级公司的账单演变过程中，私营部门也有类似的过程。我们假设交易相关的知识是非排他性的，因此交易成本相关是社会的交易历史，而不是某个人的交易历史。

劳动分工决定了制度质量的需求，而制度的柔性决定了形成新制度以满足这一需求的效率（Davis，2010）。制度质量的变迁采取以下形式：

$$\dot{q} = A\sigma(\bar{m} - q) \tag{13}$$

显然技术水平越高，制度变迁可能性越大。这是因为制度的实现离不开技术的支持，技术为制度的实施提供了可操作、可重复的基础，没有技术支撑的制度在现实生活中就是空中楼阁。这里参数 $\sigma \geqslant 0$ 是指一个社会潜在的制度变迁的能力。也就是说，σ 是我们对制度柔性的度量。等式（13）表明只有当新的交易关系产生的时候，即当市场规模超出了制度的承受能力，$\bar{m} > q$ 时，制度质量会得到提升。这意味着，简单地重复熟悉的交易，就无法维持持久的制度质量的提升。如果市场规模随着时间的推移保持不变，随着制度质量接近市场规模，制度质量提升的速度就会放缓。此外，等式（13）揭示了如果当前的制度能力未得到充分利用 $\bar{m} < q$，就会导致制度萎缩 $\dot{q} < 0$①，将等式（13）的两边除以制度质量水平有：

① 此模型潜在的缺点是它允许制度上的萎缩，这是令人疑惑的。首先，历史和实证研究都倾向于强调制度的持久性变迁（North，1991；Acemoglu et al.，2001）。其次，（14）是为了使制度演进对更大制度质量的需求做出回应。然而，即便是在一个对制度质量要求特别低的经济体中，也不清楚为什么经济机构会要求较低的制度质量。考虑到这些问题，用一个可替换的制度变革形式来代替（14），即$\frac{\dot{q}}{q} = \max\{A\sigma(A^{\frac{2}{1-\alpha}}\tau - 1),\ 0\}$。（14）和此式的关键区别是低水平的交易成本下，即 $\tau < \frac{1}{A}$时，此式使得了制度不具有持久性变迁能力 $\dot{q} = 0$，而不是制度萎缩 $\dot{q} < 0$。

$$g_q = A\sigma(A^{\frac{2}{1-\alpha}}\tau - 1) \tag{14}$$

（三）消费者函数

消费者的目标是实现终生效用最大化 $U = \int_0^{\infty} e^{-\theta t}\ln(c_t)dt$，其中 θ 为折现因子，但同时受到人均产出函数（10）、交易成本（12）、制度变迁（13）的制约，人力资本的积累为

$$\dot{h}_t = y_t - c_t \tag{15}$$

个体的收入通常可以分为两部分，一部分用来消费，另一部分用来储蓄。在本文中储蓄的部分则体现为人力资本的积累。

在此，给定初始状态的人力资本和制度质量为 h_0，q_0。则通过效用最大化问题的一阶条件，可获得消费增长函数：

$$g_c = r - \theta \tag{16}$$

其中 r 是人力资本的边际产量。

四、制度结构与经济增长

（一）制度柔性下的稳态分析

当给定的初始条件时，差分方程（14）、（15）、（16）组成的系统共同决定了制度质量、人力资本以及消费的时间路径，从而控制了经济的动态行为。即制度质量、人力资本和消费的时间路径都由以上等式刻画，在一个动态经济中，当到达稳态之前，控制变量将按照以上方程中刻画的轨迹发展，从而决定整个经济的动态发展，直至最后到达稳态①，在均衡条件下消费和人力资本在所有最优轨迹中是以共同的速度增长的。因此，由（10）、（11）、（15）和（16），得到

$$g_h = \bar{A}\tau^{\frac{-\alpha}{1-\alpha}} - \theta \tag{17}$$

由（5）、（9）和（12），可得：

$$\tau(A,\ h,\ q) = \alpha^{\frac{1}{2-\alpha}}\left[\frac{h}{q}\right]^{\frac{1-\alpha}{2-\alpha}} A^{\frac{-1}{2-\alpha}} \tag{18}$$

---

① 当然现实生活中的经济发展会与式（17）~式（19）体现的轨迹有不吻合，但大致趋势总是一致的，经济发展会受到各种我们无法预测到的主观因素影响，因此本文的研究并不能完全将这些因素体现出来，因此理论与实际的经济总是存在一定偏差。

即交易成本表示为人力资本和制度质量的函数。

由式（18）可得：

$$g_\tau = \left[\frac{1-\alpha}{2-\alpha}\right](g_h - g_q) \tag{19}$$

即市场交易成本的增长率可以表示为模型状态变量的增长率的函数。式（19）表明交易费用的增长率与制度变迁的增长率成反比，因此制度变迁会带来交易费用的降低，制度质量提升对于促进经济增长是功不可没的，正如诺斯（1991）关于欧洲经济增长的描述，“商人们重新设计有效的合同机制，这种机制降低了交易成本，提高了收益率，使贸易更加有利可图，从而增加了贸易量”。

等式（14）$g_q = A\sigma(A^{\frac{2}{1-\alpha}}\tau - 1)$ 和式（17）$g_h = \bar{A}\tau^{\frac{-\alpha}{1-\alpha}} - \theta$ 决定了唯一的交易成本水平，从而决定了稳态条件下的增长率。

如图 1 所示，当 $\bar{\tau} = \left[\frac{\bar{A}}{\theta}\right]^{\frac{1-\alpha}{\alpha}} > A^{\frac{-2}{1-\alpha}}$，稳态条件下的增长率是正的，表示促进了经济发展，是高生产率经济体的表现；当 $\bar{\tau} = \left[\frac{\bar{A}}{\theta}\right]^{\frac{1-\alpha}{\alpha}} < A^{\frac{-2}{1-\alpha}}$时，稳态条件下的增长率是负的，是低生产率经济体的表现。

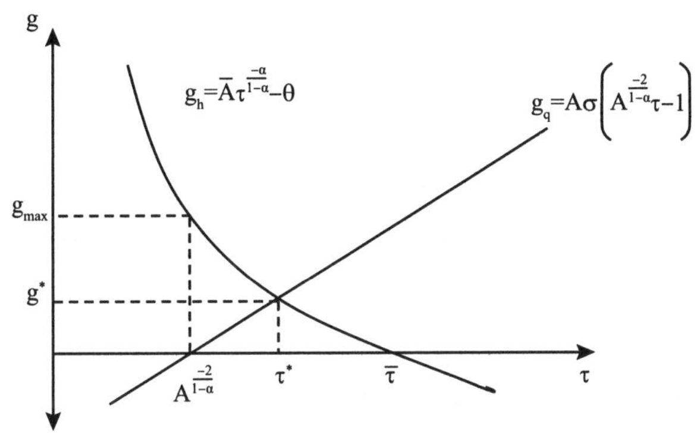

图 1　稳态增长率与交易成本水平

由图 1 可知，经济稳态点（τ^*，g^*）是稳定的。例如，如果交易成本最初低于稳定水平，那么人力资本的增长速度将超过制度质量的增长速度，根据式（19）可知，这会导致交易成本上升，直至达到稳定水平。

在完全柔性制度中，制度质量会立即适应市场规模的变化，即 $m = q$，在图 1 中表示为垂线 $\tau = A^{\frac{-2}{1-\alpha}}$，代入等式（14），稳态增长率达到给定生产和参数的最大值，$g_{max} = \bar{A}A^{\frac{2\alpha}{(1-\alpha)^2}} - \theta$。另外的情况是制度完全缺乏柔性，即 $\sigma = 0$，g_q 函数曲线与水平轴重合，稳态增长率和交易成本水平则分别为 0 和 $\bar{\tau}$。

稳态条件下的增长率和交易成本分别由以下等式决定：

$$g^{*}=\bar{A}\left(\frac{g^{*}+A\sigma}{A^{\frac{3-\alpha}{1-\alpha}}\sigma}\right)^{\frac{-\alpha}{1-\alpha}}-\theta \tag{20}$$

$$\tau^{*}=\frac{A\sigma+\bar{A}\tau^{*\frac{-\alpha}{1-\alpha}}-\theta}{A^{\frac{3-\alpha}{1-\alpha}}\sigma} \tag{21}$$

人力资本和制度质量在稳态情况下以同样的速度 g^{*} 增长，并维持式（18）中的稳定关系。则稳态条件下的人力资本水平为：

$$h_t^{*}=q_t^{*}\alpha^{\frac{-1}{1-\alpha}}A^{\frac{1}{1-\alpha}}\tau^{*\frac{2-\alpha}{1-\alpha}} \tag{22}$$

联立方程（10）、（18）、（21），我们可以将稳态条件下的收入水平表示为人力资本和制度质量的函数：

$$y_t^{*}=(1-\alpha)\alpha^{\frac{\alpha}{2-\alpha}}A^{\frac{2}{(2-\alpha)(1-\alpha)}}h_t^{*\frac{2-2\alpha}{2-\alpha}}q_t^{*\frac{\alpha}{2-\alpha}} \tag{23}$$

平衡增长路径上的长期经济增长率为：

$$g_y=\frac{2-2\alpha}{2-\alpha}g_h+\frac{\alpha}{2-\alpha}g_q \tag{24}$$

由式（24）可以看出，长期经济增长率在技术外生且增长率为零的条件下取决于人力资本和制度质量的增长速度，但是交易成本与收入增长率之间的关系是不明确的。例如，交易成本的增加会减小第一项，但增加了两项。为此，考虑在稳定状态下线性化（24），收入的增长近似于：

$$g_y(\tau)\approx g^{*}+\left(\frac{\alpha A^{\frac{3-\alpha}{1-\alpha}}\sigma-2\alpha\bar{A}\tau^{*\frac{-1}{1-\alpha}}}{2-\alpha}\right)(\tau-\tau^{*}) \tag{25}$$

从式（25）我们可以看到交易成本和收入增长之间的关系取决于制度的柔性水平。在技术水平一定的情况下，制度柔性水平越高，交易费用越小时，收入增长率水平越高；反之，当制度柔性越小，交易费用越高时，则收入增长率越低，甚至出现负增长。

（二）缺乏制度柔性下的均衡分析

考虑缺乏制度变革的情况，制度质量将固定于它的初始水平。在这种情况下，由于人力资本积累，增长可能仍会发生，但却遵循着边际效用递减规律，不能无限期地持续下去。在稳态下，交易成本足够高，人力资本积累可能会停止。此时，人力资本和收入的稳定水平都与制度质量水平成正比：

$$h^{*}=\left[\frac{\bar{A}}{\theta}\right]^{\frac{1-\alpha}{\alpha}}q_0 \tag{26}$$

$$y^{*}=c^{*}=\theta h^{*}=\theta^{\frac{2\alpha-1}{\alpha}}\bar{A}^{\frac{1-\alpha}{\alpha}}q_0 \tag{27}$$

式（26）~式（27）揭示了这个模型的一个基本观点：在缺乏持续的制度变革的情况下，经济最终会停滞在与制度质量保持一致的收入水平上。这与奥利森（1982）认为政治瘫痪对经济影响相一致，即“僵化”社会拥有高质量但不灵活的制度会导致富裕但停滞的经济体。例如，在日本历史上的20世纪80~90年代，为了应对冷战，美日成为盟友，美国对日本采取了特殊的扶植政策，日本利用美国提供的优待条件大力发展了本国经济。但在冷战后期，美国撤销了很多日本赖以生存的援助，与此同时，日本已成为美国经济上强力的竞争对手，因此在这个时期美国开始利用全球霸主地位打压日本，但日本并没有根据外界环境的变化及时调整本国经济政策。虽然日本的贸易体制、生产体制、金融体制和流通体制等方面都面临着严峻的改革压力，然而日本并没有做出什么有意义的动作，最终给日本的股市、汇市乃至整个经济造成了巨大的冲击。因此考察制度对经济的影响，不仅仅要关注制度的质量，更要关注制度的柔性。

（三）折现因子与制度柔性的比较静态分析

下面考虑交易成本和长期经济平衡增长率在平衡增长路径上对参数的比较静态分析。

$$\frac{\partial\tau^*}{\partial\theta}=\frac{1}{\frac{-\alpha}{1-\alpha}\bar{A}\tau^{*\frac{-1}{1-\alpha}}-A^{\frac{3-\alpha}{1-\alpha}}\sigma}<0 \tag{28}$$

$$\frac{\partial\tau^*}{\partial\sigma}=\frac{\theta-\bar{A}\tau^{*\frac{-\alpha}{1-\alpha}}}{\sigma A^{\frac{3-\alpha}{1-\alpha}}\sigma+\sigma\bar{A}\frac{\alpha}{1-\alpha}\tau^{*\frac{-1}{1-\alpha}}}<0 \tag{29}$$

由式（28）~式（29）可知：稳态条件下的交易成本水平与折现因子负相关，与制度柔性同样是反向变动关系。制度柔性越大，越能产生制度变迁，提高制度质量，降低交易成本。

$$\frac{\partial g^*}{\partial\theta}=\frac{1}{\frac{-\alpha}{1-\alpha}\frac{\bar{A}}{A^{\frac{3-\alpha}{1-\alpha}}\sigma}\left(\frac{g^*+A\sigma}{A^{\frac{3-\alpha}{1-\alpha}}\sigma}\right)^{\frac{-1}{1-\alpha}}-1}<0 \tag{30}$$

$$\frac{\partial g^*}{\partial\sigma}=\frac{\frac{\alpha}{1-\alpha}\frac{\bar{A}g^*}{A^{\frac{3-\alpha}{1-\alpha}}\sigma^2}\left(\frac{g^*+A\sigma}{A^{\frac{3-\alpha}{1-\alpha}}\sigma}\right)^{\frac{-1}{1-\alpha}}}{1+\frac{\alpha}{1-\alpha}\frac{\bar{A}}{A^{\frac{3-\alpha}{1-\alpha}}\sigma}\left(\frac{g^*+A\sigma}{A^{\frac{3-\alpha}{1-\alpha}}\sigma}\right)^{\frac{-1}{1-\alpha}}}>0 \tag{31}$$

由式（30）、式（31）可知，稳态增长率随着折现因子的增加而减小，且随着制度柔性水平的提高而增加。更大的制度柔性提高了制度变革的速度，降低了制度质量和市场规模之间的差距，从而降低了交易成本。

（四）强弱制度柔性下的技术冲击分析

在稳态条件下，长期平衡增长率对于技术求导有：

$$\frac{\partial g^*}{\partial A}=\frac{\alpha^{\frac{\alpha}{1-\alpha}}A^{\frac{\alpha}{1-\alpha}}\left(\frac{g^*+A\sigma}{A^{\frac{3-\alpha}{1-\alpha}}\sigma}\right)^{\frac{-\alpha}{1-\alpha}}+\frac{\alpha}{1-\alpha}\bar{A}\left(\frac{g^*+A\sigma}{A^{\frac{3-\alpha}{1-\alpha}}\sigma}\right)^{\frac{-1}{1-\alpha}}\left(\frac{\frac{2}{1-\alpha}\sigma^2A^{\frac{3-\alpha}{1-\alpha}}+\frac{3-\alpha}{1-\alpha}\sigma g^*A^{\frac{2}{1-\alpha}}}{(A^{\frac{3-\alpha}{1-\alpha}}\sigma)^2}\right)}{1+\frac{\alpha}{1-\alpha}\frac{\bar{A}}{A^{\frac{3-\alpha}{1-\alpha}}\sigma}\left(\frac{g^*+A\sigma}{A^{\frac{3-\alpha}{1-\alpha}}\sigma}\right)^{\frac{-1}{1-\alpha}}}>0 \tag{32}$$

由式（32）可知，平衡增长率随着技术进步而增大。假定经济处于稳定状态（τ_0^*，g_0^*）。从等式（11）我们看到，积极的技术冲击增加了专业化的收益，提高了人力资本的收益，正如（17）所指出的那样，在任何给定的交易成本水平下增加人力资本的增长率。同样的，从等式（14）可以看到积极的技术冲击提高了制度质量变迁的速度。这在图 2 和图 3 中表现为人力资本增长曲线向右上方移动，制度质量增长曲线沿逆时针旋转。由于等式（14）在横轴上的截距变小，因此制度质量增长曲线在旋转的基础上还向左发生了平移，最终经济收敛于一个新的稳定状态（τ_1^*，g_1^*），在新稳态情况下，主要的制度、组织和经济变量以同样高的增长率共同增长。但是在不同的制度柔性条件下，其变化又有所不同，图 2 和图 3 分别表示了不同的制度柔性条件下呈现出不同的情形。

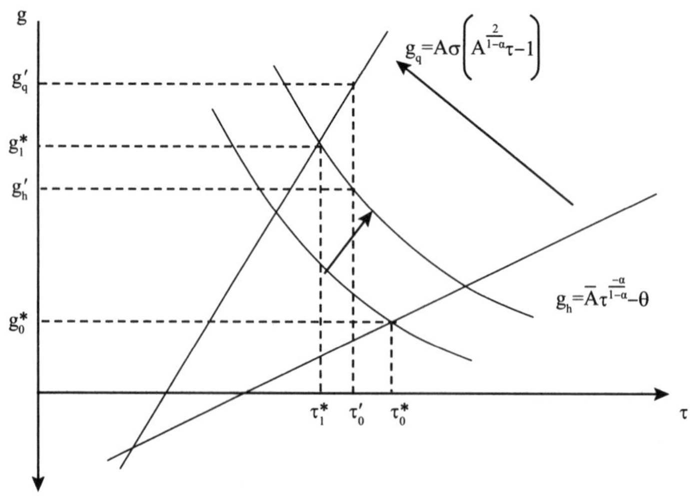

图 2　强柔性制度下的技术冲击

从图 2 与图 3 中可以看出，技术冲击对强制度柔性与弱制度柔性条件下经济新均衡点有所不同，在强制度柔性下获得均衡点的交易费用要比弱制度柔性条件下小。

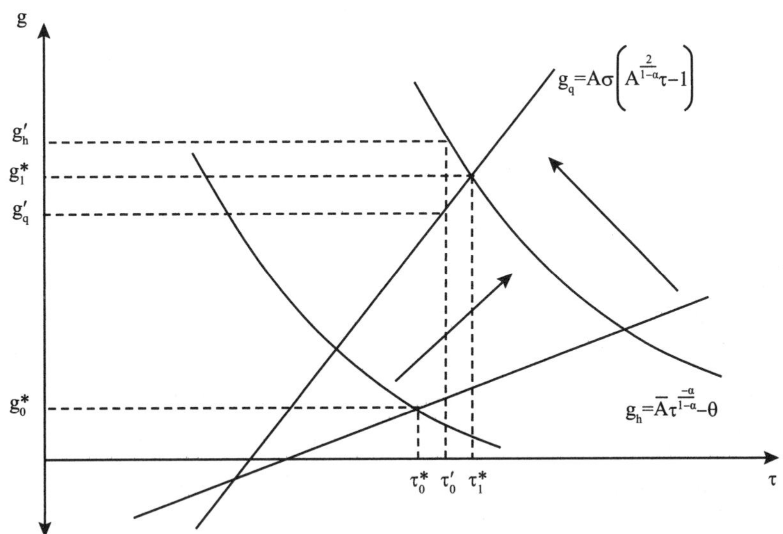

图 3　弱柔性制度下的技术冲击

在稳态条件下，交易费用对于技术求导有：

$$\frac{\partial\tau^*}{\partial A}=\frac{\dfrac{-2}{1-\alpha}A^{\frac{3-\alpha}{1-\alpha}}\sigma^2+\left(\dfrac{1-3\sigma+\alpha\sigma}{1-\alpha}\right)\bar{A}A^{\frac{2}{1-\alpha}}\tau^{*\frac{-\alpha}{1-\alpha}}+\dfrac{3-\alpha}{1-\alpha}\sigma\theta A^{\frac{2}{1-\alpha}}}{\sigma A^{\frac{3-\alpha}{1-\alpha}}\left(\sigma A^{\frac{3-\alpha}{1-\alpha}}+\dfrac{\alpha}{1-\alpha}\bar{A}\tau^{*\frac{-1}{1-\alpha}}\right)} \tag{33}$$

如图 2 所示，当制度柔性较大时，制度增长率曲线较陡峭。由于质量增长率是技术水平的幂函数，由于$0<\alpha<1$，其幂次大于2，因此技术冲击对制度质量的影响较大，即会使式（14）中的斜率发生很大变化。此时正的技术冲击会导致资本增长率曲线向右上方移动，而质量增长率曲线逆时针旋转，且旋转幅度较大，从而形成了新的均衡点。与初始均衡状态相比，增长率水平提高，而交易成本水平下降的情况很有可能发生，即$\frac{\partial g}{\partial A}>0$，$\frac{\partial\tau}{\partial A}<0$。

反之，如图 3 所示，当制度柔性较小时，制度增长率曲线较为平坦。虽然技术水平得到了提高，但质量水平增长率曲线的斜率发生很大改变的可能性较小。因此形成的新均衡状态与初始状态相比较，很大程度上会出现图 3 中的现象，即$\frac{\partial g}{\partial A}>0$，$\frac{\partial\tau}{\partial A}>0$。

因此，图 2 和图 3 从技术冲击的角度尝试解读制度质量、制度柔性对经济增长的影响：积极的技术冲击启动了一种诱导制度变革的过程，在这种制度变革中，制度质量的提高是为了应对不断变化的经济状况。此外，图 2 和图 3 还显示了制度柔性在决定这种反应的性质的核心作用。在具有更灵活制度的经济体中，技术冲击会导致制度进化的初始速度增加，而稳态增长率则会出现更大的上升。这种结果的差异表明，制度柔性可能在解释社会利用现代生产技术的不同能力方面扮演着重要的角色。

五、考虑技术内生化的模型分析

在前面的分析中，技术作为外生的因素存在，即技术不受其他因素的影响且保持不变。下面我们在技术内生化条件下对模型进行分析。

一般来说，技术进步内生化的思路主要有以下三种：（1）基于人力资本的内生化增长模型。作为知识产品的主要载体，人力资本的存在放松了对要素边际报酬递减的约束，使得即使在缺乏技术进步的情况下，经济的长期增长也成为可能。（2）基于干中学的内生化增长模型。（3）基于 R&D 的内生化增长模型。值得指出的是，无论是哪一类内生化增长模型，其模型的核心部门都是在于消除新古典增长模型中的要素边际报酬递减这一假设，通过对技术进步这在新古典增长模型的被简单地视为外生变量的内生化处理使得长期经济增长成为可能。

在这里，我们采用第一种思路，将技术水平刻画为人力资本的函数。在这种情况下，知识的增加量是人力资本增加量的函数，所以知识存量即技术，也是人力资本的函数，这意味着模型中只有一个状态变量。按照惯例，我们选择幂函数来表示知识存量与人力资本的关系，即：

$$A = Bh^{\phi} \tag{34}$$

这里 B 和 ϕ 均是大于 0 的参数，特别地，在此我们令 B = 1，则

$$A = h^{\phi} \tag{35}$$

表示人力资本与技术水平是同方向变化的关系。人力资本水平越高，花费在教育、培训等方面的投资就越高，从而越能激发人们的创造能力，最终会提高生产技术水平。技术水平的内生化使得式（14）和式（17）的形式发生了如下变化：

$$\begin{aligned} g_q &= h^{\phi}\sigma(h^{\frac{2\phi}{1-\alpha}}\tau - 1) \\ g_h &= (1-\alpha)\alpha^{\frac{\alpha}{1-\alpha}}h^{\frac{\phi}{1-\alpha}}\tau^{\frac{-\alpha}{1-\alpha}} - \theta \end{aligned} \tag{36}$$

由式（36）可以看出，人力资本和制度质量的增长率都是人力资本水平的增函数。人力资本水平越高，分配在每个生产任务上的人力资本水平就越高，从而提高了产出水平。人力资本水平的增加在提高产出水平的同时，也

会产生对更高质量制度的需求，同时产出水平的提高为技术进步提供了物质基础，这就为技术水平的提高提供了可能，因此人力资本的增加会提高技术的增长率。式（36）决定了均衡条件下的交易成本水平和增长率。通过对稳态条件下的 τ^* 和 g^* 求导，我们可以得到以下关系式：

$$\frac{\partial g^*}{\partial h}=\frac{\phi\alpha^{\frac{\alpha}{1-\alpha}}h^{\frac{\phi}{1-\alpha}-1}\left(\frac{g^*+h^{\phi}\sigma}{h^{\frac{2\phi}{1-\alpha}+\phi}\sigma}\right)^{\frac{-\alpha}{1-\alpha}}+\alpha^{\frac{1}{1-\alpha}}h^{\frac{\phi}{1-\alpha}}\left(\frac{g^*+\sigma h^{\phi}}{h^{\frac{2\phi}{1-\alpha}+\phi}\sigma}\right)^{\frac{-1}{1-\alpha}}\left(\frac{\left(\frac{2\phi}{1-\alpha}+\phi\right)(g^*+\sigma h^{\phi})}{\sigma h^{\frac{2\phi}{1-\alpha}+\phi+1}}-\frac{\phi h^{\phi-1}}{h^{\frac{2\phi}{1-\alpha}+\phi}}\right)}{1+\frac{\alpha^{\frac{1}{1-\alpha}}h^{\frac{\phi}{1-\alpha}}\left(\frac{g^*+h^{\phi}\sigma}{\sigma h^{\frac{2\phi}{1-\alpha}+\phi}}\right)^{\frac{-1}{1-\alpha}}}{(\sigma h^{\frac{2\phi}{1-\alpha}+\phi})^2}}>0 \tag{37}$$

由式（37）可以看出，人力资本水平与长期平衡增长率是正相关的。

$$\frac{\partial\tau^*}{\partial h}=\frac{\phi\alpha^{\frac{\alpha}{1-\alpha}}h^{\frac{\phi}{1-\alpha}-1}\tau^{*\frac{-\alpha}{1-\alpha}}+\frac{\alpha-3}{1-\alpha}\sigma\phi h^{\frac{2\phi}{1-\alpha}+\phi-1}}{\sigma h^{\phi+\frac{2\phi}{1-\alpha}}+\alpha^{\frac{1}{1-\alpha}}\tau^{*\frac{-1}{1-\alpha}}h^{\frac{\phi}{1-\alpha}}} \tag{38}$$

对于式（38），当 $\alpha^{\frac{\alpha}{1-\alpha}}\tau^{\frac{-\alpha}{1-\alpha}}>\frac{3-\alpha}{1-\alpha}\sigma h^{\frac{\phi}{1-\alpha}+\phi}$，即 $\sigma<\alpha^{\frac{\alpha}{1-\alpha}}\tau^{\frac{-\alpha}{1-\alpha}}\left(\frac{3-\alpha}{1-\alpha}h^{\frac{\phi}{1-\alpha}+\phi}\right)^{-1}$ 时，人力资本与交易成本同方向变化。这表明制度柔性较小时，即在一个制度较为僵化的社会中，随着人力资本水平的提高，专业化程度会得到提高，社会分工更加深入，人们之间的交易会增多，市场规模会增大，但是由于制度比较僵化不能很好地适应人力资本所带来的变化，导致了交易费用的提高，从而阻碍的经济增长。

反之，当 $\alpha^{\frac{\alpha}{1-\alpha}}\tau^{\frac{-\alpha}{1-\alpha}}<\frac{3-\alpha}{1-\alpha}\sigma h^{\frac{\phi}{1-\alpha}+\phi}$，即 $\sigma>\alpha^{\frac{\alpha}{1-\alpha}}\tau^{\frac{-\alpha}{1-\alpha}}\left(\frac{3-\alpha}{1-\alpha}h^{\frac{\phi}{1-\alpha}+\phi}\right)^{-1}$ 时，人力资本和交易成本反方向变化。这表明制度柔性较大时，人力资本的提高会降低交易成本，从而促进经济增长。因此，制度柔性对于交易费用的降低或提高存在着门槛效应：大于门槛值时，交易费用随着人力资本的提高而降低；小于门槛值时，人力资本的提高并没有带来交易费用的降低。

特殊的，当制度完全缺乏柔性，即 $\sigma=0$ 时，$\frac{\partial\tau^*}{\partial h}>0$，即人力资本水平越高，交易成本水平也越高，即在缺乏制度柔性情况下，人力资本的积累会增加每个人的交易数量（任意两人之间交易数量增加），市场规模会扩大，这会降低制度负载及制度基础设施（如马路、法庭和警察等）的有效性，同时也由于缺乏制度的柔性，不能带来制度变迁，导致了制度不能适应人力资本所带来的各种变化，成为约束交易发展，从而增加了市场交易成本。

六、结　论

随着中国经济进入新时代，过去依赖牺牲环境、摊大饼、粗放式的经济发展方式难以为继。在新的经济形势下，中国要保持中高速经济增长就必须进行供给侧改革，释放制度红利，充分利用技术进步、降低交易费用、促进更多交易的达成。因此，本文沿用戴维斯（2010）的研究思路即在市场分工的基础上，研究制度柔性、技术进步和交易费用之间关系从而解读经济增长。

模型研究表明：（1）长期经济增长率在技术外生且增长率为零的条件下取决于人力资本和制度质量的增长速度。（2）交易成本和经济增长之间的关系取决于制度的柔性水平。当制度柔性水平越高，交易费用越小时，收入增长率水平越高；反之，当制度柔性越小，交易费用越高时，则收入增长率越低，甚至出现负增长。（3）技术冲击对经济中状态变量增长率的影响较为复杂，它会同时影响人力资本和制度质量的增长率。因此当制度柔性水平较低时，由于制度不能快速地根据现实情况做出调整来适应新的经济环境，因此可能会导致经济体系中的交易成本上升。反之，在制度柔性水平较高时，面对外界环境的变化，经济体系能够及时做出调整，包括对现行法律体系等的改善。即不断变化的经济环境能够与高效的经济体系相适应，因此最终会导致市场交易成本的下降。（4）在技术内生化模型中，当强制度柔性时，人力资本的提高会降低交易成本，从而促进经济增长；在弱制度柔性下，则可能出现相反的结果。

显然制度柔性对经济增长的促进作用是非常重要的，这对于致力于持续发展的经济体来说，势必要重视制度柔性的作用，即提高制度承受、吸收及变革的能力与速度。以我国保险业发展为例，计划经济体制下形成的保险制度在社会主义市场经济体制环境下随着保险人才的不断积累和成长其弊端日渐显现，阻碍了保险行业规模的发展（卓志、周宇梅，2008）。现代保险制度的引入有效降低了保险行业的交易成本，使得保险行业在我国得以快速发展，尤其是，“法令明定交易对象”和“政府主导”的制度安排有助于降低参与者交易成本；此外，政府在政策统合和资源分配等方面的制度变迁有效降低政治交易成本（林建成，2013）。从保险行业来看，保险制度的变迁不断降低交易成本，从而扩大保险行业的规模，带来了保险业的繁荣与发展。

参考文献

1. 蔡潇彬：《诺斯的制度变迁理论研究》，载于《东南学术》2016 年第 1 期。

2. 范忠宏：《中国经济发展中的技术创新与制度变革》，载于《江西社会科学》2011 年第 11 期。

3. 李平、刘雪燕：《市场化制度变迁对我国技术进步的影响——基于自主研发和技术引进的视角》，载于《经济学动态》2015 年第 4 期。

4. 李玉虹、马勇：《技术创新与制度创新关系的理论比较》，载于《经济学家》2001 年第 1 期。

5. 林建成：《信用保证的制度设计与交易成本研究》，南开大学博士学位论文，2013 年。

6. 林毅、何代欣：《经济制度变迁对中国经济增长的影响——基于 VECM 的实证分析》，载于《财经问题研究》2012 年第 9 期。

7. 林毅夫：《再论制度、技术与中国农业发展》，北京大学出版社 2000 年版。

8. 孙斌栋、王颖：《制度变迁与区域经济增长——中国实证分析》，载于《上海经济研究》2007 年第 12 期。

9. 王艾青：《制度变迁对中国经济增长的影响：参量选择与量化方法》，载于《学术月刊》2008 年第 5 期。

10. 道格拉斯·诺斯：《制度、制度变迁与经济绩效》，格致出版社 2008 年版。

11. 杨发庭：《技术进步与制度变迁的双向互动分析》，载于《学术探索》2016 年第 2 期。

12. 钟昌标、王林辉、董直庆：《制度内生化均衡过程和我国经济增长制度有效性检验》，载于《数量经济技术经济研究》2008 年第 3 期。

13. 卓志、周宇梅：《改革开放三十年中国保险制度的变迁与创新——基于制度经济学的视角和分析》，载于《保险研究》2008 年第 7 期。

14. 张蕴萍：《公平竞争审查视野下中国政府规制治理体系的构建》，载于《理论学刊》2017 年第 5 期。

15. Acemoglu, D., 2003, "Why not a Political Coase Theorem? Social Conflict, Commitment, and Politics", *Journal of Comparative Economics*, 31: pp. 620 – 652.

16. Acemoglu, Daron and James A. Robinson, 2001, "A Theory of Political Transitions," *American Economic Review*, 91 (4): pp. 938 – 963.

17. Ara, T., 2013, "Institutions as a Source of Comparative Advantage", Fukushima University Working Paper No. 1306.

18. Barro, Robert J., 1991, "Economic Growth in a Cross Section of Countries," *Quarterly Journal of Economics*, 106 (2): pp. 407 – 443.

19. Bernard, A. B., J. B. Jensen, S. J. Redding, and P. K. Schatt, 2010, "Intra - Firm Trade and Product Contractibility", *American Economic Review*, 100 (2): pp. 444 - 448.

20. Gimond, John, 2002, "What Ails Japan," *The Economist*, April 18.

21. Greif, Avner, 1994, "Cultural Beliefs and the Organization of Society: A Theoretical Reflection on Collectivist and Individual Societies," *Journal of Political Economy*, 102 (5): pp. 912 - 950.

22. de Soto, Hernando, 2000, *The Mystery of Capital*. New York: Basic Books.

23. Grossman. G. and E. Helpman, 2005, "Outsourcing in a Global Economy", *Review of Economic Studies*, 72 (1): pp. 135 - 159.

24. Gwartney, J., R. Lawson and R. Holcombe, 1999, "Economic Freedom and the Environment for Economic Growth". *Journal of Institutional and Theoretical Economics*, 155 (4): pp. 643 - 663.

25. Kuran, Timur, 2004, "Why the Middle East Is Economically Underdeveloped: Historical Mechanisms of Institutional Stagnation," *Journal of Economic Perspectives*, 18 (3): pp. 71 - 90.

26. Levohenko, A., 2007, "Institutional Quality and International Trade". *Review of Economic Studies*, 74 (3): pp. 791 - 819.

27. Matti Minkkinen, 2015, "Futures of Privacy Protection: A Framework for Creating Scenarios of Institutional Change". *Futures*, 2015: pp. 73.

28. Mauro, Paolo, 1995, "Corruption and Growth," *Quarterly Journal of Economics*, 110 (3): pp. 681 - 712.

29. Milgrom, Paul, Douglas North and Barry Weingast, 1990, "The Role of Institutions in the Revival of Trade: the Law Merchant, Private Judges and the Champagne Fairs," *Economics and Politics*, 2: pp. 1 - 23.

30. Nelson, R. R., 2002, "Bringing institutions into evolutionary growth theory". *Journal of Evolutionary Economics*, 2002, 12 (1 - 2): pp. 17 - 28.

31. North, Douglas C. and Robert Thomas, 1973, *The Rise of the Western World: A New Economic History*. Cambridge: The University Press.

32. North, Douglas C., 1981, *Structure and Change in Economic History*. New York: Norton.

33. North, Douglas C., 1995 "Institutions and Economic Theory," in John Harris, Janet Hunter and Colin M. Lewis (Eds.) *The New Institutional Economics and Third World Development*. New York: Routledge.

34. North, Douglas C., 1991, "Institutions," *Journal of Economic Perspec-*

tives, 5 (1): pp. 97 – 112.

35. North D. , Wallis, L. . "Integrating Institutional Change and Technical Change in Economic History: A Transaction Cost Approach" . *Journal of Institutional and Theoretical Economics*, 150 (4): pp. 609 – 624.

36. Olson, Mancur, 1982, *The Rise and Decline of Nations.* Yale Univ. Press, New Haven, CT.

37. Pistor, Katharina, Yoram Keinan, Jan Kleinheisterkamp and Mark West, 2003, "Innovation in Corporate Law," *Journal of Comparative Economics*, 31 (4): pp. 676.

38. Rivera – Batiz, Francisco L. , 2002, "Democracy, Governance and Economic Growth," *Review of Development Economics*, 6 (2): pp. 225 – 247.

39. Scully, G. , 1988, "The Institutional Framework and Economic Development" . *Journal of Political Economy*, 96 (3): pp. 652 – 662.

40. Scully, G. , 1992, *Constitutional Environments and Economic Growth.* Princeton University Press.

41. Yang, Xiaokai and Jeff Borland, 1991, "A Microeconomic Mechanism for Economic Growth," *Journal of Political Economy*, 99 (3): pp. 460 – 482.

Institutional Structure, Technological Advance, Transaction Costs and Economic Growth

YANG Youcai　SHI Qianzi　WANG Xi

(Qingdao University of Science and Technology, 266061)

[**Abstract**] This paper follows Davis' (2010) research on the basis of market division of labor, studying the relationship between institutional flexibility, technological progress and transaction costs to study economic growth. Model shows that: (1) the growth rate of long-term economic growth depends on the growth rate of human capital and institutional quality under the condition that technology is exogenous and growth rate of technology is zero. (2) The relationship between transaction costs and economic growth depends on the institutional Flexibility. The higher the system flexibility level, the smaller the transaction cost and the higher the income growth rate. Conversely, the smaller the system flexibility level, the higher the transaction cost, and the lower the income growth rate, and even negative growth rate. (3) Under high institutional flexibility, technical shocks will lead to a reduction in transaction costs; but under conditions of weak institutional flexibility, technological advances may lead to increased transaction costs. (4) In the model of technology is endogenous, when the system is strongly flexible, the increase of human capital will reduce the transaction cost and thus promote economic growth; but under the weak system flexibility, the opposite result may occur.

[**Key Words**] Economic Growth　Institutional Flexibility　Division of Labor　Transaction Cost

JEL Classifications: O49

“科斯范式”与“庇古范式”可以融合吗？*

——中国跨省流域横向生态补偿试点的制度分析

张　捷　莫　扬**

【摘　要】流域横向生态补偿是中国推进生态文明建设和主体功能区战略的重要制度创新，这项试点目前尚处于探索阶段。本文从生态服务产权交易的视角，探讨了中国跨省横向生态补偿协议的经济学基础，以及其对科斯定理和庇古税的扬弃与融合。本文利用完全信息的双边博弈模型，发现流域上下游政府通过谈判可以在水质标准上达成内生均衡，这种谈判实质上是建立在状态依存型的排污权初始分配的基础上的，它部分代替了科斯定理中关于产权明晰化的严格假设，可以最终实现具有帕累托效率的产权交易。本文还证明在信息不完全的现实条件下，内生均衡难以自发实现，需要中央政府作为仲裁人介入双边谈判，并通过纵向补偿弥合横向补偿中的“价格鸿沟”，降低交易成本。本文最后指出了这种混合型的补偿机制存在的问题，并提出了相应的政策建议。本文对于深入推进中国流域横向生态补偿有一定的参考价值。

【关键词】**流域　横向生态补偿　科斯定理　状态依存型产权　帕累托效率**

中图分类号：**F019**　文献标识码：**A**

流域横向生态补偿是中国推进生态文明建设和主体功能区战略的重要举措。党的十八届三中全会提出“推动地区间建立横向生态补偿制度”。2015

* 本文是国家哲学社会科学基金重大项目“我国重点生态功能区市场化生态补偿机制研究”（15ZDA054）的阶段性研究成果。

** 张捷，暨南大学资源环境与可持续发展研究所教授、博士生导师，地址：（510632）广州市黄埔大道西 601 号暨南大学经济学院，E-mail：tzjie@ jnu. edu. cn；莫扬，暨南大学经济学院副教授、硕士生导师，E-mail：moxyan@ sina. com。

年9月，国务院在《生态文明体制改革总体方案》中提出试行包括水资源横向生态补偿和水权交易在内的新机制。2016年5月，国务院在《关于健全生态保护补偿机制的意见》中，明确提出在典型流域开展横向生态补偿试点。党的十九大再次提出“建立市场化、多元化的生态补偿机制”。2016年3月广东省与福建省、广西壮族自治区分别签署了汀江—韩江流域、九洲江流域水环境补偿协议，同年10月广东省与江西省签署东江流域上下游生态补偿协议，使得跨省横向生态补偿试点工作重新提速。2016年试点工作取得的进展标志着中国在流域治理领域正逐步引入市场机制，开始尝试建立政府主导的纵向补偿和以自愿谈判为基础的横向补偿相结合的多元化机制。在水资源实行公有制的中国，流域横向生态补偿的产权制度特征是什么？体现产权制度的契约究竟应当如何设计？这是建立健全中国式流域横向生态补偿机制的关键。本文拟在评析“庇古税”与“科斯定理”的基础上，以中国在流域横向生态补偿试点中的制度创新为切入点，从理论上探讨上述问题的答案。

一、生态服务外部性的治理范式

（一）主流经济学对生态服务外部性的治理范式：从庇古到科斯

众所周知，大多数生态服务属于公共产品，使用生态服务的非排他性引起产权界定的困难，进而产生边际私人收益和边际社会收益、边际私人成本和边际社会成本不一致所带来的外部性。前者是指生态服务的提供者无法从使用者处获得相应利益所带来的外部经济（正外部性），后者是指生态服务使用者排放废弃物所产生的外部不经济（负外部性）。正外部性导致生态服务供给不足，负外部性则带来对生态服务的过度使用，造成“公地悲剧”（Daly and Farley，2007）。生态补偿就是要补偿生态系统服务的外部性。国外与生态补偿近似的概念是生态服务付费（Payments for Ecosystem Services，PES），这个概念本身就带有浓厚的市场化色彩，是专为解决生态服务的外部性而提出的（Engel and Wunder，2008）。

为解决生态服务的外部性问题，主流经济学家主要提出了两种不同范式：“庇古税”（Pigovian Tax）与科斯的产权交易。“庇古税”认为外部性是单向的，可以通过对负外部性制造者征税，对正外部性制造者给予补贴，使外部性内部化。即：庇古倾向于通过政府干预而不是市场交易来内化生态服务的外部性。理由在于，私人部门并不愿意对具有公共品属性的生态服务进行支付，许多生态补偿必须依靠政府来运作，需要通过强制性的税收来融资

(Vatn, 2010; Muradian et al. , 2010)。

与此对应，科斯（Coase, 1960）则认为外部性具有相互性，需要从社会整体角度，而非个体角度加以解决。外部性的内部化途径需要对不同的政策手段如政府干预和市场调节的成本—收益加以分析后才能确定。庇古税可能是有效的，也可能无效，关键在于产权是否明晰①。科斯的核心观点是外部性源于生态服务的产权不清，通过界定产权并开展市场交易，可将其外部性内部化。科斯方案又被后人整理为若干定理（费尔德，2002），科斯第一定理可以概括为：在交易成本为零的世界里，不管生态服务的初始产权如何分配，市场都会通过主体之间的谈判和交易使资源配置达到最优。科斯第二定理认为，在交易成本为正的世界里，由于产权在初始分配后无法通过连续无成本的交易来实现资源配置最优化，因此产权的初始配置状况将影响资源配置的效率。科斯第三定理的结论是，通过政府来较为准确地界定初始权利，将优于私人之间通过交易来纠正权利的初始配置。

（二）对庇古税和科斯定理的批评

由于庇古税和科斯定理涉及如何解决外部性这一环境经济学的基本问题，自然引起了众多学者的极大关注，围绕这两种理论，批评和完善的文献可谓车载斗量。撇开科斯的批评不论，对庇古税的主要批评意见是，庇古高估了政府的能力和意愿。在庇古税里，隐含着政府不仅是全知全能的，还是追求社会福利最大化的前提。政府不仅知道边际私人净产品与边际社会净产品之间的差额，还有充分的激励和能力去采取正确的政策使两者相等（孙鳌，2006）。塔洛克（Tullock, 1998）指出，庇古在指出外部性问题上的市场失灵时忽略了政府失灵，没有考虑政府在提供公共物品时难免产生的低效率和寻租等政府外部性成本。

与此相反，科斯更倾向于把政府作用限定在初始产权的界定上，即由政府决定谁应该对外部性负责，剩下的事可以交给私人谈判（市场）去解决。对于科斯定理，批评之声更是不绝于耳：（1）认为科斯定理的两个假设条件过于苛刻，与现实不符，现实中的经济个体行为通常都存在较高的交易成本，环境产权的界定也相当困难。（2）没有考虑到收入分配效应，认为只要交易成本为零，不同产权安排不会影响资源配置效率。（3）科斯定理虽然正确阐述了外部性的相互性特性，但却忽视了重要的成本非对称性问题（黄有光，

---

① 换言之，如果不存在外部性的受益者或受损者，就谈不上外部性制造者的成本或收益。如果一个工厂"有权"污染，污染引起的社会成本是因被污染者的存在而造成，因而污染不是它的"私人成本"；而如果它"无权"污染，就必须向被污染者付费，此时污染才是其私人成本。在此成本和收益成为产权界定的结果。

2007）。科斯仅仅从产出最大化角度来权衡政府干预和市场调节的成本与收益，而没有考虑到环境污染问题的独特性，即由于环境污染对自然界和人类健康所造成损害的累积性、滞后性和不可逆性。长期来看，污染承受者的边际外部成本是递增的，长期后果甚至大到难以估量（如温室气体排放令全球气候变暖的影响），污染制造者为减少污染而降低产出所导致的边际损失却是递减的，因为与前者相比，后者的范围和程度都是可控的。从伦理学的角度看，科斯定理只讲效率不讲公平和人的生存权利，其政治正确性似乎受到质疑。

最后，由于生态服务难以测量、环境消费难以监管，各类主体之间信息不对称的程度高，无论是生态服务交易还是环境税的征收，都需要具备良好的监测技术和严密的监管体系，而这通常导致很高的交易成本（Hecken and Bastiaensen，2010；Vatn，2010）。于是交易成本就成为科斯定理和庇古税共同拥有的一块“短板”，同时也是人类企图运用现代经济手段解决环境问题时普遍面临的一个重大挑战。

（三）其他解决机制

诺贝尔经济学奖获得者埃利诺·奥斯特罗姆（Elinor Ostrom，1996）在研究了大量由用户自行管理的公共资源（她称之为公共池塘资源，Common - Pool Resources）后提出，现实生活中许多集体行动困境的解决方案既不是依靠更强的政府管制，又不是采取私有化方案，而是通过自我治理来解决的。保证民间自治有效运作的关键是互惠、声誉和信任关系等社会资本。由此，奥斯特罗姆提出了有别于庇古和科斯的第三种外部性治理机制。但奥斯特罗姆所倚重的社会资本一般仅存在于传统社区内部，这就决定了社会自治机制仅适合于解决空间尺度和使用成员均有限的社区性生态服务的外部性问题。

著名经济学家黄有光（Ng，2007）一方面赞同庇古税“污染者付费”的产权界定，反对科斯定理在“有权污染”和“无权污染”之间的摇摆，认为这种“全有或者全无”（All or Nothing）的选择策略忽视了污染对其制造者和承受者边际外部成本的非对称性；另一方面，他也不赞成庇古的单向征税、不考虑污染制造者减排成本的做法。他提出，既然外部性具有相互性，就应该采取双向收税的办法，即：政府一方面根据污染者报告的污染程度向污染者征税以赔偿被污染者；另一方面，又根据污染者减少污染使被污染者的损害下降的程度向被污染者征税，以补偿污染者的减排成本。双向征税是一种让污染者和被污染者都说真话的机制，能够有效揭示污染者和被污染者的真实信息。首先，它使污染者有动力把污染水平从私人最优点降低，向社会最优点靠拢，由此带来的部分损失可以从被污染者的税收中得到补偿。其次，如果污染者采取欺瞒行为低报污染程度，虽然在自身的环境税缴纳中会获益，但在对被污染者征税获得减排补偿时却会遭受损失，这将使污染者失去欺骗动机。最后，对于被污染者以上推理同样成立，被污染者在任何情况下都没有激励高估或者低估其损害程度。双边征税机制虽然在理论上是一种有效的制度设计，但在现实中，由于向被污染者征税在政治上面临困难，在多数情况下谁是被污染者也难以界定，因此双边环境税制缺乏可行性，迄今鲜有案例。不过，这种对庇古税和科斯定理的折中思路倒是给中国的生态补偿提供了启发。

二、科斯定理与中国的流域横向生态补偿

在中国的流域治理中，纵向生态补偿基本上是属于庇古税范式，由中央政府或者省级地方政府代表消费者将主要来自经济发达地区的排污税费以财政转移支付的形式划拨给流域上游的生态功能区（如水源保护区），来补偿其保护生态环境的直接成本和放弃经济发展的机会成本。而正在试点中的流域横向生态补偿机制通过谈判协商解决环境保护（污染）的补偿（赔偿）问题，无疑是基于科斯定理的产权交易基础之上的。当然，由于中国的特殊国情，不可能把预设条件严苛的科斯范式原封不动地照搬到中国。为了解决复杂的水环境和水资源问题，中国的流域横向生态补偿必须因地制宜，博采众长，创造性地进行制度设计。而近年来在中国的跨省流域横向生态补偿试点中，一些制度创新的种子正在悄然萌芽，只是其意义尚未引起人们的重视。以下对照科斯定理，讨论中国在流域横向生态补偿试点中开展制度创新的条件。

（一）在中国流域生态补偿中引入产权交易的有利条件

首先，流域生态补偿的客体是水资源，由于水的物理属性和流域的空间特征，生态环境的保护者（污染者）和受益者（受损者）是明确的。即从区域尺度来看，流域生态补偿的补偿者和受偿者是容易识别的，这就为产权界定奠定了基础。

其次，中国地方政府必须对其辖区内的经济发展和环境保护负责，对辖区内的自然资源和环境容量拥有事实上的属地使用权（王昱，2009）。由流域范围内的地方政府（如河段的河长）代表当地居民参与生态补偿谈判，不仅可以赋予谈判主体以参与动机，还可以省去科斯式交易需要与大量个体利益相关者谈判的麻烦，无疑更加节约交易成本。

最后，中国对自然资源的强政府控制与干预，为其初始产权的界定提供了条件。美国学者科尔（2009）指出，所有适用于环境保护的方法最终都建立在财产权的基础之上，即使是环境管制也是一种基于财产权的环境保护方法。科斯定理主要依靠法律来界定私人产权。但由于环境服务的外部性，其排除成本很高，依靠法律来界定和保护私人产权，交易成本自然不菲。而在中国，政府主要依靠行政规制来界定和保护全民所有的环境产权（如生态功能区的划定、最严格的水资源管理等），行政规制虽然难免有低效率甚至政府失灵的情况，但在产权界定上却可以节约大量成本。科斯（1960）在《社会成本问题》一文中曾经探讨过类似问题：为什么有些产权比其他产权得到更加明确的界定和限制？他的回答很简单：因为让政府来限制权利常常比较便宜。

综上，中国可以用区域公共产权来代替私人产权，用对生态服务使用权和收益权的行政配置来代替对完整私人产权的法律界定，避开科斯定理过于严苛的要求，在降低交易成本的基础上开展流域内的生态服务产权交易。不过，即使如此，科斯定理在中国的生态补偿实践中仍然面临不少“南橘北枳”的问题需要加以破解。

（二）科斯范式在中国流域横向生态补偿中的障碍

即便中国可以对科斯定理加以变通，但开展流域横向生态补偿仍然会遇到一些绕不开的障碍，其中最大的障碍依然是产权问题。在中国，流域水资源属于全民所有，沿岸区域只有使用权、受益权和被委授的管理权。因此，事实上的属地产权只是一种权利束不完整的残缺产权。而在科斯定理中，当A和B发生外部性纷争时，要么把权利全部授予A，要么全部授予B，不存在产权分割的安排。正如德姆塞茨（1994）所指出，“产权残缺没有包含到科斯的问题中，他的观点中所包含的是在所有者之间的完整的权利束的安排”。

产权残缺容易导致产权边界模糊，引发产权纠纷。例如，当一个流域的上游区域A和下游区域B发生水环境纠纷时，由于双方都拥有水资源的使用权而没有所有权，A会强调自己拥有利用水资源发展经济的权利（发展权），而发展经济所带来的污染属于行使这种权利的附加结果，如果要避免这种结果（治污和放弃污染产业），B必须给予其补偿；B则会主张自己在使用水资源上拥有与A同等的权利，但其使用的水资源应当是清洁的（环境权），如果A造成了污染，必须就水质变坏对B造成的损害给予赔偿。在法律未界定产权时，A与B的纷争无解。这种纷争只能由水资源所有者的代表中央政府出面解决，中央应当把水环境的产权判给谁呢？判给A（承认其发展权优先），则可能使流域的水环境恶化，不符合政府的环保和民生职责；判给B

(承认其环境权优先),由于中国大部分流域的上游属于贫困地区,下游属于富裕地区,这种判决可能让A与B的收入差距扩大,有让"穷人"无偿为"富人"保护环境的意味,有违公平原则。对此,中央政府将陷入左右为难的窘境。现实中的这种悖论在科斯定理中并不存在,因为科斯定理只考虑效率问题,不考虑收入分配效应,只要产权交易满足卡尔多—希克斯条件①,即使交易者之间的收入差距扩大,它也是有效率的。

综上,在自然资源公有制并致力于共同富裕的中国,不能不考虑收入分配效应,在生态补偿应当缩小(至少不能扩大)贫富悬殊的约束条件下,即使交易成本为零,科斯定理也将遇到初始产权配置的难题。而且,由于A和B都是地方政府而非私人所有者,其决策目标函数绝不会仅仅限于经济因素。正如德姆塞茨(1994)指出,私人所有者一般遵循利润最大化法则,而政府则受政治的考虑所驱使,这一差异可能会削弱试图应用科斯分析的基础。不过,上述障碍并非完全不可克服,只要在制度设计上下功夫,总可以找到替代的解决办法。

三、中国流域横向生态补偿试点中的产权制度创新

(一)背景分析

自2011年安徽、浙江两省就新安江流域水环境治理达成中国首个省际横向生态补偿协议以来,省际横向生态补偿试点进展缓慢。2016年3月,在福建省龙岩市召开的流域上下游横向生态补偿机制建设工作推进会上,广东与福建、广西分别签署了汀江—韩江流域、九洲江流域水环境补偿协议。2016年10月,粤赣两省又签署了东江流域横向生态补偿协议。这几份协议的签署标志着基于自愿协商的省际横向生态补偿试点重新提速。上述协议的基本内容为:(1)规定了河流省际交接断面的水质标准(含主要污染物种类及浓度)、达标时限与达标比率等目标,但这些目标因流域而不同,取决于现状与谈判结果。(2)由上下游省份平等出资设立水环境治理基金,上游来水达标时下游补偿上游,水质不达标时则由上游赔偿下游;中央政府出资设立绩效配套资金,在协议实施期间用于奖励(补贴)上游的治水支出。(3)建立

① 指某种变革可以使受益者的收益大于受损者的损失,补偿受损者后总收益仍然增加。与帕累托条件相比,卡尔多—希克斯条件更加宽松。按照前者的标准,只要有任何一个人受损,整个社会变革就无法进行;但按照后者的标准,只要能使全社会的收益增大,变革就可以进行,不用考虑个体的损益。

联合监测、联防共治的协作治理体制（张捷、傅京燕，2016）。

以东江流域为例，该流域是典型的高功能水质区和高经济密度区，以不足0.4%的国土，拥有全国1.2%的水量，保障了占全国人口近4%的约4 000万居民的饮水安全（李远等，2012）。过去粤赣两省围绕赣南东江源地区的水环境保护问题已经断断续续谈了十多年，但始终难以破题。其主要障碍：一是流域水环境的产权之争——谁有权污染和谁有权不受污染。地处东江下游的香港、深圳、东莞和广州是中国最富裕的地区，地均产值早已超过1亿元/平方千米，但上游的赣南地区和河源市均属于经济欠发达的山区，拥有多个国家级贫困县，上下游之间的经济落差巨大。上游为了满足下游的高功能水质要求，在经济发展上必须做出重大牺牲。如果这种牺牲得不到足够补偿，上游的脱贫需求和发展冲动势必对流域的水环境安全构成巨大压力。但在所有权主体虚置的情况下，中国在流域上下游发生水环境纠纷时，无不遇到上游强调自身发展权、下游强调自身环境权的“产权”争议，粤赣两省也不例外。广东不仅强调水资源属于全民所有，江西无权污染水源，同时还强调广东是全国向中央上缴财政资金最多的省份，这些资金已经纳入了中央对贫困地区的转移支付中（即纵向补偿），没有理由再让广东重复补偿。二是信息不对称带来的交易成本问题。横向生态补偿可以被视为一种委托代理关系，即下游地区为了得到洁净的水，出资让上游地区治理生态环境。下游（某种程度也包括中央）是委托人，上游是代理人。委托代理合约必须同时满足参与约束和激励相容约束两个基本条件（温思美等，2016），即代理人参加合约的收益必须大于其独立行动的收益，以及代理人的行为在为自身带来更大收益的同时，也符合委托人收益最大化的预期。这两个约束条件意味着合约设计的补偿标准应当大于上游提供生态服务的直接成本和机会成本，小于下游从其生态服务中获得的收益。但由于信息不对称，下游不清楚上游保护生态环境的成本（如江西为了达到广东要求的水质标准，除了治污以外，还需要采取封山、育林、退果、关矿、移民等措施），如果补偿标准定低了，将无法满足上游的参与约束；补偿标准定高了，下游又担心被“敲竹杠”（Hold Up），无法实现自身收益最大化。信息不对称造成交易成本过高，谈判难以找到均衡点，上下游之间的博弈可能陷入僵局。

以上案例表明，在中国国情下，基于经典科斯定理的市场化生态补偿可能陷入无解的困境。要破解这种困境，必须在机制设计上进行创新，找到新的制度安排。

（二）基于环境标准的生态服务初始产权配置分析

分析迄今为止的横向补偿协议，可以发现两个共同点：（1）除了九洲江以外①，其他流域均采取了"双向补偿"（俗称"对赌"）的规则，即上游水质稳定达标时，由下游拨付资金补偿上游；若上游水质未达标甚至恶化时，则由上游赔偿下游。(2) 除了上下游省份各自对等出资建立补偿基金以外，中央政府还以等于或高于双方出资之和的配套资金作为绩效奖励，用于上游省份的水环境治理。作者认为，双向补偿机制和来自中央的配套资金，对于破解科斯范式面临的困境"功不可没"。下面我们先来分析一下前者的性质与作用。

1. 双向补偿机制属于一种基于环境标准的"状态依存型"产权配置

迄今为止，中国的流域横向生态补偿主要是为了解决水环境污染问题，协议中双方"对赌"的是水质而非水量，因此这些生态补偿协议所涉及的产权分配实际上是对水环境容量使用权即排污权的分配。这些协议对排污权没有采用科斯式的"全有或者全无"，即把权利始终如一地配置给某一方的单向配置方式，而是采用了一个中介技术变量——跨省交界断面的水质控制标准，来作为权利归属的依据。

如表 1 所示，当上游来水达到双方约定的水质标准时，下游 B 负有向上游 A 提供补偿的义务，A 享有受偿权利，此时的产权分配是 A 的发展权优先；而当跨界断面的水质不达标时，A 负有赔偿 B 的责任，B 享有受偿权利，此时的产权配置是 B 的环境权优先。这种按照双方约定的水质标准开展双向补偿的契约，其实质是根据双方协商达成的环境标准来动态地配置产权，在此基础上确定补偿对象和分配补偿资金（张捷，2017）。这种契约属于典型的不完全契约，又称为状态依存型契约（State - Dependent Contracts），它带有期权合约的性质，水质标准成为行权依据，而期权是一种对冲不确定性的工具，具有很强的双向激励功能。众所周知，不完全契约具有在较高不确定性环境下通过产权转移对当事人进行事前专用性投资的激励机制（Sanford and Hart，1986），将其运用在流域的横向生态补偿中可谓中国独创。

表 1　基于水质标准的流域动态初始产权配置

	上游 A	下游 B
水质达标	受偿权利 发展权优先	补偿义务
水质不达标	赔偿责任	受偿权利 环境权优先

① 九洲江发源于广西陆川县，经博白县注入广东鹤地水库，该水库是广东湛江市最重要的饮用水源。陆川和博白两县的养殖业发达，出栏生猪主要供应广东珠三角地区。养殖业成为九洲江上游的主要污染源，下游水质曾经降至劣Ⅴ类，治理难度很大，需要在上游沿江地带设立大面积的禁养区，拆迁上千家养殖场，并投入大量资金对现有养猪场进行技术改造、新建污水处理厂等，而这些措施可能影响输往广东的生猪价格。为此广东做出了让步，未坚持要求在协议中加入水质不达标时广西必须赔偿广东的条款。

在横向生态补偿中引入“对赌”机制，不仅使代理人“偷懒”的道德风险大大降低，而且使双方的权利和义务变得更加平等。用法律术语来说，它实现了上下游的权利衡平。这是由于双向补偿契约考虑了各方行使权利时其外部性对对方权利的影响，即外部性的相互性质。在存在外部性的条件下，双方的排污权是平等的，但前提是在行使自身权利时不得侵犯他方权利。假定一个流域的环境容量（即环境的自净能力）为 4 单位污染物，如果 A 为了发展经济而排放了大于 2 单位（不含 2 单位）的污染物，B 的环境权就受到了侵犯，当 A 的排放超过 4 单位时，甚至 B 的饮水权将受到威胁。同样，B 也无权为了自己的环境权，在过去通过排污实现了自身的工业化以后，就不再允许 A 排污，明显侵犯 A 的发展权。衡平的做法是双方都允许对方排污 2 单位，上游排污少于 2 单位时下游需要补偿其经济成本，上游超标排污时则需要赔偿下游的环境损失。在这一合约中，由环境容量决定的水质标准就成为产权（受偿权）配置的基准。水质标准也可理解为水环境的“可接受状态”，即在此状态下，污染物的排放量可以被环境容量所消纳，不会导致环境退化。

2. 基于环境标准的产权配置是一种降低交易成本的制度安排

许多环境问题之所以难以治理，并非因为产权不明晰，而是因为产权的实施成本过高。例如，中国的水环境产权属于水资源产权的派生产权，它属于国家或集体所有，但要阻止企业和个人侵犯环境产权却需要耗费很高的成本，污染源越分散（如面源污染），产权执行成本就越高。正如科尔（2009）所指出，自科斯 1960 年发表那篇著名的论文以后，经济学家可以合理地宣称，确立产权的成本，而非缺乏产权安排，才是环境问题的终极原因。

在流域横向生态补偿中，断面水质标准是一个可测量、可核实、争议较少的技术指标，以其作为产权配置基准可以极大地降低契约的交易成本（尤其是执行成本）。在现实中，水质标准既要受到环境容量（如生态红线）的约束，又要受到经济发展水平的制约，即使在国家的技术标准范围内，交接双方仍然存在很大的谈判空间①。谈判的目的既是为了因地制宜、尊重现状，使改善水质成为双方认可的共同目标，增加契约的可行性；同时，以水质标准作为地区间生态补偿的权利分配基准，无形中又避开了上下游围绕发展权与环境权（实质上都是排污权）的争议，低成本实现了水环境初始产权的分配。当然，这种产权分配仅停留在流域的地区层面，尚未走完“最后一里路”，落实到相关的经济个体。关于“最后一里路”的问题，我们在后文的

① 国家地表水环境质量标准（GB 3838－2002）多达 109 个项目，其中标准基本项目 24 项，集中式生活饮用水地表水源地补充项目 5 项，集中式生活饮用水地表水源地特定项目 80 项，各项目在丰、平、枯水期指标限值还有变化，这使得政府在制定断面水质标准时自由裁量空间太大，有必要引入双边谈判机制。

分析中将进一步讨论。

3. 基于环境标准的产权交易是对科斯定理的扬弃与创新

虽然流域横向生态补偿本质上属于基于环境标准的产权交易，是地方政府间的排污权交易，但它不是科斯定理的简单翻版，与经典科斯定理相比，二者存在若干重要差异。

（1）基于环境标准的产权交易反映了生态服务作为一种可交易“财产”的特殊属性：生态服务具有很强的系统连锁性和社会外部性，不可能像其他私人商品那样完全由产权主体自由处置，其权利必须受到基于自然规律和公共利益的某种约束和管理，使其可能产生的生态系统退化和社会负外部性被控制在自然和社会可以接受的限度以内，这一约束的具体体现就是环境标准。索拉佐等人（Solazzo et al. , 2015）把这种附加在生态服务产权上的约束称为“财产责任规则”（Property - Liability Rules）。而科斯定理并未考虑生态服务产权的这种特殊性。

（2）科斯定理是把权利始终如一地配置给某一主体，其初始产权分配是静态、固定和事前（Ex Ante）的。在科斯那儿，如果权利配置给了上游，下游要减少上游过度使用排污权所带来的负外部性，唯一的办法是赎买上游的权利。而在基于环境标准的产权交易中，权利配置是动态的、事后的和状态依存的，如果上游水质达标则享有受偿权，若水质未达标，权利就会发生反转。这种不完全契约具有根据绩效来配置权利的强激励机制，可以减少当事人的机会主义行为，有利于同时增强上下游的生态环境保护动机。

（3）由于以私人产权为基础，科斯定理是把某种权利全部分配给一方，这意味着另一方的权利被剥夺，双方不存在权利分割的可能性。而在基于环境标准的产权交易中，双方可以对排污权进行协商分配，在环境容量的阈值以内，双方平等享有发展所需的有限排污权，下游对上游的补偿实质上是对上游减少排污量使水质达标及改善的补偿，而非对上游全部排污权的赎买。这种产权制度兼顾了公平与效率，弥补了科斯定理忽略收入分配效应的缺憾。

（4）科斯定理提出当交易成本为正时，产权的初始配置状况将影响资源配置效率，但并未回答此时的产权配置应遵循什么原则（隐含原则应该是效率最大化）。基于环境标准的产权配置原则是：当一项生态服务附加的正外部性大于负外部性时，产权（受偿权）应该赋予正外部性的提供者，提供者有权要求受益者为生态服务付费（受益者付费）；而当生态服务附加的负外部性大于正外部性时，产权则应当赋予负外部性的受害者，受害者有权要求负外部性提供者赔偿（污染者付费）。而判断正负外部性孰大孰小的标准就是环境标准。根据环境容量标准，排放达标时生态产品的收益大于损害，未达标时则相反。对初始产权分配的这种安排可以通过激励机制使外部性内部化的社会效率达到最优。

需要强调的是，基于环境标准的产权交易可以视为布罗姆利（Bromley，2006）所称的“制度交易”（Institutional Transactions），即主体间的产权交易实质上是对不同制度规则进行选择的经济行为。在横向生态补偿协议中，环境标准而非补偿标准成为制度规则的核心。环境标准的建立来自双方利益的重复博弈所形成的内生均衡，在经过交易双方的协商认同后，进一步外化为流域的环境规制目标，从而使该制度的可行性得到增强。

基于环境标准的产权交易是中国根据本国国情对科斯范式的创新，其创新点在于在公有产权条件下，根据权利外部性的衡平原则，设置一个双方认可的技术标准作为权利和利益分配的基准，在此基础上开展产权交易。如此一来，科斯定理中产权分配非此即彼的“排除法”，就被转换为对两种正当权利（发展权与环境权）依据合理标准进行优位选择的“权衡法”。与前者相比，后者更能体现统筹兼顾的双赢理念。因此，基于环境标准的产权交易与科斯定理的一个重要区别是，其所依据的目标原则不是私权意义上的“利益最大化”，而是环境公权意义上的“损失最小化”，即通过产权交易的激励机制把经济发展带来的社会成本降到最低。那么，这种考虑了公平性的制度安排能否同时实现效率呢?

四、基于环境标准的横向生态补偿契约的效率分析

科斯定理的目标是在低交易成本的条件下，通过公共品的产权交易实现资源的最优配置。经济学上的资源最优配置意味着实现社会福利的最大化或者社会成本的最小化，环境经济学出于对环境承载力的考虑，更加侧重于后者的实现。

根据前文分析，接下来构建一个基于水质标准来实现综合社会成本最小化的模型，以证明在完全信息条件下，通过横向生态补偿谈判，综合社会成本最小化的水质标准契约可以被内生决定和自发实施。

（一）基本假设

A 和 B 分别代表流域上下游地区的河长，双方作为区域环境产权代表开展双向补偿协议的谈判，谈判的核心是交接断面水质标准的确定。补偿方向通过预先设计的规则设定为状态依存型的，即当上游来水稳定达标时，下游拨付资金补偿上游治水的成本，当上游来水水质未达标甚至恶化时，上游拨

付资金赔偿下游的相关损失。那么，当交接断面的实际水质（含水质等级、污染物种类及其浓度）已经劣于国家规定的理论上的标准时，双方应当如何商定一个社会成本最小化的水质改善目标呢?

（二）上游河长A的治污成本

假设c是单位水资源的污染治理成本（直接成本）和环保机会成本（间接成本）之和（以下简称“治污成本”），鉴于流域上游的生态重要性（即环境外部性）远远大于下游，我们假定该成本由A承担。无疑，该成本随着水质标准S的提高而递增。河长A的成本函数如式（1）：

$$c = c(s) \tag{1}$$

假设该成本函数为凸函数且随着水质变差而单调递减，因此有：$c' < 0$，$c'' > 0$。

（三）下游河长B的环境损害成本

设d为由于水质变化所带来的环境损害成本（居民健康成本与环境修复成本，以下简称“环境成本”）。由于不可变更的地理位置的关系，上游排放的污染物会直接或间接地对下游造成环境损害，可以假定环境成本基本上由B来承担。环境成本将随着协议水质标准趋于严格而递减。设定B的环境成本函数如式（2）：

$$d = d(s) \tag{2}$$

其中，假设函数单调递增且凸向原点，因此有：$d' > 0$，$d'' > 0$。

（四）综合社会成本

c和d的叠加即为流域的综合社会成本cc。c和d之间是一种替代关系，协议水质S越好，污染治理成本越高，环境损害成本越低；反之则反是。cc的公式如式（3）：

$$cc = c(s) + d(s) = cc(s) \tag{3}$$

根据上述条件可知：

首先，$cc'' = c'' + d'' > 0$，根据凸函数的和函数仍是凸函数，故综合成本曲线是凸函数。其次，对于综合成本函数，容易得到如下结论：$cc' > 0$，当且仅当$c' + d' > 0$；$cc' < 0$，当且仅当$c' + d' < 0$；$cc' = 0$，当且仅当$c' + d' = 0$。因此，在上述假设下，综合成本曲线是一条凸向原点的“U”形曲线（见图1）。

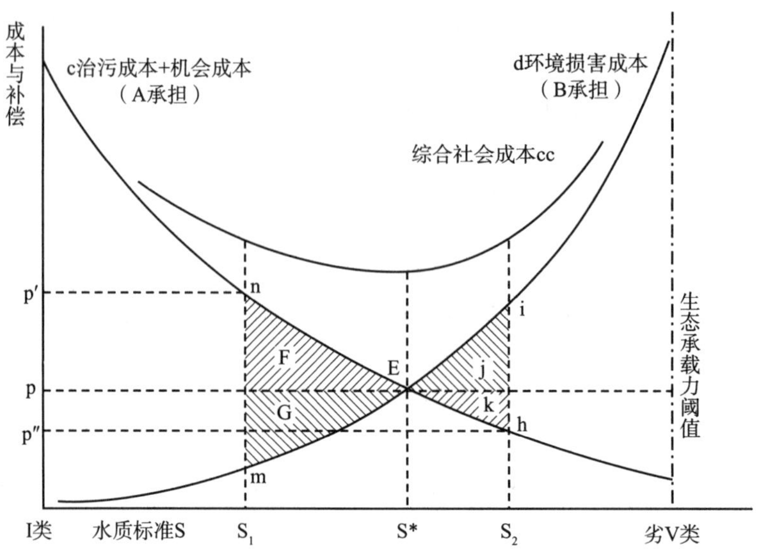

图 1　完全信息条件下基于水质标准的横向生态补偿模型

（五）协议水质标准的确定

根据上述分析，流域综合社会成本是协议水质标准的“U”形函数，因此，使得博弈双方净成本最小的水质标准也就是使得综合社会成本最小的水质标准最优值（证明省略），即，在 A 的边际成本与 B 的边际成本绝对值相等且符号相反的地方，存在最优的协议水质标准，可以最小化全流域的综合社会成本。这就证明了在约定双向补偿条件的制度安排下，A 和 B 有可能在流域社会成本最小的水质标准上达成协议。

在此简要说明双方谈判达成最优水质标准的过程。如图 1 所示，用 S^* 表示流域综合社会成本最小的断面水质标准（可能是也可能不是国家规定的水质标准），S^* 相对应的治污成本和环境成本均为 P。出于自身利益，A 在谈判中可能要求把水质标准降低到 S_2，这使 A 的治污成本降低到 h 点上，而 B 的环境损害成本则上升至 i 点，综合社会成本也相应较高。当以 S_2 为水质标准时，由于边际外部性成本的非对称性，B 的边际环境成本大于 A 的边际治污成本，这使得 B 愿意把环境成本的一部分作为补偿支付给 A，以换取 A 增加治污投入，提高水质标准。只要 B 愿意支付的补偿大于 A 的收益（图中的面积 J 大于面积 K），对于 A 来说也有动力增加治污投入。由于满足了卡尔多—希克斯补偿条件①，双方会选择“补偿加治污”的策略，直至水质标准提高到

① 指采取某一项措施后，会同时出现受益者和受损者，但受益者的收益大于受损者的损失，在补偿受损者的损失后，受益者仍然有净收益，故该项措施是一个值得采取的帕累托改进。

S^*。在 S^* 所对应的 E 点上，双方的成本—收益达到均衡，于是 S^* 成为协议的水质标准。按照协议，当水质从 S_2 提高到 S^*，A 将获得 B 的补偿，如果未达到 S^*，A 将反过来赔偿 B。另外，如果 B 出于自身利益而要求把水质标准提高到 S_1 时，A 的治污成本将随之上升至 n 点，而 B 的环境成本则降至 m 点，但 B 必须将其收益（成本节约 G）的部分补偿给 A，以弥补 A 增加的治污成本（F）。这种情况虽然是上级政府所乐见的，不过随着水质标准的不断提高，A 的边际治污成本递增，B 的边际成本节约却在递减，社会综合成本也随之缓慢上升。当 B 付出的补偿大于收益、净收益变为负值时，卡尔多—希克斯条件不复存在，B 将丧失补偿意愿，得不到增量补偿的 A 则将减少治污投入，使水质标准重新降至 S^*。由此可知，在模型中，水质标准 S_1 和 S_2 都不是稳定均衡，只有 S^* 才是博弈稳定均衡。在水质标准 S^* 所对应的成本—收益均衡点 E 上，A 的治污成本正好等于 B 的环境成本（$c=d$），任何一方都不可能在不增加对方成本的基础上再减少自己的成本，此时的社会综合成本已降至最低。至此，科斯定理所追求的帕累托最优通过自愿的产权交易得以实现。

需要说明的是，位于稳定均衡点的水质标准 S^* 也可能正好是国家规定的水质标准，也可能不是，但这并非问题的关键。问题的关键是通过谈判达成的协议，使得双方有了执行协议的内在激励，知道什么情况对自己有利，什么情况对自己不利，协议的执行成本就会大大降低。正如青木昌彦（2001）的博弈均衡制度理论所主张，作为博弈规则的制度，是由参与人的策略互动内生的，是由重复博弈演化出来的稳定结果。同时，制度作为一种均衡现象，任何人都不得不正视它的存在，从而对人们的策略选择构成影响。换言之，在跨界断面水质标准这一关键因素中引入谈判机制，使得流域总体水质改善的协议目标被内生化，可以增强流域治理的可行性和实施动力，提高制度的整体效率。

五、中央政府在流域横向生态补偿谈判中的作用

图 1 的模型属于完全信息模型，其隐含假设是上下游河长不仅了解自己的成本与收益，也知道对方的情况，因此才可能通过连续博弈在均衡点所对应的水质标准上达成妥协。但是，完全信息假设在现实中是不存在的。此外，协议中与生态服务的价值相联系的补偿金额，至今仍是生态补偿谈判中难以达成共识的"盲区"。总之，在信息不完全和不对称的情况下，谈判中双方的"信息鸿沟"（Information Gap）往往导致"价格鸿沟"（指双方对补偿金额的要价与出价之间的差距），如果缺乏某种弥合机制，信息鸿沟和价格鸿沟将削弱双方的信任与交易意愿，最终导致谈判陷入不合作的"囚徒困境"。

前面提到，在流域横向生态补偿谈判中，双向补偿规则可以抵消信息不对称带来的漫天要价等道德风险，因为对双方来说，要价高，对对方的补偿（赔偿）也高。然而，这种抵消效应只是部分的而非完全抵消。这是因为：（1）无论是超标排放还是减少排放，由于水流方向是单向的，总是上游影响下游，而下游却无法通过排放增减影响上游。上游处于主动地位，下游处于被动地位。上游是流域治污的实施者，下游只是一个委托者，在生态补偿的价格——治污成本上，上游拥有明显的信息优势。（2）双方受污染外部性影响的边际成本不对称，双向补偿对双方的激励效应也不对等。如前述，上游 A 超标排放给下游 B 造成的负外部性成本大于 A 自身的减排成本（图 1 中 J > K），在补偿金额是按照治污成本而非环境损害成本决定的情况下，A 显然有夸大治污成本的动机，虽然这样做会使水质不达标时的赔偿金额也同样增加，但 A 会尽量在谈判中使水质标准降低以便使赔偿概率下降。（3）虽然 A 和 B 均为本地区水资源使用者的代表，他们与实际使用者之间均存在信息不对称问题，但水质标准谈判与 A 的 GDP 和税收关系更为密切，与 B 的关联则主要体现在民生上。以上因素意味着：即使有双向补偿规则，A 要高价的道德风险仍强于 B，说真话的激励则弱于 B。

图 2 显示，在信息不对称的条件下，上下游双方仍以等额方式出资用于治污（污染）的补偿（赔偿）。假设 B 没有说谎动机，报告了自己的真实成本，但 A 为了多得补偿，有动机高报自己的治污成本，使其成本曲线由 C 上移至 C′。于是双方的成本—收益均衡点由信息对称条件下的 E 移至了 F，相对应的水质标准也由 S^* 倒退至 S′。S′的标准显然是非效率的，不仅水质变差，而且流域的综合社会成本也会变得更高。更重要的是，当 A 提高了成本要价后，原来的补偿金 P 现在已经不够用。要使水质标准回到效率均衡点 S^*，必须追加 P－P′的资金。如果 B 不信任 A，不愿意再多出钱，谈判将就此陷入僵局。

为了打破僵局，需要有强有力的第三方——中央政府的干预。在我国 4 个省际横向生态补偿试点案例中，从合约设计、谈判、签约到执行，中央政府始终参与其间。中央政府不仅充当了协调者、仲裁者和监督者的角色，还扮演了“价格填补者”的角色。协议除了规定由上下游省份共同出资建立补偿基金外，中央政府还以远高于双方出资之和的配套资金作为绩效奖励。当双方达成并执行协议使流域水环境获得明显改善时，中央对上游的配套奖励将逐步到位。在此混合型的嵌套式契约中，来自中央的纵向补偿成为横向补偿的诱导和补强机制。一方面，中央的配套资金填补了谈判双方在补偿额度上的价格鸿沟（P－P′），使水质标准可以重返均衡点；另一方面，中央的介入和配套强化了上游治理污染的动力，同时也缓解了下游被“敲竹杠”的疑虑，从而有效降低了信息不对称所造成的交易成本。可以说，中央政府的介入是迄今为止省际横向生态补偿谈判取得成功的关键。

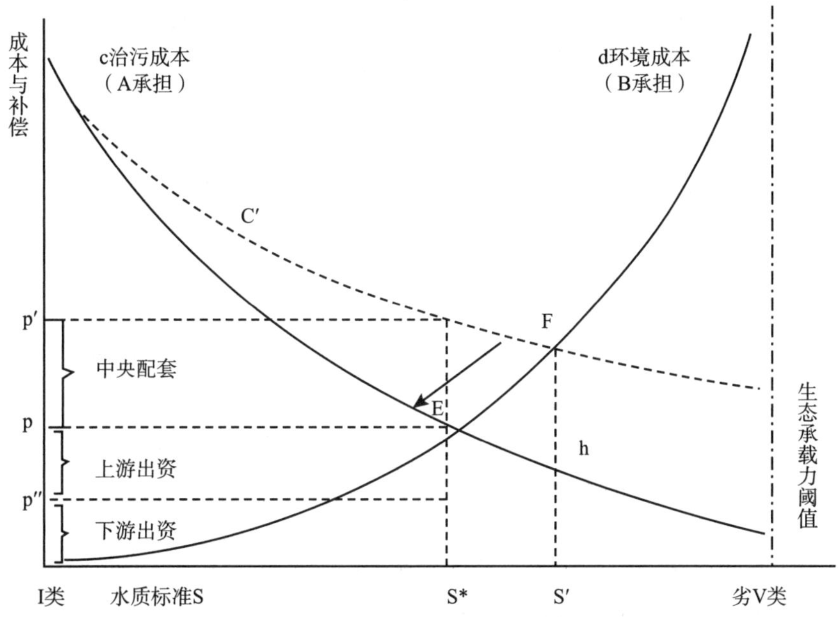

图2　信息不对称条件下中央政府参与横向生态补偿的作用

来自中央的纵向补贴原本属于庇古范式，因为如果没有横向补偿，这笔资金同样需要由中央财政支付给上游地区用于生态环境保护。现在把它作为配套奖励嵌入横向补偿协议中，事情的性质和效果都发生了变化。第一，在此嵌套式契约中，中央政府虽然仍拿出了一大笔钱，但这笔钱的性质是"配套"资金，即整个契约是以横向补偿为主、纵向补偿为辅，换句话说是以科斯范式为主、庇古范式为辅。第二，激励机制发生了变化，横向补偿是"我要做"，纵向补偿是"要我做"，前者的动力明显强于后者。第三，对于中央政府来说，横向补偿比纵向补偿更加节约成本和更有效率。从成本上看，横向补偿中上下游省份各出了一笔钱，减轻了中央财政的负担；在效率上，横向补偿不仅使流域上下游获得更强的治水合力，而且上下游之间的信息获取比中央与地方之间更容易和更对称，由下游省份代替中央去监督上游的水环境变化也将更有效率。应该说，以上区别正是中央政府力推流域横向生态补偿的重要原因之一。

六、启示、问题与建议

中国的流域横向生态补偿试点依据国情对科斯定理做了许多改进，双向补偿、允许对水质标准进行一定程度的协商以及来自中央的配套资金，是其中最重要的三项制度创新。这些创新表明：首先，所谓"经济靠市场，环境靠政府”、把政府规制和市场机制看作是对立关系而忽略其互补性的观念是片面的。现实中政府与市场在环境治理上的关系要复杂得多，有些行政手段可能是排斥市场的，有些行政手段却有利于“创造”市场。如政府对各种排放物的总量控制，就成为总量与交易（Cap and Trade）市场形成的前提。据国外学者（Muradian et al.，2012）的研究，大多数生态服务付费（PES）实际上是介于市场和科层之间的混合治理结构（Hybrid Governance Structures）。其次，国外的 PES 是政府对私人部门（企业、农户和居民）的生态服务购买或者私人部门之间的环境产权交易。在中国的流域生态补偿中，可以不用把自然资源私有化，而是通过生态服务使用权的属地化，以其代理人（如河长）之间的谈判来解决产权问题。这种试点如果推广开去，在中国可能逐步形成一个地方政府之间进行环境产权（用水权、用能权、碳排放权和排污权）交易的“环境政治市场”（Environmental Political Markets，EPM）。EPM 可以把一对多和多对多的谈判变成一对一（如河长对河长）的谈判，创造出一个双边垄断市场来。根据罗宾等人（Robin et al.，2010）的研究，在生态服务交易中，这样的市场结构可以极大节约交易成本。最后，以水质标准而非补偿标准作为谈判的核心，是一种更加节约交易成本的做法。过去人们习惯于采用技术标准外生决定、价值标准谈判产生的补偿模式。但由于生态服务的估值方法五花八门，各种估值方法结果悬殊，在信息不对称的情况下，补偿标准就成为谈判的瓶颈。如果横向生态补偿把交接断面的水质标准作为主要谈判对象，补偿标准依据污染物治理成本随水质标准而外生形成。在“补偿+赔偿”的规则下，这种制度安排所需要的信息量将大幅度降低。因为在“补偿+赔偿”规则下各方用于奖罚的出资是对等的，每一方只要知道自己在某一水质标准上的损益即可，向他方索要高价等于自己需出高价，反之亦然。

虽然中国的流域横向生态补偿试点在中国国情基础进行了若干制度创新，取得了一些积极成果，但这些做法是否具有长期效果，尚待时间检验。迄今为止，这些试点中明显存在以下需要进一步解决和完善的问题。

第一，由于流域横向生态补偿主要针对作为主要生态服务提供者的上游地区，对于下游地区仍然存在激励不足的问题。下游在流域水质较好、满足国家标准时缺乏参与生态补偿的动机，往往是在水质恶化、用水安全受到威胁时才被迫参与谈判。迄今为止的省际补偿协议都是在交接断面水质已经劣于国家标准的流域签订的，属于事后补救型的短期合约，而不是预防性的长期合约。这种情况显然不符合以预防为主的环保原则，而且可能诱使上游地区采取先污染、得到补偿后再治理的机会主义策略。

第二，即使跨界流域的河长之间达成横向补偿协议，要使协议真正得到落实，还需要走完“最后一里路”，使具体污染源和用水户减少污染、达标排放，这一任务极其繁重。

第三，中央政府越俎代庖，出资配套，只能解决谈判中的“价格鸿沟”问题，未能从根本上解决谈判方的道德风险问题，而且这种做法不具备可复制和可推广性。据统计，中国流域面积50平方公里以上的河流共45203条，其中多数是跨省、市、县的河流，中央财政和省级财政不可能满足所有跨界流域地方政府的资金配套要求。

对于以上问题，本文提出以下政策建议：

第一，通过各种政策增强上下游间在治水上的利益关联。例如，规定一条流域如果重要断面水质不达标，则停批停建该流域所有地区的用水项目（治污项目除外），减少流域各地区的用水指标，直至水质达标为止。这种措施可以促进上下游间形成治水命运共同体，增加下游参与生态补偿的积极性，减少上游的机会主义行为。

第二，为走完“最后一里路”，需要做好以下几个方面。一是进一步落实和完善河长制，使河长制与横向生态补偿相联系，无论哪一级河长，断面水质达标和改善者获得补偿，未达标和倒退者缴纳罚金。二是尽快推广流域排污户之间的排污权交易，对水质未达标的流域采取从紧的排污权配额发放政策，使排污许可的价格上升。三是提高水质不达标流域的污染税税率。

第三，对于流经多省的大流域，一对一的双边谈判交易成本过高，建议由中央和各省市共同组建来源多元化的生态补偿基金，委托第三方管理。基金参照功能区水质标准，根据各跨省断面的水质水量信息设计出一套综合奖惩规则，如果某一区段的排污量超标，水质水量综合系数劣于基准或者同比下降，则向基金支付相应的补偿金；相反，如果该区段的水质水量综合系数优于基准或者同比上升，则从基金获得相应补偿。如果说科斯范式是将公共物品转化为私人产品、通过市场交易来解决外部性问题，那么这种流域基金模式则相当于通过把公共物品转换为俱乐部产品来解决外部性所导致的市场失灵问题（史蒂文斯，1999）。

参考文献

1. 丹尼尔·H. 科尔：《污染与财产权——环境保护的所有权制度比较研究》，北京大学出版社2009年版。

2. 丹尼尔·W. 布罗姆利：《经济利益与经济制度——公共政策的理论基础》，上海三联书店、上海人民出版社2006年版。

3. 德姆塞茨：《一个研究所有制的框架》，载于《财产权利与制度变迁——产权学派与新制度学派译文集》，上海三联书店、上海人民出版社1994年版。

4. 李远、彭晓春、周丽旋等：《流域生态补偿、污染赔偿政策与机制探索——以东江流域为例》，经济管理出版社 2012 年版。

5. 乔·B. 史蒂文斯：《集体选择经济学》，上海三联书店、上海人民出版社 1999 年版。

6. 青木昌彦：《比较制度分析》，上海远东出版社 2001 年版。

7. 孙鳌：《外部性的类型、庇古解、科斯解和非内部化》，载于《华东经济管理》2006 年第 9 期。

8. 王昱：《区域生态补偿的基础理论与实践问题研究》，东北师范大学博士论文，2009 年。

9. 温思美、黄冠佳、李天成：《现代契约理论的演进及其现实意义——2016 年诺贝尔经济学奖评介》，载于《产经评论》2016 年第 6 期。

10. 约瑟夫·费尔德：《科斯定理 1—2—3》，载于《经济社会体制比较》2002 年第 5 期。

11. 张捷、傅京燕：《中国流域省际横向生态补偿机制初探——以九洲江和汀江—韩江流域为例》，载于《中国环境管理》2016 年第 6 期。

12. H. 戴利、J. 弗蕾：《生态经济学——原理与应用》，黄河水利出版社 2007 年版。

13. Coase R H. T, 1960, "The Problem of Social Cost", *Journal of Law and Economics*, 3 (4): pp. 1 – 44.

14. Engel S., Pagiola S., Wunder S., 2008, "Designing Payments for Environmental Services in Theory and Practice: An Overview of the Issues", *Ecological Economics*, 65 (4): pp. 663 – 674.

15. Grossman S. T., Hart O. D., 1986, "The Costs and Benefits of Ownership: A Theory of Vertical and Lateral Integration", *Journal of Political Economy*, 94 (4): pp. 691 – 719.

16. Hecken G. V., Bastiaensen J., 2010 "Payments for Ecosystem Services: Justified or Not A Political View", *Environmental Science & Policy*, 13 (8): pp. 785 – 792.

17. Muradian R., Corbera E., Pascual U., et al., 2010, "Reconciling Theory and Practice: An Alternative Conceptual Framework for Understanding Payments for Environmental Services", *Ecological Economics*, 69 (6): pp. 1202 – 1208.

18. Muradian R., Rival L., 2012, "Between Markets and Hierarchies: The Challenge of Governing Ecosystem Services", *Ecosystem Services*, 1 (1): pp. 93 – 100.

19. Ostrom E., "Beyond Markets and States: Polycentric Govemance of Complex Economic Systems", *American Economics Review*, 100 (3): pp. 641 – 672.

20. Robin J. K. , Joshua F. , Christopher J. K. , 2010, "Determining when Payments are an Effective Policy Approach to Ecosystem Service Provision", *Ecological Economics*, 69 (11): pp. 2069 – 2074.

21. Solazzo A. , Jones A. , and Cooper N. , 2015, "Revising Payment for Ecosystem Services in the Light of Stewardship: The Need for a Legal Framework", *Sustainability*, 7 (11): pp. 15449 – 15463.

22. Tullock G. , 1998, "Externalities and Government", *Public Choice*, 96 (3 – 4): pp. 411 – 415.

23. Vatn A. , 2010, "An Institutional Analysis of Payments for Environmental Services", *Ecological Economics*, 69 (6): pp. 1245 – 1252.

24. Yew – Kwang Ng. , 2007, "Eternal Coase and External Costs: A Case for Bilateral Taxation and Amenity Rights", *European Journal of Political Economy*, 23 (3): pp. 641 – 659.

The Coase Theorem and the Pigovian Tax can be Integrated?

—An Institutional Analysis on Pilot Programs of Inter-province Ecological Compensation in Chinese Watersheds

ZHANG Jie　MO Yang

(Institute of Resources, Environment and Sustainable Development, Jinan University, Guangzhou 510632, China)

[**Abstract**] This paper undertakes an institutional economics analysis of the inter-province ecological compensation agreements, and their sublation and integration to Coase Theorem and Pigovian Tax by the perspective of the payment for the ecosystem services in Chinese watershed. Based on the bilateral game model with complete information, this paper finds that the endogenous equilibrium of water quality standards can be reached between the upstream and downstream governments in the basin through the negotiation. In fact, the environmental standards recognized by both sides plays the role of the initial allocation of the state-dependent emission rights, and the partially replacement of the strict assumptions about the property rights in the Coase theorem, ultimately lead to a transaction with the Pareto efficiency. This paper also proves that under the condition of incomplete information, endogenous equilibrium can not be achieved, and the central government needs to be involved as an arbitrator in bilateral negotiations, and the nested contract with vertical and horizontal compensation will help to reduce transaction costs and bridge the "price gap" in bilateral negotiation. At last, it points out the problems existing in the hybrid compensation mechanism, and puts forward some policy suggestions.

[**Key Words**] Watershed　Horizontal Ecological Compensation　Coase Theorem　State-dependent Property Rights　Pareto Efficiency

JEL Classifications: Q56　Q57　P14　K32

产权残缺是个“伪命题”*

张广根**

【摘　要】产权残缺命题在分析中国产权制度改革时大受欢迎，但很少有学者注意到该命题的“伪命题性”。通过对该命题理论范畴的简要梳理可以发现，它的产权弱化等核心术语在逻辑上是冲突的；它关于私有产权最有效率的暗含观点是绝对的；它关于产权残缺原因机制的分析是矛盾的。而且，产权残缺命题的主要贡献者如德姆塞茨、弗鲁博顿、平乔维奇和埃格特森等，都曾从某个方面质疑产权残缺命题的科学性。更为重要的是，无论是从是否存在不受限制产权的角度，还是从是否存在完整产权的角度，抑或者是从产权残缺针对对象的角度，深入分析的结果都是一样的：产权残缺是个“伪命题”，即它是虚假的，其核心结论是不可靠的。因此，中国产权理论的创新势在必行。

【关键词】**产权理论　产权残缺　伪命题性**

中图分类号：**F019.6**　文献标识码：**A**

一、引　言

新制度经济学对改革开放进程中的中国具有天然的吸引力，而制度经济学即是产权经济学（黄少安，2012），最起码，产权理论是新制度经济学的重要理论基础，而产权残缺命题又是产权理论的重要内容之一，该命题被中国学者广泛地应用于分析中国产权制度的缺陷和不足。它的基本构成要素有：

---

* 国家社会科学基金一般项目“利益集团、制度变迁和我国经济增长动力的理论与对策研究”（16BJL042）。

** 张广根：河南师范大学商学院副教授、博士；地址：河南省新乡市牧野区建设东路46号河南师范大学商学院；邮编：453007；E-mail：18625951755@163.com。

(1) 相连但又有区别的系列概念，包括政府管制、产权残缺、产权弱化、产权强化和产权强度等。(2) 基本逻辑过程：政府的管制降低了产权强度，从而引致了产权弱化，而产权弱化又引致产权残缺，产权残缺扭曲人们的行为，人们行为的扭曲降低资源配置效率①。(3) 命题的核心思想：私有产权不残缺且效率最高，任何对私有产权的限制都将降低资源配置效率。(4) 该命题的思想背景：属于西方新自由主义思潮下的经济学流派阵营，其思想内核在于反对政府干预、反对任何形式的非私有产权。产权残缺命题在分析中国产权制度的缺陷和不足时非常流行，而且中国的产权制度也好像表现出了该命题所指出的那些问题。但是，该命题真的如它表现出来的那样是真理吗?

实践的成功或者失败与理论本身的正确性具有密切关系。成功的实践有助于人们提炼出成功的经验，失败的实践则有助于人们提炼出失败的教训，这都将促进理论本身的发展。而理论本身的性质反过来又会对实践的成功或者失败产生重要影响，科学的理论有助于成功的实践，虚假的理论则会导致失败的实践。但是，具体到现实生活中的某些具体实践时，实践的成功或者失败又会受到很多因素的影响，其成功和失败并不一定与理论的正确和错误之处一一对应。如果某位学者提出了某种理论，然后又通过实证或者案例研究证明了其理论的正确性，但我们认为，他们的理论与他们实证和案例之间可能并不存在这种关系。不管理论本身是否是真理，人们总是能够证明它是正确的。所以，根据某种理论，特别是外来理论，对本国实践的一致批评，尽管实践确实好像表现出了理论所预测的某些结果，但这并非说明该理论总是正确的。理论也具有“适应性效率”，我们最好还是认真审视一下这种理论。

本文经过对产权残缺命题的严密考证和系统分析发现：产权残缺是个伪命题。所谓“产权残缺是个伪命题”是说：本质而言，产权并不存在残缺与否、强弱与否、完整与否以及强度大小的问题，或者说，产权是否残缺、是强是弱、强度大小无法界定和衡量，讨论产权残缺与否、强弱问题和强度的绩效问题意义不大，产权残缺命题的逻辑过程可能是虚假的，得出的结论也并不可靠，该命题所传达的科学内涵部分，需要在新的理论话语体系下才能得到更为科学的表征或分析。这表明，用产权残缺命题分析中国产权制度缺陷和不足时得出的结论是不可靠的，中国产权制度目前存在的那些缺陷和不足也并非该理论所预测的那些原因所引致。许多中国学者应用产权残缺命题分析中国产权制度存在的问题，但却对其缺陷和新自由主义的思想内核视而不见。产权残缺的“伪命题性”也表明，产权理论特别是产权制度绩效理论的创新十分必要。

① 其逻辑过程还包括：政府管制→产权残缺→公共领域→租金消散→绩效降低，见后文的相关分析。

二、产权残缺命题范畴的简要梳理

为说明产权残缺的“伪命题性”，我们有必要首先系统了解一下该命题的发展过程、主要内容和主要演化。产权残缺思想源自西方产权学家，相关的经济学家包括阿尔钦（Alchian）、德姆塞茨（Demsetz）、弗鲁博顿（Furubton）、平乔维奇（Pejovich）以及埃格特森（Eggertsson）等，他们都从某个角度对产权残缺命题进行了分析。

（一）产权残缺的理论源头

根据笔者的考证，产权残缺思想可能最早源自阿尔钦和卡赛尔（Alchian and Kessel，1962）。斯蒂格勒（Stigler，1942）和刘易斯（Lewis，1951）等曾经指出，垄断（包括产品市场和劳动市场）在某种意义上是国家行为的产物。而阿尔钦和卡赛尔（1962）则进一步认为，垄断具有国家依赖性，而且，不管是国家正式管制的垄断，还是没有受到国家管制的垄断（这种垄断者因为受到国家管制的威胁而不得不自我约束，可认为等价于受到国家管制），垄断者的行为都会受到国家行为的约束，国家的约束改变了垄断者的行为。

阿尔钦和卡塞尔（1962）由此引入了产权弱化（Attenuated Property Rights）说法：“因此，垄断的所有者，无论是否受到管制，其产权都会受到弱化（Attenuated），因为他们不能不受限制地获得或个人使用公司的财富。这表明，整个分析可以正式化或一般化，不是根据垄断和竞争，按照我们现在的目的，而是从私有产权的角度。”他们认为政府对垄断公司所有者限制和约束，主要表现在对公司的进入管制和利润限制（Restrictions on Profit）等，改变了垄断公司对金钱性收入和非金钱收入的选择，从而影响了公司所有者的效用最大化水平，这引致了公司所有者私有产权的弱化。

根据阿尔钦和卡塞尔的分析，我们初步认为：（1）产权弱化是指私人产权的弱化，私人是指“垄断的所有者”，私人产权是指垄断者对公司财富的使用或者获得，但这里“私人产权”的含义可以推而广之。（2）产权弱化的原因是私人产权受到了来自政府的限制，产权限制是原因，而产权弱化是结果，而且产权弱化改变了私人的行为选择——对金钱收益和非金钱收益的选择①，这里的行为选择可以推而广之。（3）限制私人产权的主体是多元的，

① 在该处引文，他们并没有明确表现出来该观点，但他们这篇文章的主题正是政府的限制影响垄断者对金钱收益和非金钱收益的选择，结合上下文，我们可以推测出这一点。

但最重要的是政府，政府的限制通常称为政府管制，但对私人产权的限制而言，这种管制可能实际发生也可能只是一种威胁。这篇论文可以说是产权残缺命题的源头，它对政府管制的强调、对私人产权的看重和对产权弱化术语的应用，为后续者包括阿尔钦本人、弗鲁博顿、平乔维奇以及德姆塞茨等人继承和发展，流传到中国之后又被许多中国学者发扬光大，用以分析中国产权制度的问题。

继阿尔钦和卡赛尔（1962）之后，阿尔钦（1965）认为私人产权受到约束可能来自自然界和其他人，但根据他在这篇文章的相关论述，他更重视来自“其他人”中的政府的约束或限制。同时，德姆赛茨（1999）受到阿尔钦和卡赛尔（1962）启发而写就的《市场中的少数派》一文，也强调了政府管制的重要性。后来，冰岛学者恩拉恩·埃格特森（2004）直接将产权弱化定义为：“如果政府对独占权加以一定限制，我们习惯地把这些限制称为产权的弱化。”与此类似，弗鲁博顿和芮切特（2006）将政府在排他权上设置的某些限制称为产权的弱化。这实际上表明了产权残缺命题反对政府干预的新自由主义思想本质。

（二）产权残缺命题的发展

阿尔钦和卡赛尔（1962）首次提出产权弱化说法之后，产权残缺命题的一个最重要发展是弗鲁博顿和平乔维奇（Furubton and Pejovich，1972）。他们花费更多篇幅论及产权弱化问题：“一般地应认识到的很重要的一点是，通过限制性措施的强制所导致的一项资产的私有（或国有）产权的弱化，会影响所有者对他所投入的资产使用的预期，也会影响资产所有者及其他人的价值，以及作为结果的交易的形式。弱化代表了一个很重要的概念……常常是意味着在某些方面存在对所有者权利的某种程度的限制：（ⅰ）改变一种资产的形式、地点或者本质；（ⅱ）把一种资产所有的权利以共同同意的价格转移给其他人。最后，必须强调的一点是，这里所讨论的大多数限制是由国家强加的。”弗鲁博顿和平乔维奇说明了产权弱化的影响、含义和外延，他们的观点可概括为：（1）产权弱化包括私人产权弱化和国有产权弱化，我们推测其他产权形式也可能被弱化，这与阿尔钦和卡赛尔（1962）认为产权弱化只指私人产权弱化不同。（2）产权弱化会影响产权相关主体的预期和价值，根据他们在后文提出的对私人产权更为完整地界定会增进资源有效配置的观点，实际上这里多是指产权弱化降低了相关主体的产权价值。（3）产权弱化意味所有者权利受到某种限制或者说产权弱化就是对产权的限制，这些限制包括对资产的处分权和转让权的限制等。（4）根据他们后文的分析，引致产权弱化的限制大多来自国家或政府。需注意的是，虽然他们认为被弱化的产权包括私有产权的国有产权，但绝大多数学者甚至包括很多中国学者在内，均认为产权弱化是指私有产权的弱化①。

受到阿尔钦和卡赛尔（1962）的直接影响，德姆塞茨（2014）为其1988年出版的专著《所有权、控制和企业》所写的导言，即《一个研究所有制的框架》一文用“所有权残缺”和“所有制残缺”等概念，直接而详细地研究了产权残缺（Truncated Property Rights）问题：“关于价格控制、最小工资、利润限制等都在管制的逻辑下进行了很适当的讨论。然而，有效管制的实质是那些用来确定所有制的权利束的残缺……权利之所以常常会变得残缺，是因为一些代理者（如国家）获得了允许其他人改变所有制安排的权利。对废除部分私有权束的控制已被安排给了国家，或已由国家来承担……所有权的残缺可以被理解为是对那些用来确定‘完整的’所有制的权利束中的一些私有权的删除……”② 其核心思想可概括为：（1）产权残缺的原因是政府的限制、约束或者管制，这与阿尔钦等学者关于产权弱化分析的逻辑起点并无二致。（2）产权残缺主要是指私有产权受到限制，限制的具体内容包括物价、工资以及利润控制等。（3）限制私有产权的主体主要来自政府，政府通过对私人权利束中的产权的限制和剥夺将这些私人产权项转移给了国家——我们可以据此推论私有产权的弱化意味着国有产权的强化③。（4）将产权残缺与产权完整相对应，但产权完整与否是对私人产权而言的，即只有私有产权存在完整与否问题，其他产权形式不存在这个问题。（5）德姆塞茨在该篇文章中还以对土地租佃权的限制为例，分析了产权残缺的经济影响——“使得对资本改进的投资不足”。其思想观点被众多中国学者广为引用和借鉴。

阿尔钦（1962）与卡赛尔合作了一篇论文之后，对由政府的限制、约束和管制而引致的私人权利的削弱问题进行了持续的思考。在后来发表的《产权：一个经典注释》一文中，阿尔钦使用了“私有产权的强度”“较强的私有产权”“较弱的私有产权”等说法，分析了私人产权受到限制的经济影响：“如果有些合约协议在一定程度上受到禁止，私有产权就被否定了……这些限制减小了私有产权、市场交换和合约作为协调生产与消费以及解决利益冲突的手段的力量……对于较强的私有产权可能比较弱的私有产权更有价值这一点可能没争议，即当对一物品的私有产权较弱时，销售者所要求的数量可能

① 这是产权残缺命题最重要的特征之一。从纯粹理论本身来看，既然产权存在残缺问题，那么，私有产权、国有产权、公有产权以及共有产权等所有产权形式都可能被弱化，但主流观点却只承认私有产权弱化。

② H. 德姆赛茨：《一个研究所有制的框架》，载于《财产权利与制度变迁》，格致出版社、上海三联书店、上海人民出版社2014年版，第130～145页。

③ 似乎被政府删除的产权都交给了国家，但并非如此，否则，产权残缺将等价于国有化。

比在私有产权较强时更大。”① 阿尔钦于2010年给《简明经济学百科全书》写的“property rights”词条中使用了“私有产权的范围和程度（the Extent and Degree of Private Property Rights）”的说法，并论述了政府管制引致私有产权弱化带来的不利影响②。部分学者根据阿尔钦的这些研究提炼出“产权强度”一词，在继承产权残缺命题思想核心的前提下，认为私人产权弱化降低资源配置效率，并利用产权强度分析中国产权制度改革存在的问题，由此提出相应的政策建议。

根据阿尔钦的论述，这里的“产权强度”可以理解为“私有产权的范围和程度”，私有产权强度降低为产权弱化，私有产权强度提高为产权强化，产权强化提高经济绩效而产权弱化则降低经济绩效，这是对产权弱化和产权残缺思想的继承与发展。

（三）产权残缺命题的演化

产权残缺命题的一个重要演化来自巴泽尔（Barzel），他放弃了产权弱化、残缺和强度等术语，使用一个关键性概念即“公共领域”分析产权制度的经济绩效。巴泽尔（1997）认为，“除非产权得到完全界定——在交易成本为正的情况下，这永远做不到——部分有价值的产权将总是处于公共领域中”，理性主体总是花费资源追逐公共领域中的价值，引致资源浪费和经济绩效降低。实际上，人们总是倾向于认为，真正的私有产权是种被完全界定的产权制度，阿尔钦等人提出的产权弱化等概念从政府角度论述了私有产权受到限制引致的绩效降低，巴泽尔则从非政府主体受交易成本约束不能完全界定产权的角度分析私有产权受限引致的绩效降低，巴泽尔的理论与阿尔钦等人的理论具有内在一致性，他们的理论，是本文产权残缺命题所指的核心所在。

巴泽尔公共领域理论的一个重要发展是所谓的“租值消散理论”，该理论源自对“公共地悲剧”系列现象的观察和总结，把“公共地”理解为处于公共领域中的有价值的稀缺资源，而“悲剧”则是指：公共领域中的价值引致理性主体花费资源去追逐它们，这种追逐本身不创造价值但却使公共领域稀缺资源价值下降并最终消散由此降低社会绩效，张五常（Cheung，1974）通过对价格控制的详细分析系统地表达了租值消散思想。产权弱化、产权残缺、产权强度、公共领域以及租值消散理论传入中国后，并被中国学者单独

① AA. 阿尔钦：《产权：一个经典注释》，载于《财产权利与制度变迁——产权学派与新制度学派译文集》，格致出版社、上海三联出版社、上海人民出版社2014年版，第121～129页。

② Alchian，Armen A.，Property Rights [DB/OL]. http：//www. econlib. org/library/Enc/Property Rights. html.（2010. 09. 08）[2018. 07. 12]

或者综合起来广泛地用以分析中国农村土地产权制度改革问题。

根据克瑞斯恩·福斯和尼克莱·福斯（K. Foss and N. Foss，2001），产权理论可以分为“旧产权方法”和“新产权方法”，前者主要是指从阿尔钦到巴泽尔等人的理论，这是本文所谓的“产权残缺命题”的主要内容。而后者主要是指格罗斯曼（Grossman）、哈特（Hart）和莫尔（Moore）的不完全契约理论，它们是产权残缺命题的一个演化。格罗斯曼和哈特（1986）、哈特和莫尔（1990，1999）、莫尔（1992）以及哈特（1995）把产权界定过程理解为关于产权的契约签订过程，在现实世界，契约签订是有成本的，结果契约总是不完全的，总有些产权的界定和归属没有完全界定清楚，这些没有界定清楚的产权称为剩余产权，他们不再直接认为只要产权没有界定清楚和私有产权受到限制就一定会引致绩效下降，产权制度绩效高低的关键在于如何配置这些“剩余产权”。

“新产权方法”也引起了中国学者的广泛注意，普遍地将剩余产权分解为剩余管制权和剩余索取权，并认为只有这两种剩余权利都归私人所有的产权制度才是清晰而完备的，相反的则是不清晰和不完备的产权制度，许多学者将这一思想用于分析中国国有企业产权制度改革问题，认为中国国有企业的产权是残缺的、不完备的和效率低下的。其实，不完全契约理论的核心要义在于剩余权利的分配问题，而不在于契约是否完全和不完全契约是否会降低经济绩效的问题，因此，它传入中国后有了一定的偏差。

三、产权残缺“伪命题性”的初步思考

在对产权残缺命题发展过程的简要梳理中，我们已经可以初步看到这一命题自身充满了矛盾，这些矛盾本身反映了学术研究内在的性质：争论和冲突。这本身是正常和必要的。但问题是我们在引入该命题分析中国产权制度改革问题时，并没有对该命题的局限性保持足够警惕。

（一）核心术语的逻辑冲突性

产权弱化、产权残缺和产权强度的本质一致，三者均源自某种因素特别是政府行为对私有产权的限制和删除，这种限制和删除引致了私有产权的权利束中权利量的减少，这个过程可以称为产权弱化，也可理解为产权强度的降低。从对应关系来看，产权弱化的反面就可称为产权强化，即政府通过产权的重新界定而使私人产权束中的权利量增加。产权强度作为一个衡量私人权利量大小和多少的度量而存在，是产权强化和产权弱化的结果。而产权残

缺，则是产权强度变化后对私人产权性状的描述。因此，产权残缺、产权弱化、产权强化以及产权强度等主要是私人产权的残缺、弱化、强化和强度。事实上，巴泽尔（1997）从非政府主体界定产权需求的角度提出的“公共领域”，也是指由于私人产权受到限制，从而引致私人不能拥有某些产权，这些没有界定清楚归属的产权项组成了公共领域，其理论倾向还是私有制。

不过，除了私有产权外，其他产权形式就必定不会面临弱化、残缺、强化或强度大小问题了吗？事实上，绝大多数学者皆认为如此。但是，弗鲁博顿和平乔维奇（1972）除外。他们在说明产权弱化时明确地表明，无论是私有产权还是国有产权，都可能由于某些限制性措施而被弱化。如果弗鲁博顿和平乔维奇的观点是正确的，那么，除私有产权和国有产权以外，其他产权形式，如共有产权、集体产权和公有产权等均可能存在被弱化或者残缺与否的问题①。根据德姆塞茨（1988），“对废除部分私有权束的控制已被安排给了国家，或已由国家来承担”，那么，当私有产权因为受到限制而被削弱时，国有产权将会得到强化；可以推测，当国有产权因为受到限制而被削弱时，私有产权将会得到强化。但是，如果任何产权形式都存在是否残缺或弱化问题，而且一种产权形式的弱化或残缺意味着另一种产权形式的强化和完整性增加，产权弱化、残缺和强度这些术语到底是指什么呢？产权残缺命题系列概念的内在逻辑冲突，在一定程度上表明了该命题的“伪命题性”。

（二）命题核心观点的绝对性

通过对产权残缺命题发展过程的回顾可以发现，产权残缺命题是公有（或共有）与私有产权效率之争和政府与市场效率之争的延续，也是“公共地悲剧”与“私有地悲剧”之争和“政府失灵”与“市场失灵”之争，甚至是计划经济与市场经济效率之争的扩展。应当说，以上这些争论，无论是在理论上还是在实践上，都不存在完全支持其中一种观点的完美证据。产权残缺命题认为，当私人产权由于受到限制而被削弱导致私有产权弱化时，或者由于私人界定产权的交易成本为正时，就会引致私有产权残缺和公共领域存在，最终必然导致租金消散和社会经济绩效降低，根据这种观点，产权制度如果想向着有效率的制度变迁，唯一的方向就是走向私有产权制度，这种理论的绝对性也在一定程度上表明了该命题的“伪命题性”。

其实，产权残缺命题隐含着私有产权完整、不残缺和其他产权形式，如公有产权等残缺、不完整的观点，更是暗含着“私有产权最有效率”的观点。丹尼尔·布罗姆利（2012）对这种观点进行了严厉批评：“……当缺乏

---

① 下文我们还将从另外一个角度考虑，即概念本身是否能够准确定义的角度来讨论这个问题。

私有权并且资源状况恶化时，坚持产权模型的人恰恰认为正是（非私有财产的）制度安排应对此负责，相反，当资源状况恶化在私有土地上出现时，如农业耕地流失、私人林场过度砍伐，产权模型不让人们的注意力放在（土地私有的）财产制度。因此产权模式产生了奇特的厚此薄彼的现象，认为（非私有财产的）制度安排在某种情况下是引起土地状况恶化的直接原因，但在私有制下也出现这种情况时却认为问题不在于财产制度本身，而是市场的不完全或缺乏远见应对此负责。”布罗姆利的批评也表明了社会科学的一种特殊性质：只要学者们想证明他们是正确的，他们总是能够做到；而只要学者们想证明别人是错误的，他们也总是能够做到。产权残缺命题对“私有产权最有效率”的证明即是如此，无论该命题的核心概念是产权弱化、产权残缺、产权强度还是公共领域，还是租值消散。

实际上，对于由格罗斯曼、哈特以及莫尔三位学者为主创立的新产权方法来讲，它首先将不完全契约或者产权制度的不完全当作一种给定的客观事实，在此基础之上研究由产权契约不完全引致的剩余产权的配置问题，即如何配置剩余产权才能最大化经济绩效，关注的重点已经不再是私有产权受到限制是否必然引致经济绩效下降了。不完全契约理论重心的转移，在某程度上表明了“旧产权方法”核心观点的局限性。而阿尔钦等人的产权残缺理论与哈特等人的不完全契约理论不能在理论逻辑上取得内在的联系，但又在事实上存在密切联系的理论现状，是产权残缺“伪命题性”的另一重要表现。

（三）产权残缺原因分析的矛盾性

虽然也有其他原因，但在新自由主义思潮主导下，西方产权学家特别是阿尔钦、德姆塞茨、埃格特森、弗鲁博顿以及平乔维奇等学者，多认为政府管制是造成私人产权残缺、产权弱化和产权强度降低的最主要原因，正是由于政府的强制性限制措施删除了部分私有产权，引起了私有产权的弱化和残缺，由此降低了私有产权的价值和社会经济绩效。应该说，政府作为一种在暴力方面具有比较优势的组织，处于供给产权制度的地位，他们确实是私有产权受到限制和约束的主要因素。这表明，阿尔钦等人总体上反对国家对私有产权的干预、控制、限制和约束，这体现了产权残缺命题的新自由主义思想内核。但是，对于以排他性为基础的私有产权来讲，是无法离开政府而存在的，没有政府的限制、干预和保护，就不会有私有产权制度①。

阿尔钦和德姆塞茨等人对产权残缺原因的分析，实质上是将私有产权制度的不完全归因在政府身上。但是，自从巴泽尔（1997）提出公共领域理论

① 见后文关于产权保护、限制和排他性与政府关系的分析。

以来，学者们关注的重心发生了变化，将私有产权不完全的成因引向了非政府主体的理性行为上。在巴泽尔（1997）的公共领域理论中，产权的转让、获取和保护都是需要成本的，并且“完全保护和完全转让产权的成本达到非常高的程度，那么结论就是，这些权利是不完全，因为人们将发觉，得到‘资产’的全部潜力是不值得的”，实际上这就是私有产权的残缺和不完全。而格罗斯曼、哈特和莫尔的眼中，私有产权是一种契约权利①，由于契约的制定和实施都需要成本，未来的情况是充满不确定性的，私人之间将所有的权利都清楚完整地写进契约是不可能的，放弃一部分私有权利是一种理性的选择。从这个角度看，私有产权的残缺是个体理性选择的结果。

但问题在于，如果由政府限制引致的产权残缺效率是低下的，由私人理性选择引致的产权残缺也是效率低下的吗？要知道，不管原因是什么，私有产权都是“残缺”和“不完整”的。产权残缺命题是对私人产权受到削弱和限制的效率的逻辑推理，不能一致地解释两种原因所引致的产权效率问题，这是产权残缺“伪命题性”的重要表现。总体来看，产权残缺命题并非一个严密的理论框架，只是一些学术概念和理论观点的综合，该命题无论是在逻辑上，还是在主要结论上，都存在许多需要商榷的地方，不能直接将该命题运用于分析中国产权制度改革问题，这是我们需要警惕该命题的最主要原因。

四、产权残缺“伪命题性”的西方思考

尽管产权残缺命题源自西方产权经济学家，但是他们在提出产权残缺命题时，就已经注意到了该命题的内在矛盾，并对这种矛盾进行了或深或浅的讨论，虽然他们的讨论并不深入，但却都在一定程度上表明了产权残缺的“伪命题性”。考虑到产权残缺命题的直接关联性，我们主要以“旧产权方法”的代表性学者，恩拉恩·埃格特森、弗鲁博顿、平乔维奇以及哈罗德·德姆塞茨等为例，分析他们在研究产权残缺命题时对该命题“伪命题性”的初步思考。

（一）埃格特森对产权弱化的追问

冰岛学者埃格特森将产权弱化理解为政府对“独占权”所加的“一定限制”，显然，并非政府所加的“所有限制”都是对产权的弱化。埃格特森

① 又称为相对产权，即源自“自由达成的契约或者法庭上的指令（在侵权行为的情形中）”。（E. 弗鲁博顿、R. 芮切特：《新制度经济学——一个交易费用分析范式》，上海三联书店、上海人民出版社 2006 年版，第 110 页。）

(2004) 并没有说明政府的哪些限制是和哪些限制不是对产权的弱化，但他接着指出：“如果个人交换资产的权利，获得并使用来自交换收益的权利，都没受到任何限制，就可以认为产权没有被弱化”。人对物的权利不仅仅是“交换资产的权利”和“获得并使用”交换收益的权利，还包括诸多其他权利如所有权、承包权以及抵押权等产权项，而且人对物的权利还是动态变化的，那么，到底政府对哪些产权的限制是弱化而对哪些产权的限制不是弱化很难说清楚，进一步而言，到底政府产权项的哪些限制是弱化而哪些限制不是弱化也很难说清楚。埃格特森（2004）只能举例说明：“限定你开车的速度就是削弱了你的权利，但禁止你开车轧人或把车开进商店橱窗里就不算弱化权利”。但问题在于我们能够将这些情况列举清楚吗？显然不能。这反映出产权弱化一词的内在矛盾：一方面，产权学家反对政府对私人产权的限制，认为这会造成产权弱化损害私人利益；另一方面，因为私人产权不能离开政府的保护，因此，不能说政府对私人产权的所有限制都损害私人利益①。

感受到产权弱化的内在矛盾之后，埃格特森（2004）立即指出：由于“个人行使权利时常存在外溢效应”“‘弱化’这个概念往往比初看起来模糊得多”。所谓个人行使权利时的外溢效应是指某个体行使其权利时，常常会直接负向或正向地影响其他个体的权利，那么，当这种外溢效应发生时，不论这种外溢效用是正还是负，也不论限制来自政府还是非政府主体，此时需不需要对该个体的权利进行限制呢？如果不进行限制，该个体行为可能损害其他个体的私人权利；如果限制，这种限制是不是对该个体私人产权的弱化呢?② 埃格特森并没回答这个问题，他只是举例说明：禁止一家排泄废物的工厂使用现有技术设备，可以认为是削弱了工厂的所有权，“但是反过来允许工厂使用现有的技术设备而不加以惩罚则又削弱了邻近社区居民的权利”。或许，我们应该讨论的，不是产权应不应该受到限制，而是到底应该限制谁的产权。

埃格特森还从产权弱化的相反面即“未被削弱的产权”视角提出了质疑：“从逻辑上，未被削弱的私有产权这个概念是不是站不住脚呢”？显然，如果“未被削弱的私有产权”这个概念站不住脚，那么，“被削弱的私有产权”也站不住脚。埃格特森（2004）认为：“单从概念上看，这个问题出现的原因在于有用资源的产权——即工厂和邻近居民对于空气的权利没有被界定清楚。实际上工厂和社区之间的争执涉及了对于使用共同财产资源的相互

① 从某种意义上讲，有时候政府的限制即是一种保护。限制你在高速公路上的车速，难道不是为了保护你自由开车的权利吗？如果大家的车速不做限制，我们还能够在高速上自由行车吗？

② 解决外部性需不需要政府？有些学者认为不需要。但市场能解决问题的前提是产权界定，产权界定不能离开政府。因此，讨论政府是否应该限制产权的意义不大，更有意义的是讨论政府应该如何限制产权。

斗争。一旦划分了空气所有权，问题就会消失。”埃格特森并没有回答他提出的问题，只是进行了问题的转换：由于“权利没有界定清楚”，从而引致了私有产权是否被弱化问题的出现，当权利界定清楚时，就不会存在私有产权是否被弱化问题，因此，私有产权是否被弱化被转化成产权是否被界定清晰问题。产权弱化、产权清晰以及产权界定是相关但不同的问题，必须明白我们在讨论什么。

实际上，埃格特森还给我们留下许多问题：既然产权界定清晰之后，私人产权是否被削弱问题就不存在了，那么，产权清晰时的私人产权是不是“未被削弱的私人产权”?① 未被弱化的私人产权到底是什么样子？按照其逻辑，产权清晰是不是等价于私人产权？如果产权没有被界定清晰，则可称为产权模糊，产权模糊等价于产权弱化吗？这些问题再次表明了产权残缺这一命题的困境。

（二）弗鲁博顿和平乔维奇的反思

弗鲁博顿和平乔维奇（1972）对产权弱化问题的反思也反映出产权弱化这一命题的“伪命题性”。包括阿尔钦、埃格特森以及众多中国学者在内，多数学者均认为产权弱化是指私人产权的弱化，而弗鲁博顿和平乔维奇则认为：限制性措施不但会导致私人产权弱化，也会导致国有产权的弱化。然而，正如埃格特森所分析的，就连“弱化的私人产权”和“未被弱化的私人产权”都是两个难以明确定义的概念，更何况被普遍认为存在“模糊不清”问题的国有产权，“弱化的国有产权”和“未被弱化的国有产权”将更加难以理解和定义。因此，诸如集体产权、共有产权、全民产权等是否存在弱化和被弱化问题，恐怕亦是如此。

弗鲁博顿和平乔维奇（1972）更为明确地讨论了限制与产权弱化的关系。他们也把产权“弱化”理解为对所有者产权的强制性限制，但亦直接地指出，尽管“所有权是一种排他性的权利，但是，所有权不是，也很难期望它是一种不受限制的权利。”按照他们的逻辑，不管私人产权还是国有产权或者其他形式的产权，都是必须受到某种限制的权利。这再次表明产权弱化这一命题的自相矛盾之处：一方面西方产权学家用它来体现反对国家干涉和限制私人产权的理论意图；另一方面为了保证私人产权的排他性又不得不求助于政府的干涉和限制。面对这种概念和理论上的逻辑矛盾和难以自洽，必须说明哪些限制是必需的、应该的和有效的，哪些限制是不必需的、不应该的和无效的。一旦我们开始思考这个问题，我们所讨论的，不再是产权应不

① 按照阿尔钦等人对产权弱化和残缺的理解，答案是否定的。毕竟，产权界定清楚不意味着将某客体全部产权界定给定某私人所有。

应该受到限制，而是应该如何限制。

为解决概念和理论的自我矛盾，弗鲁博顿和平乔维奇（1972）试图回答哪些限制是应该的："说所有权是一种排他性权利，在某种意义上是说，它只受到随着时间的变化而解释的、明确规定的法律的限制，这些限制的范围可能很大也可能很小。"后来，平乔维奇（1999）在其著作《产权经济学——一种关于比较体制的理论》中，再次对该问题进行了同样的强调[①]。不过，来自法律对所有权的限制就是应该和必需的吗？如果法律标准与其他如社会规范标准发生冲突该当如何？如果法律的变化明确伤害了所有者的权利又当如何？限制范围的大小与这些限制的合理性程度保持一致吗？什么样的法律的限制才是必需的、应该的和有效的？他们并没有回答何种限制必需的问题，也没有解决概念和理论的逻辑矛盾。深入的思考将问题引向了所谓“有效法律”的问题，从而远离了产权弱化这一命题的范围。

正如大多数产权经济学家一样，弗鲁博顿和平乔维奇（1972）也将对产权的限制主要归因为政府的干涉，平乔维奇（1999）更是直接将政府对所有者权利的排他性和可转让性的干涉理解为产权弱化，弗鲁博顿和芮切特（2006）与此处平乔维奇的观点完全一致。但是，产权，不论私人产权还是国有产权，还是其他形式的产权，真的可以离开政府而独立存在吗？答案显然是否定的。最后，对产权的限制只能来政府吗？诚如巴泽尔的公共领域理论和哈特等人的不完全契约理论所揭示的那样，答案仍然是否定的，正交易成本世界里个体的理性行为同样会引致私人产权的限制和残缺。

（三）德姆塞茨对相关问题的疑问

与埃格特森和弗鲁博顿等学者相比，哈罗德·德姆塞茨在《一个研究所有制的框架》中有关产权残缺的论述，是被中国学者最为广泛引用的。在这篇文章中，德姆塞茨不仅阐释了产权残缺的含义，还讨论了“完整的所有制”和“完全私有制”两个概念，从产权残缺的反面即“产权完整”的角度分析了产权残缺概念的内在困境。德姆塞茨把“完整的所有制”的权利束中的一些私有产权的删除称为“所有权残缺”。但是，“完整的所有制的权利束中的私有权”是一种怎样的状态？权利束中包含多少种权利和每种权利的边界如何界定才算是完整的权利束？如果这些问题无法明确回答，产权残缺就是一个没有明确含义的概念，而德姆塞茨并没有回答这些问题。

感受到了概念和理论逻辑上的矛盾，德姆塞茨（2014）明确指出："完全私有制的意思是很含糊的。在一定意义上它必然经常如此，因为有些行动

① S. 平乔维奇：《产权经济学——一种关于比较体制的理论》，经济科学出版社 1999 年版，第 29～30 页。

的权利具有无限可能性，它可能由私人、共同体或国家所有。要描述潜在所有者的权利完整意义是不可能的，要讨论它们是由私人所有还是由国家所有也是不可能的。不过，在行动中某些权利可能显得比较重要。排他性和可让渡性就是两种，它们可能在与残缺问题的关联中得到明确讨论。但是越是探究定义和含义问题，讨论就越是变得复杂。”从德姆塞茨的论述中至少可以读出如下几层意思：（1）每种行动的权利束中的潜在权利的数量和种类都是无限的，讨论怎样的权利束才算是完整的是不可能的，由此讨论权利束的权利如何才是残缺的也是不可能的。（2）由于权利束中权利的数量和类型是无限可能的，因此，完整地讨论这些权利是归私人、共同体还是国家所有是不可能的，即所谓的私人产权和其他产权形式的含义是含糊的[①]。（3）只有一些相对重要的权利如排他性和可让渡性归属的讨论才有意义，主体是否拥有它们可以在一定程度上讨论其是否残缺，私人是否拥有其他权利很难用产权残缺来讨论。（4）由于以上原因，“完整的权利束”和“完全私有权”的含义必然是含糊且无法准确定义的，从而产权或者所有权残缺的含义也是含糊且无法准确定义的。（5）德姆塞茨建议人们放弃对产权残缺、完整之类的概念的定义和含义的探究，其原因可能并不是这个问题不重要，而是产权残缺命题本身的内在矛盾。

于该问题的最后，德姆塞茨（2014）更为明确地指出：“完全的私有权、完全的国有权利和完全的共有权的概念相对于包含的实质的权利束有很大的弹性。私有企业经济、公有制和社会主义都内含着对所有制安排的不同说明，但是这些安排的完整内容在有些方面是含糊的、很难界定的。”既然完全产权无法准确理解和定义，产权残缺也很难或无法理解和定义，用产权残缺相关概念去讨论产权制度的优点和缺点就天然存在着缺陷，以产权残缺相关概念构建的理论框架就存在重要不足。但是，许多中国学者在引用德姆塞茨关于产权残缺的观点时，却对其关于该概念缺陷的讨论视而不见。

五、产权残缺“伪命题性”的三种解析

通过对西方代表性产权学者对产权残缺命题的追问、反思和疑问的回顾，我们基本上可以得出结论：虽然产权残缺命题在中国产权制度改革研究中应用非常普遍，但它很可能是一个虚假的命题或者是个“伪命题”，最起码在产权残缺系列语境之下的研究，难以做到自圆其说和逻辑自洽。我们可以从以下三个方面深入分析产权残缺的“伪命题性”。

① 这表明了私有产权、公有产权以及集体产权等具体产权形式的相对性，也使我们使用同一概念将这些产权形式统一起来成为可能，这可能是未来理论创新的突破口。

（一）是否存在不受限制的产权

产权残缺命题的逻辑起点在于，产权（主要指私人产权）受到了某种限制和约束，这使个体感到权利“被减少”或“被删除”，从而导致了产权残缺和不完全。所以，研究产权残缺命题是否是伪命题的第一步，即是回答：现实世界中是否存在不受限制的产权？本文认为答案是否定的。不论对于私人产权、集体产权、共有产权、国有产权还是其他形式的产权，皆是如此。

一方面，从产权的含义看。一个被广为接受的观点是：“产权并不是指人与物的关系，而是指由物的存在和使用而引起的人们之间的相互认可的行为关系”（弗鲁博顿和平乔维奇，1972）。该定义有三层意思：（1）人与物的关系是产权的直观形式。（2）人与人之间相互认可的关系是产权的实质形式。（3）被称为产权的、人与人之间的关系以人与物的关系为基础（黄少安，2004）。对产权的具体形式而言，当我们讲某主体 M 对某客体 A 的某项权利 R 时①，就已经排除其他对该客体该项权利的所有权。对其他主体关于 A 的权利项 R 的排除，也就是对这些主体的限制，但正是这种限制保护着 M 的产权。对产权的实质形式而言，产权同样要受到限制。把产权理解为人与人之间的关系包含了某主体能或者不能对其他主体所采取的行动。主体 M_i 能够对主体 M_j 采取某行动，意味着这种行动权利得到承认和保护，其他主体就相应地被限制侵犯主体 M_i 的权利。若主体 M_i 不能对主体 M_j 采取某行动，意味着 M_i 的这种行动权利被限制和删除，但是同时意味着其他主体的权利得到了承认和保护。没有限制，就没有保护，也就没有产权。不存在不受限制的权利，因此，产权残缺命题无法成立。若执意使用产权残缺命题，必须说明哪些限制对产权必需和哪些限制对产权不必需，但考虑的问题已经发生了变化。

另一方面，从产权的排他性看。排他性在产权中的极端重要性已成共识。部分中国学者还开发出了“产权排他性弱”和“弱排他性”等术语（胡亦琴，2007；黄维芳、李光德，2012）。但是，对产权所有者之外的、针对该项产权的排他性就意味着对其他主体的限制和约束。推而广之，为确保不同主体对不同产权项的排他性，就必须存在针对其他不同主体和不同产权项的限制。没有限制就没有排他性，没有排他性就没有产权。如果执意排斥对产权的限制，有必要对限制的类型、影响和程度进行说明，但我们讨论问题已经发生变化。而且，产权的排他性有一个重要特征：不具有强制性的排他性没有意义。但这种强制性只能来源于政府。政府是一种在强制性力量上具有比

① 产权的主体包括单个的人、群体、集体、组织甚至国家。

较优势的组织，政府是社会暴力的最主要合法拥有者。只有政府才能赋予产权的排他性以强制性。没政府就没有强制性①，没有强制性就没有排他性，没有排他性就没有产权。只要承认排他性对产权的重要意义，必然要求来自政府的干预和限制。

西方产权残缺理论的本意是反对政府对私人产权的干预和限制，但由于没有政府的干预和限制，产权本身也将无法存在，因此，从限制的角度上讲，产权残缺命题本身存在内在的、无法克服的逻辑冲突。事实上，如果考虑到契约产权和私有产权的自我限制，逻辑冲突将会更加严重。如果产权是否（应当）受限不能得到准确说明，讨论产权是否残缺就没有意义，即产权残缺是个伪命题。

（二）是否存在完整的产权形态

德姆塞茨已经从完全或完整产权不可定义、不可理解和难以讨论的角度分析了产权残缺这一概念内在逻辑矛盾，但是，德姆塞茨的分析只是初步的，我们可从这个角度深入分析产权残缺命题的“伪命题性”。须注意，产权与产权制度不同，产权是人与物的关系的基础之上形成的人与人之间的关系，而制度则是协调人与物的关系和人与人之间关系的规则。

首先，完整、完全或者完备的产权是不可定义的。（1）作为产权直观形式的人与物之间关系（权利束）和作为产权实质形式的基于人与物关系的人与人的关系，两者都具有无限性、动态性和不确定性，它们的完整、完全或完备性无法定义和理解。（2）有学者将完整产权理解为主体拥有权利束中对客体排他的使用权、收益的独享权以及自由的转让权和处分权（刘守英，1992；郭新力，2007），这是对权利束中重要产权项的列举，将遗漏其他有价值的产权项，与将产权理解为权利束相矛盾，该角度的完整产权无法定义和理解。（3）有学者基于哈特等人的不完全契约理论将产权理解为由于契约不完全而引致的剩余控制权和剩余收益权的统一（罗慧、仲伟周、刘宇等，2005），把“剩余控制权和剩余收益权皆归私人所有”理解为“清晰而完备的产权”（戴志敏和郑瑾，2003），而将剩余控制权与剩余收益权的分离或不对称称为产权残缺（肖耿，1997），其实，正如黄少安（2004）所说，收益权是权益，控制权是权能，权益和权能合二为一是一完整产权项②，而权利束中有无限个产权项，此角度的完整产权虽然合理，但与阿尔钦等人的理解

① 在没有政府的强制性的世界里，人类文明将退回野蛮时代，弱肉强食的丛林规则将成为主导，这样的世界没有秩序也没有文明。

② 从这个意义上说，剩余控制权与剩余索取权的划分并不合理。其实，在格罗斯曼和哈特等人那里，剩余权利主要是剩余控制权。

相去甚远，更为重要的是，作为契约产权，由于契约不完全性，任何产权都不可能是完整、完备和完全的，剩余权利具有无限性。(4) 私有产权、集体产权、共有产权以及国有产权等产权具体形式的完整、完全或完备是不可定义的，因为，除了以上产权本身的完整性不可定义外，这些产权形式的主体自身的完整性，如个人、家庭以及集体等的完整性也无法定义。

其次，完整、完全或者完备的产权制度是否可以定义呢？(1) 完整的产权制度是不可定义的。产权制度是用来协调人与人的关系和基于这种关系的人与人关系的规则，规则可能有完善与否之说，但由于找不到比较的基准，规则的完整与否无法定义。(2) 完全或者完备的产权制度是可以定义的，它们是指：将所有客体衍生出来的所有产权项的边界和归属完全、完整、及时而充分、清晰和准确地界定清楚的产权制度。完全制度的含义与完全契约含义几乎完全相同，尽管它们在现实中不存在，但在理论上是可以说明和定义的。(3) 不完全产权制度无法定义产权残缺，它是指对权利束中产权项的边界和归属界定不完全、不完整以及不清晰的产权制度，此时的产权结构可称为是模糊的和不清晰的，但并不是残缺的。(4) 产权模糊和不模糊、产权清晰和不清晰以及产权制度的完全和不完全都是可以定义的，它们表明了有限理性、有限信息、交易成本、不确定性以及国家强制力对产权界定的影响，尽管可能是相关的，但产权残缺并不在它们的含义之内。

最后，在产权制度不完全、不完备或不清晰时，相当多学者将产权制度没有将特定客体特别是有价值客体所衍生出来的所有产权项特别是有价值的产权项界定为个体所有的产权归属状态称为产权残缺。直观来看，将某稀缺产权项 R 界定为 A 所有，给定 R 的排他性，B 将不拥有 R 的所有权，A 的私有产权可能不残缺了，但 B 的产权项却残缺了，但这种讨论有什么意义呢？不如讨论 R 应该归谁所有更有意义。从逻辑上看，这种理解更为矛盾。因为，既然产权制度没有将某产权项界定给某私人所有，那么该主体就没有该产权项的所有权，即该产权项不归该主体所有。既然不归该主体所有，又何来其产权残缺之说呢？除非产权制度已经将某产权项界定为该主体所有，但是由于某种原因导致该主体没有拥有该产权项，即该主体的合法产权项被某种力量所剥夺了，此时称其为产权残缺才具有逻辑上的合理性。但此时我们讨论的，与其说是产权残缺问题，倒不如说是产权界定问题：某产权项应该归谁所有才能实现社会效率最大化？

（三）产权残缺到底是对谁而言的

首先，产权制度及其具体形式不存在残缺与否问题。就产权制度而言，任何国家、地区和时期的产权规则，都不可能完全相同，把相对于其他比较对象缺乏某种规则称为产权制度残缺是没有意义的。产权制度的具体形式包括私人产权、集体产权、共有产权以及国有产权等也无所谓残缺与否，因为这些产权形式本身无法明确定义。我们甚至不能准确定义何谓私有产权。产权项归单个个人所有的产权制度可称为个人私有产权，归某家庭所有的产权制度可称为家庭私有制，以此类推，可以定义集体私有制、企业私有制以及国家私有制——是种随意而又不随意的概念推理。以家庭私有制为例，家庭私有是对其他家庭而言的，本家庭内部是共有。与私有类似，包含两个人以上的产权主体的公有和共有等也无法定义。公有和私有乃是相对而言的。因此，针对产权形式的残缺也无从定义。

其次，产权本身不存在残缺与否问题。我们已经指出，对产权本身而言，完整的产权是不可定义的，那么，残缺的产权呢？产权的直观形式不存在残缺问题。产权项和产权束作为一种客观实在，它们的产生、发展和变化具有客观性。存在着的产权项本身即是完整存在，不存在的产权项无法定义其残缺。客体所衍生出来的产权项具有无限可能，在某具体时空和条件下的权利束不可能完全包含其他时空和条件下的产权项，权利束的残缺也不可能得到定义。产权的实质形式也不存在残缺与否，不仅是由于作为其基础产权的具体形式不存在残缺问题，更是由于人与人之间的关系本身无法定义残缺状态。

最后，针对产权的主体即个体也不存在产权残缺问题。假定这里的“个体”含义是清晰的且理性的，根据巴泽尔的公共领域理论和哈特等人的不完全契约理论，可以得出：（1）个体不可能拥有全部客体的全部产权项，因为现实世界的客体甚至是有价值的客体是无限的，而客体衍生出来的产权项甚至是有价值的产权项也无限的，甚至以上权利也是动态变化的，以至于某个具体的个体不可能全部拥有它们。（2）个体也没有必要拥有全部客体所衍生出来的全部产权项，尽管有价值的客体和客体产权项确实很多，但对该个体而言最有价值的产权并不是无限的，而且该个体的资源是稀缺的，追逐全部产权项可能得不偿失。（3）有价值的客体和客体产权项总是稀缺的，而需要它们的主体甚至是无穷的，在人们争夺有价值客体的有价值产权项过程中，不可能出现全部产权项归某个体所有的情况。给定以上三点，讨论产权残缺与否也无意义。

六、结语：理论创新的方向

通过对产权残缺命题范畴的梳理、我们对该命题发展的简要评析、西方学者对产权残缺命题的质疑以及我们从三个方面对产权残缺“伪命题性”的分析，最终可以得出结论：产权残缺是个“伪命题”或者产权残缺命题是虚假的，其结论也是不可靠的。这告诉我们，在运用产权残缺命题分析中国产权制度实践时，必须非常小心。中国学者在运用该命题分析中国产权制度实践时，对该命题进行了一定程度的完善，取得了一定的成果，开拓了人们的视野，提供了部分有益的启发。但是，由于对产权残缺的“伪命题性”缺乏足够的警惕，因此，他们应用该命题对中国产权制度的研究也存在明显的不足之处，比如产权残缺相关概念之间的逻辑关系没有明确说明、对产权残缺命题暗含前提的忽视以及对中国产权制度缺陷批评的随意等①。

尽管产权残缺是伪命题，但这并非意味着该命题没有任何可取之处，我们可以去其不合理部分而借鉴其合理部分，并对其理论意图加以过滤，由此进行进一步的理论创新，主要表现在：（1）尽管并非政府对产权的所有限制都是负面的，产权受到政府的限制也不可避免，但并不是说政府的所有限制都是积极的，因此，研究政府应该如何和限制哪些产权项才有效率是有意义的，但是，单独从政府角度对这个问题进行研究很难取得进展，必须结合非政府主体进行研究。（2）政府对产权的限制所导致的结果，虽然不能用产权残缺、产权弱化、产权强化和产权强度变化等无法准确定义的概念表征，但我们可以用其他能够准确定义的概念表示，比如产权制度的不完全性和产权公共领域等，但是目前“公共领域”主要是指“没有界定清楚的产权的集合”，这种集合中的产权项是无穷无尽的，其局限性十分明显，需要进一步完善。（3）摒弃新自由主义的思想内核，放弃“私有产权最有效率”的暗含观点，也拒绝政府的限制是唯一重要限制的假设，将研究产权制度的效率问题转化为研究不完全产权制度的效率问题，重要思路即是借鉴公共领域理论和不完全契约理论的分析，考虑非政府主体理性选择的影响。

不过，由于篇幅限制，这些创新我们只能放在下一篇论文中完成。

参考文献

1. 戴志敏、郑瑾：《残缺产权、模糊产权和银行产权改革》，载于《浙江经济》2003 年第 11 期，第 54～55 页。

2. D. W. 布罗姆利著，陈郁、郭宇峰、汪春译：《经济利益与经济制度——公共政策的理论基础》，格致出版社、上海三联书店、上海人民出版社 2012

① 以中国农村土地产权制度为例。多数学者认为，由于政府限制等原因，造成农民土地产权残缺或者弱化，从而损害了农民的利益。这种观点没有看到问题的实质：如果某客体产权本身就不归某人所有，或者法律制度本来就没有将该客体产权界定为归某人所有，又怎么能够将该人不拥有该种产权的情况称为对该主体的伤害呢？伤害的意思是：某客体产权已经被法律界定为归某人所有，但是其他主体却将该客体产权拿走了，即主体失去了其法律上的应得。现有农村土地产权制度缺陷分析的一个暗含前提是：他们所认为的那些土地产权本应该归农民所有。但这是个需要论证的命题：从实证角度看，是否应该将农村土地的某种权利界定为农民所有？或者，农民拥有何种和哪些农村土地产权最有效率？——这是产权界定而非残缺问题。

年版，第 149 ~ 151 页。

3. E. 弗鲁博顿、R. 芮切特著，姜建强、罗长远译：《新制度经济学——一个交易费用分析范式》，上海三联书店、上海人民出版社 2006 年版，第 117 页。

4. H. 德姆塞茨：《市场中的少数派》，载于 H. 德姆塞茨著，段毅才等译：《所有权、控制和企业》，经济科学出版社 1999 年版，第 100 ~ 127 页。

5. H. 德姆塞茨：《一个研究所有制的框架》，载于 R. H. 科斯著，刘守英等译：《财产权利与制度变迁》，格致出版社、上海三联书店、上海人民出版社 2014 年版，第 130 ~ 145 页。

6. 胡亦琴：《农地产权的制度残缺与效率提高》，载于《江南大学学报》(人文社会科学版) 2007 第 6 卷第 3 期，第 61 ~ 64 页。

7. 黄少安：《产权经济学导论》，经济科学出版社 2004 年版，第 65 页。

8. 黄少安等：《产权理论比较与中国产权制度改革》，经济科学出版社 2012 年版，第 1 ~ 3 页。

9. 黄维芳、李光德：《中国农地产权弱排他性下的产权冲突及其优化路径选择》，载于《江西财经大学学报》2012 年第 6 期，第 70 ~ 76 页。

10. 郭新力：《中国农村土地产权制度研究》，华中农业大学博士学位论文，2007 年。

11. 刘守英：《产权、行为和经济绩效》，载于《经济社会体制比较》1992 年第 2 期，第 12 ~ 18 页。

12. 罗慧、仲伟周、刘宇等：《陕北黄土高原生态环境治理的有效性——产权残缺理论的分析视角》，载于《中国人口·资源与环境》2005 年第 15 卷第 3 期，第 50 ~ 54 页。

13. T. 埃格特森著，吴经邦译：《经济行为与制度》，商务印书馆 2004 年版，第 39 ~ 40 页。

14. 汪丽、孙宏：《产权残缺理论与权力配置研究及启示》，载于《中国商人》(经济理论研究) 2005 年第 6 期，第 7 ~ 10 页。

15. 肖耿：《产权与中国的经济改革》，中国社会科学出版社 1997 年版。

16. Y. 巴泽尔著，费方域、段毅才译：《产权的经济分析》，上海三联书店、上海人民出版社 1997 年版，第 3、17 页。

17. Alchian, Armen A., Kessel Reuben A., 1962, Competition, Monopoly, and the Pursuit of Pecuniary Gain, Nber Chapters.

18. Alchian, Armen A., 1965, "Some Economics of Property Rights", Il Politico, Vol. 30, No. 4, December, pp. 816 – 829.

19. Cheung Steven N. S., 1974, "A Theory of Price Control", *Journal of Law and Economic*, Vol. 17, No. 1, April, pp. 53 – 71.

20. Furubotn Eirik G, Pejovich S. , 1972, "Property Rights and Economic Theory: A Survey of Recent Literature", *Journal of Economic Literature*, Vol. 10, No. 4, December, pp. 1137 -1162.

21. Grossman Sandford J, Hart Oliver D. , 1986, "The Costs and Benefits of Ownership: A Theory of Vertical and Lateral Integration", *Journal of Political Economy*, Vol. 94, No. 4, August, pp. 691 -791.

22. Hart Oliver D. , 1995, Firms, Contracts, and Financial Structure, Clarendon Press.

23. Hart Oliver D, Moore J. , 1990, "Property Rights and the Nature of the Firm", *Journal of Political Economy*, Vol. 98, No. 6, December, pp. 1119 - 1158.

24. Hart Oliver D, Moore J. , 1999, "Foundations of Incomplete Contracts", *The Review of Economic Studies*, Vol. 66, No. 1, January, pp. 115 - 138.

25. Kirsten Foss, Nicolai Foss. , 2001, "Assets, Attributes and Ownership", *International Journal of the Economics of Business*, Vol. 8, No. 1, February, pp. 19 -37.

26. Lewis H G. , 1951, "The Labor - Monopoly Problem: A Positive Program", *Journal of Political Economy*, Vol. 59, No. 4, August, pp. 277 -287.

27. Moore J. , 1992, "The Firm as a Collection of Assets", *European Economic Review*, Vol. 36 No. 2 -3, April, pp. 493 -507.

28. Stigler George J. , 1942, "The Extent and Bases of Monopoly", *American Economic Review*, Vol. 32, No. 2, June, pp. 1 -22.

The Attenuation of Property Rights is a False Proposition

ZHANG Guanggen

(Business School, Henan Normal University, 453007)

[**Abstract**] The proposition of property rights attenuation is very popular when people analyse reform of China's property rights institutions, but few people notice its falsehood nature. We can find by a simple review of the proposition that its key concepts are logically conflicting with each other, its implicit view about the efficiency of private property rights is absolute, its analysis about the reason of attenuation of property rights is self-contradictory. Furthermore, its main contributors all doubted the scientificalness of the theory. More importantly, the analytic outcomes are same: attenuation of property rights is a "false proposition", that is, it is false, and its core conclusion is unreliable, whether from perspective of the existence of unrestricted and complete property rights, or from perspective of object of attenuation of property rights. Therefore, the innovation of China's property rights theory is imperative.

[**Key Words**] The Theory of Property Rights　Attenuation of Property Rights　The Nature of False Proposition

JEL Classifications: B25

多委托人多任务框架下的公立医院监管分析*

——基于利益集团角度

刘自敏　崔志伟**

【摘　要】作为医疗服务的供给主体，公立医院是新一轮医疗体制改革的焦点和难点，面对公立医院承担的多重任务，在多个监管者的现实框架下尚未找到合理有效的监管措施。本文在梳理我国医疗改革的现实背景及相关理论的基础上，从利益集团的角度来探讨公立医院监管体系的建立与完善。首先对公立医院监管的利益集团形成路径进行梳理与特征分析，并对其相互关系进行探讨。其次根据信息质量及监管利益集团是否合作分成三种场景，通过公益性目标和经济性目标对公立医院进行了激励均衡分析。最后分析其博弈过程得出结论。本文主要的研究结论及政策建议为：在完全信息下，对公立医院的监管可以实现社会福利最大化的最优均衡结果，所以有理由继续增强信息披露的力度；在不完全信息下，当监管者合作时会取得次优均衡，由此可以建立综合的监管机构；而不合作时仅能取得第三优均衡解，此时应预防监管部门的冲突。本文对于存在监管利益集团目标冲突行业的监管改革具有较强的现实意义。

【关键词】**公立医院　利益集团　多委托人多任务　激励均衡分析**

中图分类号：**F06**　文献标识码：**A**

---

* 本文受到国家自然科学基金青年项目“递增阶梯定价的政策评估与优化设计研究”（71603218）、中央高校基本科研业务费专项资金重大项目“交叉补贴视角下的中国能源价格机制设计”（SWU1809022）、中央高校基本科研业务费专项资金学生项目“碳排放约束下能源价格对能源消费重心时空特征的影响机制研究”（SWU1809408）的资助。

** 刘自敏（通讯作者），西南大学经济管理学院教授、硕士生导师；地址：（400715），重庆市北碚区天生路2号西南大学经济管理学院；E-mail：ziminliu@126.com。崔志伟，西南大学经济管理学院硕士研究生；地址：（400715），重庆市北碚区天生路2号西南大学经济管理学院；E-mail：czhiwei@126.com。

一、引　言

全民健康事关全面小康的实现，也关系到中华民族伟大复兴与中国梦的实现。为了让改革成果惠及更多人民，2009 年中国正式启动了新一轮的医改。确立的我国医疗卫生行业改革的基本目标是：建立覆盖全民的基本卫生保健制度，实现人人享有基本医疗卫生服务。在党的十八大之后，中央相继出台了《中共中央、国务院关于深化医药卫生体制改革的意见》《“健康中国 2030”规划纲要》《关于建立现代医院管理制度的指导意见》等指导性文件。为了加快推进健康中国建设，“三步走”的宏伟战略目标已经开始①。在党的十九大报告中，也明确提出要深化医药卫生体制改革，全面建立中国特色基本医疗卫生制度、医疗保障制度和优质高效的医疗卫生服务体系，健全现代医院管理制度②，人民的健康问题已然上升到国家战略的高度。

目前我国的基本医疗保障体系已基本完成，覆盖超 95% 人口，居民县域内就诊率达到 85%，公立医院综合改革已经扩至 200 个城市③，至 2017 年 9 月时全国所有公立医院全部开展综合改革。取消了实行 60 多年的药品加成政策，65% 的二级以上公立医院开展了按病种付费的医保支付方式改革，患者就医负担持续下降；近 90% 的三级医院参与医联体试点、实现同级医院检查检验结果互认④。2017 年底人社部公布，全国跨省异地就医结算系统已全面联通所有统筹地区，全国 88% 的三级定点医院已连接入网。

作为全面深化改革一部分的深化医改工作，已经形成了医疗、医保、医药“三医联动”配合推进、协调改革的局面。但是诸如“看病难”等现象依然比较突出，央视曝光的“药品回扣门”事件、2015 年重庆医改失败，不断爆出的医患矛盾等事件时时吸引着人们的眼球。同时我国的人口基数庞大、政府的医疗投入不足、医疗资源配置不合理等多种因素均是影响医疗改革成功的因素。而公立医院一直是医疗改革的焦点和难点，且我国公立医院监管制度在不同时期由于政府采取不同监管措施，也呈现出分阶段变化的特征。同时与民营医院相比，公立医院仍然是我国当前医疗服务重要的载体。

---

① 《健康中国“三步走”》，载于新华网，2017 年 4 月 14 日，http：//news. xinhuanet. com/globe/2017 -04/14/c_136202343. htm。

② 《习近平在中国共产党第十九次全国代表大会上的报告》，载于中国共产党新闻网，2017 年 10 月 28 日，http：//cpc. people. com. cn/n1/2017/1028/c64094 -29613660. html。

③ 《新一轮医改再攻坚》，载于新华网，2017 年 7 月 24 日，http：//www. sh. xinhuanet. com/2017 -07/24/c_136468786. htm。

④ 《李克强：深化医改优化资源配置保障人民健康》，载于新华网，2017 年 10 月 10 日，http：//www. cac. gov. cn/2017 -10/10/c_1121776520. htm。

从表1可以看出，尽管在医院数方面公立医院略欠于民营医院外，在服务人次数、服务利用率等方面，公立医院都是承担我国医疗卫生服务事业最为主要的机构群体，同时也是实现我国医疗卫生行业改革目标的中坚力量。一方面，由于公立医院的国有或集体性质，公立医院将主要承担医疗卫生服务的公益功能，尤其是在民营医院通过市场选择不愿意进入的经济落后、市场狭小、偏远农村等地区；另一方面，公立医院当前承担了我国医疗服务量的绝大部分。而合理有效的监管体系不仅可以切实保障患者的利益，实现公立医院的可持续运营，也为推进健康中国建设打下坚实基础。但当前监管体制中，公立医院存在多个平行监管机构，包括卫计委、发改委、财政部等，基本形成了多头监管。作为多个政府管理机构任务的承担者与代理人，公立医院面临着多个规制者的不同激励与管制制度的约束。公立医院的监管体系呈现出碎片化、分割化、监管方式单一化等特征。因此，容易出现监管职责不清、职责交叉等现象，且监管机构间信息交流不便，这些都影响公立医院的监管效率。

表1　　　2016年公立医院在我国医疗服务事业中的比例

项目/医院类别	公立医院	民营医院	公立医院占比（%）
医院数（个）	12 708	16 432	43.61
床位数（万张）	445.52	123.36	78.32
医院人员数（万人）	533.95	120.26	81.63
卫生技术人员（万人）	449.12	92.39	82.94
诊疗人次（亿人次）	28.48	4.22	87.09
入院人数（万人）	14 750.50	2 777.20	84.16
病床使用率（%）	91.00	62.80	

资料来源：根据2017年《中国卫生和计划生育统计年鉴》整理得到。

基于上述现实背景，本文试图从利益集团的角度来研究公立医院监管体系中监管部门的行为模式。在对公立医院监管利益集团的特征分析及形成路径梳理后，对利益集团间的关系进行了探讨，然后考虑在完全信息下公立医院的最优激励均衡，接着分析在不完全信息条件下监管利益集团之间合作与不合作的均衡解，以探讨公立医院监管体系的建立与完善①。

本文余下内容安排如下：第二节对我国医疗改革的现实背景及利益集团进行文献述评。第三节对公立医院监管中的利益集团进行特征分析与相互关系的总结。第四节对公立医院监管者分类后根据不同情况进行激励均衡分析，

① 由于制度差异等因素，研究范围不包括港澳台地区。

求各种情况下的均衡解。第五节基于研究结论提出政策与建议。

二、文献综述

利益集团是指那些在组织的生产活动中进行一定的专用性投资，并承担了一定风险的个体和群体，其活动能够影响或者改变组织的目标，或者受到组织实现其目标过程的影响。对利益集团问题的早期研究主要集中在政治学和社会学领域。早期政治学中的利益集团研究主要有：詹姆斯·麦迪逊（James Madison）在1792年《联邦党人文集》中指出了党争、派别等概念，派别即利益集团。本特利（Bentley，1908）系统地用集团概念解释美国政治，并阐述了对利益集团政治的看法。杜鲁门（Truman，1951）认为集团是美国民主过程中基本的和积极的成分。近期拜尔斯等（Beyers et al.，2015）和杜兰（Durán，2017）则分别研究了欧盟中的党派与利益集团与机构设计中的利益集团代表的影响，以及理查兹（Richards，2017）考察了利益集团在美国枪支立法案中的作用。

奥尔森（Olson，1965）作为早期将利益集团引入经济学研究的代表学者之一，他指出了利益集团集体行动的逻辑，利益集团自利行为对国家衰落的影响。20世纪60年代后期，芝加哥学派的斯蒂格勒（Stigler，1971）、佩尔兹曼（Peltzman，1976）及贝克尔（Becker，1983，1985）等对大工业利益集团问题进行了深入的分析，形成了规制俘获理论或者称为经济学视角的利益集团理论。米切尔和伍德（Mitchell and Wood，1997）提出利益集团评分法（Score - Based Approach），从合法性、权力性及经济性三方面构建指标体系。在此基础上，国内外大量研究从利益集团的定义、利益集团的形成、对利益集团的钳制、利益集团的政策影响、利益集团博弈的框架制定等角度进行研究（Jordan，2004；Beyers et al.，2008；史小龙等，2005；杨瑞龙等，2008；Gilens et al.，2014；Lundberg et al.，2016；姚志奋，2015）。

聚焦到医疗行业及公立医院，世界各国的研究均有所发现。吴进钟和韩容金（Chung and Kim，2005）梳理韩国的药品定价改革中医生、制药公司、消费者与国家健康保险等利益集团的得失后，发现面对不同利益集团的抵制，改革逐渐偏离了原定方向。而永珠（Jeon，2010）研究发现韩国1998～2001年的卫生政策的矛盾主要集中在两个相互竞争的利益集团，即医生的韩国医学协会（KMA）和药师的韩国制药协会（KPA），政府则处于一个制衡的地位。摩索罗斯和阿林（Mossialos and Allin，2005）基于理性选择视角详细介绍了希腊卫生系统中的利益集团，它们共同影响希腊医改的有序进行，且强大的利益集团还具有一定的特权。萨根等（Sagan et al.，2016）对波兰2015

年的急救护理改革中的医疗救援人员、医生、护士及其他利益相关者的既得利益分析表明，未满足的利益需求很可能影响最终的立法结果。盖伊等（Gray et al.，2013）通过评估利益集团对国家层面的医疗卫生政策影响，来确定利益集团如何影响政策，如是在边缘层面还是在核心层影响政策，进而为政府采取行动提供了一定的指导。帕特里夏（Patricia，2015）在审视美国卫生政策时，创造性地运用了能量—稳定—区域模型（Energy - Stability - Area Model）来检查利益集团在卫生政策中的活动。而对于美国实行的平民法案（Affordable Care Act），阿里奥和雅各布斯（Ario and Jacobs，2012）、贝兰德等（Be' land et al.，2015）及卡拉汉和雅各布斯（Callaghan and Jacobs，2016）分别从 ACA 的成功实行、机制设计、私人利益等方面进行了研究。

具体到国内卫生行业的利益集团研究，王长青（2008）基于公立医院与非公立医院在目标上的差异，通过对公立医院改革利益相关者（利益集团）的主体分析，指出政府是主要的制度产出者，政府监管体制的走向在公立医院改革中起到决定性作用。赵德余（2008）认为医改是一个集体互动机制，分析了利益集团对医改政策的价值争论影响，中国利益集团的影响是潜移默化的，且不同利益集团影响力不平衡。孙敏（2009）主张药品安全问题的产生不仅是监管机构不到位，更深层次的在于特殊利益集团的影响，进而用利益集团竞争理论来分析药品问题。夏冕（2010）发现公立医院管理体制中存在产权主体缺位的问题，多层级多委托人形成相互影响的利益集团的委托—代理关系，权益关系不清晰，外部约束机制不健全等问题，应在“管办分离”语境下进行公立医院管理体制改革。陆春阳等（2010）分析“新医改”政策制定中的利益博弈，将医疗改革中的利益集团分为政府、医疗服务的供给方、需求方及政府各部门利益集团，并分析了在政策制定过程中的博弈过程。李华敏等（2011）通过研究医药行业利益集团的控价行为，认为要规制药价必须从社会性规制和经济性规制两方面同时进行。蒋建华（2011）通过分析相关利益集团在药品价格管制的博弈行为，指出我国药品价格管制失灵的根本原因是行政部门与利益集团的合谋。王绍光等（2013）详细介绍了利益集团参与和影响新医改政策的过程，其中无组织的利益集团主要是群众，政府主要在不同时期通过对群众意见的汇集与参考、吸纳等方式体现群众对政策过程的影响。有组织的利益集团主要影响医改政策指定的渠道向决策部门施压以及通过全国工商联向决策部门反映意见。古新功和万君康（2013）运用利益集团的委托代理和信息博弈理论，研究了在信息不对称条件下中央政府、规制机构及医药利益集团的行为模式，并通过模型求得最优均衡解。刘自敏等（2015）基于共同代理理论分析了不同监管模式下的公立医院经济性目标与公益性目标收益。柯雄等（2017）在分析公立医院价格规制的动机时从利益集团“俘获”理论、公共利益以及激励相容理论出发，并结合多元主体的利益诉求，来强调对医疗服务进行管制的必要性。

综观国内外文献可以看出：大量研究更侧重于分析利益集团的分类以及如何通过上书、游说等方式去影响政策的制定与政府监管，而未对利益集团间的关系做更详细的归纳。现有研究大都基于某一措施或现象进行问题探讨与归纳研究，并没有实证或数理说明。基于我国现实情况，医疗卫生行业尤其是公立医院同时具备公益性和经济性的属性，但现有的利益集团研究并没有很好的区分。在现有研究为研究医疗卫生行业的利益集团提供了理论与实践基础下，本文试图基于利益集团的视角，研究公立医院的监管问题。并根据实际情况中医疗市场的信息严重不对称等情况，结合理论与数理推导，通过均衡分析来研究不同情况下社会福利的实现情况，为我国开展公立医院改革与监管提供相应的决策支持。

本文的贡献与创新点在于：以公立医院监管为例，研究我国政府部门的监管体系，不仅能对医疗服务行业的改革发展起到积极作用，而且对于我国电力、铁路运输等存在监管利益集团目标冲突问题行业的监管改革也具有强烈的现实意义。本文基于利益集团视角，在多委托人多任务框架下研究公立医院的政府监管体制设计问题，充分考虑了信息条件以及多委托人间的互动关系对监管体制设计与执行的影响，完善了以前政府监管体制设计时的零碎性与不完整性。

三、公立医院监管中的利益集团特征及其关系研究

公立医院监管中存在着许多机构部门。从纵向来看，政府职能部门的上下级负责各自的范围，以卫计委为例，其负责公立医院的运营规划等，然后地方卫计委根据地方特点进行运营监管等，形成一条链状监管形态；从横向来看，每级政府的职能部门在具体监管地方事务外，还与地方政府、地方其他职能部门构成一条水平状的监管形态。而本节首先梳理公立医院监管中的利益集团形成路径，然后将利益集团分为政府规制部门和民间利益集团进行特征分析，最后分析政府部门与民间组织在监管中的作用以及政府规制部门间的关系。

（一）利益集团形成路径梳理

通过对公立医院发展及医疗监管制度的分析，本文分析了新中国成立以来我国公立医院的制度演进，新制度经济学派认为，制度演化背后存在利益集团的影响，同时，制度也影响着利益集团的形成。我国医疗改革的过程中，

尤其是改革开放以来，不同利益群体通过多种机制，逐渐形成各自的利益代表和利益集团。在医疗改革及公立医院监管政策的制定、执行中，利益集团通过各自的表达途径去传输自己的观点和进行利益表达，以影响最终的决策制定和执行效果，以实现最大化自身利益的目标。

林毅夫及拉坦等（1984）提出诱致性制度变迁和强制性制度变迁的概念。我国的医疗体制改革制度从表面上看，是中央政府通过制定和执行相关政策法规采取自上而下强制性推进的方式进行，属于强制性制度变迁的方式，但事实上，大量医疗卫生制度的诱导性改革的主体最初来自基层，如国务院发展研究中心 2005 年对中国医疗改革“不成功”的论断导致对中国医改的大讨论，以及新一轮医疗改革的实施等诸多例子都印证了这一点。因此，强制性变迁过程中同时也存在诱导性的因素。

杨靖（2010）等大多数学者认为，中国在改革开放之前不存在明显的利益集团，因为在这一阶段中国社会大众的利益分化还不明显，社会趋同性较强。而改革开放后，多元化的经济结构和众多利益不同的社会阶层逐渐形成，利益集团逐步形成。夏冕（2010）将我国医疗卫生制度中的利益集团发展分为三个阶段包括：（1）利益集团产生的萌芽和博弈环境形成阶段。（2）中央与地方政府、国家与企业利益分化的阶段。（3）微观利益集团成长阶段以及微观利益集团成熟及多元经济主体博弈的阶段。

在医疗改革的背景下，具体在公立医院监管中，与公立医院相关的利益集团发育和形成也大致遵循这一路径，在 20 世纪 80 年代，我国的公立医院改革及监管处于调整及发展期，在医疗服务提供方“大锅饭”激励措施低效导致效率低下，需求方“看病难、住院难、手术难”等困难的推动下，公立医院监管最大的特点就是放权让利，逐步放松管制，同时，监管机构的功能逐渐分化，不同部委逐步形成各自对公立医院的监管范围，如卫计委对公立医院的日常运营的监管，财政部对医院财政拨款等的监管。同时由于企业改革的进行，考虑成本收益的药品生产企业也逐步形成自身的利益团体。而在 90 年代，随着社会主义市场经济体制的确立，与公立医院相关联的利益各方更为强调自身的经济利益，而中央及地方政府在财政分权、分税制等导致的 GDP 竞赛中，对于公立医院短期的经济性目标和某些确定性指标的追逐，以及对某些长期性目标如公益性的淡化，导致中央政府与地方政府在公共服务上的利益冲突，不同部委之间对于各自目标追逐导致的监管低效，医疗企业、商业保险企业等对于商业利益的追逐，而患者这一潜在利益集团由于缺乏有效的利益表达机制，这一阶段不同利益集团逐步分化。而进入 21 世纪后，各个利益集团逐步成熟，通过建立自己的信息沟通、利益表达机制向决策者表达相应的诉求，这在我国 2005 年以后的公立医院改革中体现得较为明显，利用公共传媒、研讨会、研究资助、建言、参政议政等多种方式，有组织的利益集团形成了对决策者的影响，而患者这一团体仍然没有通过逐步建立的医疗保险机构表达自身利益，松散的患者群体无法通过正常途径表达自身的利益，某些极端事件逐步产生。

图1是改革开放以来我国公立医院的相关利益集团由萌芽、逐步形成、分化及发展壮大，以至成长成熟等阶段的分析。同时本文基于制度变迁理论和文献资料搜查，分析医改不同阶段公立医院角色演变中的诱致性因素与强制性因素，得出我国公立医院的相关利益集团有政府机构，药品生产与流通企业，医疗保险机构，公立医院院长、医师等，私营及民营医院，患者。通过以上分析可以看出，由于我国公立医院的法律制度、管理规范等差异，我国的利益集团类型与国外医院的利益集团类型、利益集团形成方式、利益集团表达利益机制等均存在显著差异。

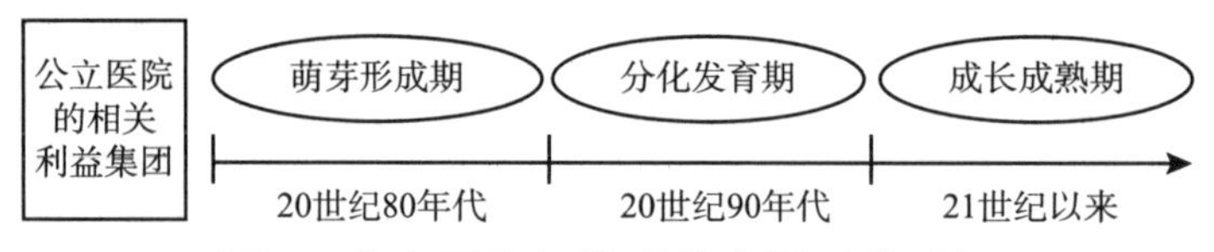

图1　公立医院相关利益集团形成时间

（二）利益集团特征及其关系研究

1. 利益集团的特征

我国公立医院具有明显的多委托人（监管人）特征，随着我国历次医疗改革的完成及中央部委的调整，公立医院监管的各项职能分散于各个管理机构。为保证深化医药卫生体制改革工作的更好进行，国务院办公厅在2008年成立了医改领导小组，在2011年、2016年均对领导小组进行了调整。本文根据最新发布的2016年《国务院办公厅关于调整国务院深化医药卫生体制改革领导小组组成人员的通知》文件进行汇总，与公立医院改革与监管相关的中央政府部门包括卫生计生委、发改委、财政部、人力资源社会保障部、新闻办（在中央宣传部加挂牌子）、中编办、中央网信办（列入中共中央办事机构序列）、教育部、科技部、工信部、民政部、商务部、国资委、食品药品监管局、法制办、国研室、保监会、中医药局、全国总工会、中央军委后勤保障部卫生局、中国残联等21个部委。本文参考夏冕（2010）将不同部委分为一级利益相关者及次级利益相关者的方式，将不同部委分为核心监管部门、一般监管部门及外围监管部门并进行利益分析，具体如表2所示。

表 2　　不同部委的监管权力及特征

重要性	部门	监管职能	部门目标（利益）
核心监管部门	发改委	医疗服务价格、基建和大型设备项目审批、基本药物目录制定	经济发展、部门权力
	卫生计生委	日常运行管理、行业监督、药品招标采购	国家健康发展水平、服务质量、公立医院规模及部门权力
	财政部	资金投入、分配、执行及监督权	税收、经济发展、收支盈余
	人力资源社会保障部	人事和干部管理、职称评定	提高人员素质及效率，人员数量控制、晋升考核
	国资委	公立医院的改革和重组、资产保值增值等	国有资产的保值增值，行业总体呈现稳定增长
一般监管部门	中编办	行政管理体制、机构改革及机构编制	机构岗位数额及人员素质要求
	保监会	医疗保险行业的发展战略、政策及市场运行监控	保障医疗保险费用合理高效运转，投保人群利益，部门利益
	食品药品监督局	药品审批权、质量监督权	保障医院及患者用药安全，部门及药品生产企业利益
	中医药局	中医药行业的发展与监管、拟订技术标准、人才培养	管理中医药行业
	中央网信办	公立医院网络安全运行与信息保护	保障公立医院运行和满足人民需求
	教育部	医药人才招生、培养、实习、就业	国家卫生人才发展，培养成本收益比较
	工信部	医疗产业规划、医药行业产业标准及政策	医药行业日常运营，与其他行业平衡健康发展
	科技部	科研资金的投入、药品器械技术的研发等	促进医疗技术、药品等的良性发展、保证人民健康
外围监管部门	新闻办	行业宣传与报道、精神文化建设	引导社会方向，树立发展典型
	民政部	贫困人口等公共救助、医疗救助、医药费用减免等	贫困人口脱贫、贫困人口等医疗费用支付比例下降及减免
	商务部	医药流通行业的发展战略、政策，医疗行业开放	医药流通行业合理发展、产业结构合理升级

续表

重要性	部门	监管职能	部门目标（利益）
外围监管部门	法制办	公立医院运行过程中的相关法律制定	保障公立医院稳定运行和满足人民群众的需求
	国研室	公立医院的综合性政策研究和决策咨询任务	保障公立医院稳定运行和满足人民群众的需求
	全国总工会	维护职工的合法利益和民主权利	职工、群众利益、相关利益群体利益
	中国残联	维护残疾人的合法利益和民主权利	残疾人群体卫生发展水平、服务质量、规模
外围（特殊）监管部门	解放军总后勤部卫生局	军队公立医院的运营、准入、发展制定等	军队卫生发展水平、服务质量、规模及部门权力

同时，其他非政府机构但与公立医院有利益联系的群体，会通过各种渠道和途径表达各自看法和观点，以维持自身的利益和在监管中争取有利的地位。这些利益集团主要包括药品生产企业、药品流通企业、商业保险公司、民营医院等，这些是有组织的利益集团；而另外一个重要的利益群体，消费者则属于无组织的利益集团。而公立医院不同的监管机构在这些利益集团的影响下会制定出不同的监管政策。本文通过分析利益集团的特征、影响的监管部门、影响的策略以及影响程度等因素进行了归纳，具体如表3所示。

表3　不同利益集团的特征及其影响

名称	特征	影响机构	策略和途径	影响程度
药品生产企业	国民经济的重要组成部分、税收重要来源	发改委、财政部、卫计委、国资委、食品药品监督局、全国总工会等	协助政策酝酿、研讨会、资助研究机构、行业协会、两会代表①、公共传媒	强
药品流通企业	拥有完整药品物流渠道、庞大的职工群体	发改委、商务部、卫计委、国资委、食品药品监督局、全国总工会等	协助政策酝酿、研讨会、资助研究机构、行业协会、两会代表②、公共传媒	强
商业保险公司	拥有较大的参保人群和较大的市场潜力	发改委、财政部、卫计委、国资委、保监会等	协助政策酝酿、研讨会、资助研究机构、行业协会、公共传媒	一般
民营医院	增长速度较快	发改委、财政部、商务部、卫计委、食品药品监督局等	研讨会、全国工商联	一般
消费者（患者）	群体庞大、组织松散	卫计委、食品药品监督局、保监会等	消费者协会，其他松散、非正式、非正常途径	弱

注：①②全国人民代表大会代表和全国人民政治协商会议委员简写为“两会代表”。

2. 利益集团间的关系

本文在上小节将公立医院的政府监管机构与其他非政府机构但与其有利益联系的利益群体进行特征梳理。本节在分析利益集团间的关系时，首先将与公立医院有关的利益集团分为两类：一类为相关利益方，包括药品生产企业、药品流通企业等（见表3）非官方组织，通过影响政府监管机构来间接影响公立医院的监管；另一类为监管主体方，主要为政府监管机构（见表2），直接影响公立医院的监管，具体关系如图2所示。

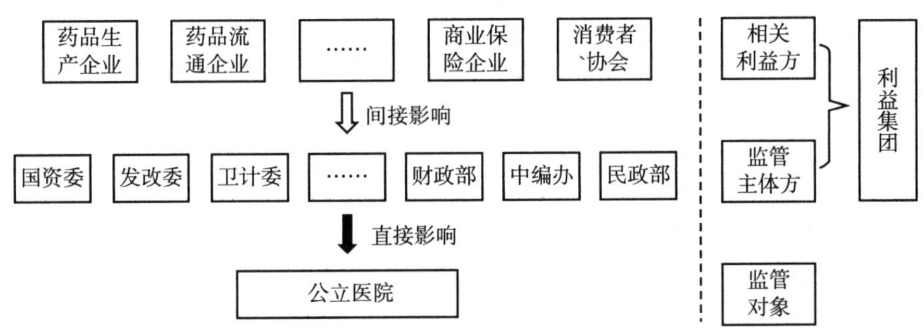

图2　公立医院相关利益集团关系

在考虑整体利益集团的关系后，现在仅考虑政府的监管机构之间的关系。在自身利益考虑及不同利益集团的影响下，不同部委为实现各自监管目标，需要对代理人——公立医院实施不同类型和强度的监管措施，这也导致不同部委在公立医院监管中各自的关系存在差异。

在监管强度上，几大核心监管者存在监管资源与利益争夺，从我国公立医院改革试点不同地区的不同类型试点模式就可以看出，在由卫计委（原卫生部）主导的公立医院改革试点中，强调的是“管办分开不分家”，在由国务院国有资产监督管理委员会（以下简称“国资委”）主导的公立医院改革试点中，强调的是由国资委委托的医院发展中心。核心监管机构之间的监管权力争夺导致了监管过度，许多过多、过严、过细的监管方式导致“监”与“管”难以分离，且主要集中在医疗服务、医药等各方面的准入监管。同时，长期以来公立医院一直实行的行政化监督和管理方式，这种运用法律、政策、行政控制等方式进行监管的途径，又导致核心监管者监管成本过高，同时对医疗服务质量、医疗服务过程等的审慎监管不足。同时，监管理念与方法落后，缺乏在多个监管者之间进行联合监督的制度和成熟的经验。

而一般监管者和外围监管者则存在明显的“搭便车”行为，体现为监管动力不足、能力不足。在政府政绩考核的政治约束与财政分权的财政约束下，基于成本收益的理性分析，一般监管者和外围监管者自身缺乏积极参与公立医院监管的动力，同时，由于资源配置的因素，也缺少相应的人力、物力等资源进行有效监管。

基于以上分析，可以得出不同类型监管者之间的关系，核心监管者之间的主体关系是争夺监管权力和资源，但同时某些时候为了实现某一目标，必须联合其他部委进行联合行动，因此他们之间的关系是竞争为主、合作为辅。而一般监管者的监管职能大多需要核心监管部门配合，因此他们与核心监管者之间的关系以合作为主。而其他监管者主要是为了“搭便车”，因此他们绝大部分是采用跟随、同意、默认等合作方式。不同类型委托人关系分析如表 4 所示。

表 4　　不同类型委托人关系分析

	核心监管者	一般监管者	外围监管者
核心监管者	竞争为主，合作为辅	竞争与合作并存	合作
一般监管者	竞争与合作并存	合作	合作
外围监管者	合作为主	合作	合作

多个部委及不同的利益集团共同构成了我国公立医院监管的直接和间接影响因素，我国的公立医院最终监管制度、手段及措施，均是在上述复杂的机构间利益博弈后得出的相对均衡结果。

四、多委托人多任务框架下的公立医院激励均衡分析

迪克西特（Dixit，1996）在综合了共同代理模型和多任务模型后，提出了多任务共同代理模型。米格罗姆和罗伯茨（Milgrom and Roberts，1991）是在观察到教师在教学和科学研究中，由于激励方式的差异导致两种任务的努力程度差异。因此，本文认为，虽然共同代理中的不同委托人的任务也可被视作是多个任务，但产品的同质性仍然存在，即各类产品之间的可观察性相差不多，产出与代理人努力的随机扰动项的方差相同。而在多任务中，任务之间差异很大，各类产品之间的可观察性有差别，产出与代理人努力的随机扰动项的方差差异较大。

本节在多委托人多任务框架下，首先考察在完全信息条件下公立医院的最优激励均衡解，然后考虑在不完全信息条件下，即此时存在委托人之间的信息不对称与委托人与代理人之间的信息不对称，分析当委托人合作时产生的次优均衡性质；最后考虑，信息不对称且委托人不合作时第三优均衡解的性质。

（一）完全信息条件下，最优均衡的求解

对于公立医院的激励与监管，存在着超过两个监管者，根据对公立医院目标的分析，公立医院主要实现经济性和公益性目标，根据利益集团理论，将具有类似利益取向的监管者作为同一类委托人。因此本文设定存在两类委托人（或监管者），一类监管者主要监管经济性目标，一类监管者主要监管公益性目标，公立医院作为唯一的代理人，需要同时为实现公益性与经济性目标而努力。设 A 是经济性目标的监管者，B 是公益性目标的监管者，设定公立医院在两类目标上的努力向量为 $t'=(t^e, t^p)$，其中，t^e 为公立医院在经济性目标上的努力程度，t^p 为公立医院在公益性目标上的努力程度。付出努力的产出为 $x=t+\varepsilon$，即 $\begin{pmatrix} x^e \\ x^p \end{pmatrix}=\begin{pmatrix} t^e \\ t^e \end{pmatrix}+\begin{pmatrix} \varepsilon^e \\ \varepsilon^e \end{pmatrix}$，$\varepsilon \sim (0, \Omega)$，随机向量 ε 服从正态分布，均值为二维零向量，方差为二阶正定协方差矩阵 Ω。

对于两类监管者 A 和 B，b_i^j 是监管者 i 在产出 j 上的单位收益，监管者 A 的收益为 $(b_A^e, b_A^p)\begin{pmatrix} x^e \\ x^p \end{pmatrix}=b'_A x$，监管者 B 的收益为 $(b_B^e, b_B^p)\begin{pmatrix} x^e \\ x^p \end{pmatrix}=b'_B x$，所有监管者的加总收益为 $b'x$。公立医院付出的总努力为 $c(t)=\frac{1}{2}t'Ct$，$c'(t)>0$，$c''(t)>0$，$C=\begin{pmatrix} c_{ee}, & c_{ep} \\ c_{pe}, & c_{pp} \end{pmatrix}$，$\frac{1}{2}t'Ct=\frac{1}{2}(t^e)^2 c_{ee}+t^e t^p c_{ep}+\frac{1}{2}(t^p)^2 c_{pp}$，$c_{ee}$ 和 c_{pp} 是实现两类目标的单位成本，$c_{ep}=\frac{\partial^2 c(t)}{\partial c_e \partial c_p}$ 和 $c_{pe}=\frac{\partial^2 c(t)}{\partial c_p \partial c_e}$ 是在两类目标间投入努力的边际成本。矩阵 C 正定且 $c_{ep}=c_{pe}$，如果 $c_{ep}>0$，则说明两个目标之间的关系是替代性的，同时实现两类目标所需的总努力成本大于单独实施两类目标的总努力成本之和；如果 $c_{ep}<0$，则说明两个目标之间的关系是互补性的，同时实现两类目标所需的总努力成本小于单独实施两类目标的总努力成本之和；如果 $c_{ep}=0$，则说明两个目标之间的关系是独立的，同时实现两类目标所需的总努力成本等于单独实施两类目标的总努力成本之和。C 是正定的，因为 C 是二阶矩阵，C 的逆矩阵 C^{-1} 上的非对角元素是负值，当然这对阶数大于 2 的矩阵并不成立。

公立医院的收益为 $w=p-\frac{1}{2}t'Ct$，其效用函数满足绝对风险规避系数不变特征，$u(w)=-\exp(-rw)=-\exp\left[-r\left(p-\frac{1}{2}t'Ct\right)\right]$。r 是绝对风险规避系数。监管者的收益总和为其收益减去对公立医院的补偿，$E[b'x-p]=$

$E[b'(x+\varepsilon)-p]=b'x-p$，社会总福利为 $(b't-p)+\left(p-\frac{1}{2}t'Ct\right)=b't-\frac{1}{2}t'Ct$，此时监管人对公立医院的转移支付 p 被内化了，他只是在委托人与代理人之间进行了收入转移，最大化社会福利的一阶条件为 $b-Ct=0$。

因此得到在完全信息条件下，代理人公立医院的行为可被监管者观测时，最优努力程度为 $t=C^{-1}b$，设定 $C^{-1}=\begin{pmatrix}k_{ee}, & k_{ep}\\ k_{pe}, & k_{pp}\end{pmatrix}$，$\begin{pmatrix}t^e\\ t^p\end{pmatrix}=\begin{pmatrix}k_{ee}, & k_{ep}\\ k_{pe}, & k_{pp}\end{pmatrix}\begin{pmatrix}b^e\\ b^p\end{pmatrix}$，得 $t^e=k_{ee}b^e+k_{ep}b^p$，$t^p=k_{pp}b^p+k_{pe}b^e$。

根据对矩阵 C 正定的假设，可知 k_{ee} 与 k_{pp} 为正，根据对经济性目标与公益性目标的关系分析，经济性目标与公益性目标之间是替代关系，k_{ep} 与 k_{pe} 为负。因此，增加对经济性目标的激励强度 b^e 导致对经济性目标的努力增加，且对公益性目标的努力减少；增加对公益性目标的激励强度 b^p 导致对公益性目标的努力增加，且对经济性目标的努力减少。

在完全信息下，公立医院追求经济性目标与公益性目标的行为可以被监管者观测，因此，通过合理地在两类目标上进行努力分配，可以实现既定的监管目标，此时可以实现社会福利最大化的最优均衡结果。但现实中的情形是代理人——公立医院拥有更多的信息，而监管者缺乏信息，如公立医院的行为不可被观测，或观测的成本太大。由此进一步需要考虑在不完全信息条件下，多委托人多任务情形时的均衡结果。

（二）不完全信息条件下，委托人合作，次优均衡的求解

在不完全信息条件下，代理人——公立医院的投入是不可被观测的，此时存在着委托人与代理人之间的信息不对称，委托人不能观测到代理人的行动，吴静妍（2010）认为，在多委托人共同代理模型中，存在两种信息不对称情形：一种是委托人之间信息对称，而委托人与代理人之间信息不对称；另一种是不但委托人与代理人之间信息不对称，委托人之间也存在信息不对称。本文首先分析第一种情况，监管者对公立医院的激励必须建立在可观测到的产出 x 的基础上，根据米格罗姆和罗伯茨（Milgrom and Roberts，1991），此处使用产出线性报酬机制。

在委托人合作的条件下，联合委托人给公立医院的报酬为 $a'x+\beta=(\alpha^p, \alpha^e)\begin{pmatrix}x^p\\ x^e\end{pmatrix}+\beta$，公立医院的期望效用 $-\exp\left[-r\left(a'x+\beta-\frac{1}{2}t'Ct\right)\right]=-\exp\left[-r\left(a't+\beta-\frac{1}{2}ra'\Omega a-\frac{1}{2}t'Ct\right)\right]$，其确定性等价为 $z=a't+\beta-\frac{1}{2}ra'\Omega a-\frac{1}{2}t'Ct$，其一阶条件为 $t=C^{-1}a$，设 C 逆矩阵为 K，$C^{-1}=K$，$\begin{pmatrix}t^e\\ t^p\end{pmatrix}=$

$\begin{pmatrix} k_{ee}, & k_{ep} \\ k_{pe}, & k_{pp} \end{pmatrix}\begin{pmatrix} a^e \\ a^p \end{pmatrix}$，得 $t^e = k_{ee}a^e + k_{ep}a^p$，$t^p = k_{pp}a^p + k_{pe}a^e$。

a^p 与 a^e 是公益性目标的委托人与经济性目标的委托人给公立医院的边际报酬，因为公益性目标与经济性目标之间的替代关系，k_{ee} 和 k_{pp} 为正，k_{ep} 和 k_{pe} 为负，因此，a^e 的增加会使公立医院实现经济性目标的努力增加，a^p 的增加会使公立医院实现经济性目标的努力减少；a^p 的增加会使公立医院实现公益性目标的努力增加，a^e 的增加会使公立医院实现公益性目标的努力减少。

将一阶条件代入公立医院的确定性等价，$z = \frac{1}{2}a'Ka - \frac{1}{2}ra'\Omega a + \beta$。联合委托人的净收益为其总收益减去对公立医院的支付，$E[b'x - a'x - \beta] = (b - a)'E[x] - \beta = (b - a)'t - \beta$。总社会福利为监管者与公立医院的收益之和，为$\left(a't + \beta - \frac{1}{2}ra'Ua - \frac{1}{2}t'Ct\right) + [(b - a)'t - \beta] = b'C^{-1}a - \frac{1}{2}a'(rU + C^{-1})a$，为实现总社会福利最大化，其一阶条件为：

$b = (I + rC\Omega)a$，展开可得式（1）、式（2）：

$$b^e = \alpha^e + r(c_{ee}\omega_{ee}\alpha^e + c_{ep}\omega_{pp}\alpha^p) \tag{1}$$

$$b^p = \alpha^p + r(c_{pe}\omega_{ee}\alpha^e + c_{pp}\omega_{pp}\alpha^p) \tag{2}$$

式（1）、式（2）中，c_{ee} 等为正定矩阵 C 中的元素，ω_{pp} 等为正定矩阵 Ω 中的元素，因此 $c_{ij} > 0$，$\omega_{ij} > 0$。可得在不完全信息条件下，$b^e > \alpha^e$，$b^p > \alpha^p$。将此结果与完全信息时的最优结果进行比较，当且仅当 $r = 0$ 时，$b = \alpha$，当 $r > 0$ 时，$b > \alpha$。因此，只建立在可观测基础上的激励机制为代理人带来的实际收益比投入的边际贡献要低。这反过来又使得投入减少，总收益也就相应减少。这种结果是次优的结果，反映了效率与风险分担之间的替代关系，这种替代是由道德风险引致的交易。

本文在此基础上分析不同任务的可观测性对激励强度的影响，不同产出与努力的关系为 $x^e = t^e + \varepsilon^e$，$x^p = t^p + \varepsilon^p$，$\omega$ 是 ε 服从的正态分布的方差，ω 越大，结果越难被观测到，$\omega = 0$ 时，结果可以被直接准确观测。设定经济性目标可以被直接观测，则 $\omega_{ee} = 0$。因此，次优的均衡结果为式（3）、式（4）：

$$b^e = \alpha^e + rc_{ep}\omega_{pp}\alpha^p \tag{3}$$

$$b^p = \alpha^p + rc_{pp}\omega_{pp}\alpha^p \tag{4}$$

即得最优努力程度与次优努力程度之间的差异为式（5）、式（6）：

$$b^e - \alpha^e = rc_{ep}\omega_{ee}\alpha^p \tag{5}$$

$$b^p - \alpha^p = rc_{pp}\omega_{pp}\alpha^p \tag{6}$$

因此，在经济性目标与公益性目标的努力程度上，最优努力程度与次优努力程度的差异取决于 c_{ep} 与 c_{pp}。如果经济性目标对公益性目标的单位替代成本大于公益性目标实现的边际成本，则经济性目标的努力程度下降得更快；

如果经济性目标对公益性目标的单位替代成本小于公益性目标实现的边际成本，则公益性目标的努力程度下降得更快。

在现有制度的约束下，由于对经济性目标的激励大于公益性目标，公立医院经济性目标对公益性目标的单位替代成本远远小于公益性目标实现的边际成本，因此，公益性目标的努力程度下降得更快，看病难问题产生。与公益性努力程度更快下降相比，而经济性目标的努力程度的相对增强，则使得看病贵问题产生。

（三）不完全信息条件下，委托人不合作，第三优均衡的求解

公立医院的监管中，由于目标之间的冲突、沟通协调机制的成本等原因，不同的监管者之间难以形成有效的联合，本文继续分析不完全信息时委托人不合作的情形。吴静妍（2010）认为，这是由于不但在委托人和代理人之间存在信息不对称，同时还由于在委托人之间存在信息不对称，于是不同委托人可以各自与代理人签订合同，实现自身收益最大化。当委托人之间不合作，每一个委托人选择一种激励机制，公立医院面对的是一系列的激励机制。

与次优情况类似，仍然假定努力程度不可观测，每一个激励机制必须基于可观测产出为基础，仍然采用线性的激励方式，经济性目标的监管者对于经济性产出和公益性产出的激励强度为（α_E^e）$'x^e$ 和（α_E^p）$'x^p$，公益性目标的监管者对于经济性产出和公益性产出的激励强度为（α_P^e）$'x^e$ 和（α_P^p）$'x^p$。这两类监管者的总激励强度各自为（a_E）$'x+\beta_E$ 和（a_P）$'x+\beta_P$，（a_E）$'=(a_E^e$，$a_E^p)$，（a_P）$'=(a_P^e$，$a_P^p)$，$x=(x^e$，$x^p)$。公立医院面对的总激励强度仍然是 $a'x+\beta$，$a=a^e+a^p$，$\beta=\beta^e+\beta^p$。

对代理人——公立医院来说，最优的总激励强度仍然是 $t=C^{-1}\alpha$，其确定性等价仍然是 $z=\frac{1}{2}a'Ka-\frac{1}{2}ra'\Omega a+\beta$，将其展开得式（7）：

$$\frac{1}{2}[(\alpha_E^e,\ \alpha_E^p)+(\alpha_P^e,\ \alpha_P^p)]\left[\begin{pmatrix}k_{ee}, & k_{ep}\\ k_{pe}, & k_{pp}\end{pmatrix}-r\begin{pmatrix}\omega_{ee}, & \omega_{ep}\\ \omega_{pe}, & \omega_{pp}\end{pmatrix}\right]\left[\begin{pmatrix}\alpha_E^e\\ \alpha_E^p\end{pmatrix}+\begin{pmatrix}\alpha_P^e\\ \alpha_P^p\end{pmatrix}\right]+\beta_e+\beta_p \tag{7}$$

为分析每一个委托人的最优策略，仿照迪克西特（Dixit，1996）的思路，本文分析每增加一个委托人，带给公立医院的确定性等价收益的增加，以及增加的委托人的收益增加，在此基础上计算总的社会福利的增加，并由此计算对此委托人来说，总社会福利最大化时的最优策略，按照此思路得到每一个委托人的最优均衡策略。

首先考虑只有经济性目标的监管者时，公立医院的最优策略是选择如式（8）努力程度：

$$\begin{pmatrix} t_E^e \\ t_E^p \end{pmatrix} = \begin{pmatrix} k_{ee}, & k_{ep} \\ k_{pe}, & k_{pp} \end{pmatrix} \begin{pmatrix} \alpha_E^e \\ \alpha_E^p \end{pmatrix} \tag{8}$$

此时，公立医院的确定性等价为 $z = \frac{1}{2}a'_E K a_E - \frac{1}{2} r a'_E \Omega a_E + \beta_E$，展开得式（9）：

$$\frac{1}{2}(\alpha_E^e, \alpha_E^p)\left[\begin{pmatrix} k_{ee}, & k_{ep} \\ k_{pe}, & k_{pp} \end{pmatrix} - r\begin{pmatrix} \omega_{ee}, & \omega_{ep} \\ \omega_{pe}, & \omega_{pp} \end{pmatrix}\right]\begin{pmatrix} \alpha_E^e \\ \alpha_E^p \end{pmatrix} + \beta_E \tag{9}$$

将两类监管者的激励强度存在时得到的公立医院确定性等价收益减去仅存在经济性目标监管者时的公立医院确定性等价收益，可以得到仅存在公益性目标监管者时的公立医院确定性等价收益。

$$\begin{aligned}&(\alpha_E^e, \alpha_E^p)\left[\begin{pmatrix} k_{ee}, & k_{ep} \\ k_{pe}, & k_{pp} \end{pmatrix} - r\begin{pmatrix} \omega_{ee}, & \omega_{ep} \\ \omega_{pe}, & \omega_{pp} \end{pmatrix}\right]\begin{pmatrix} \alpha_P^e \\ \alpha_P^p \end{pmatrix} + \\ &\frac{1}{2}(\alpha_P^e, \alpha_P^p)\left[\begin{pmatrix} k_{ee}, & k_{ep} \\ k_{pe}, & k_{pp} \end{pmatrix} - r\begin{pmatrix} \omega_{ee}, & \omega_{ep} \\ \omega_{pe}, & \omega_{pp} \end{pmatrix}\right]\begin{pmatrix} \alpha_P^e \\ \alpha_P^p \end{pmatrix} + \beta_P\end{aligned} \tag{10}$$

当公益性目标的监管者加入此委托代理关系中时，他的净收益为他的收益减去支付给代理人的报酬，为 $(b_P)'t-(\alpha_P)'t-\beta_P$，将 $t=C^{-1}\alpha$ 代入，并展开得式（11）：

$$[(b_P^e, b_P^p)-(a_P^e, a_P^p)]\begin{pmatrix} k_{ee}, & k_{ep} \\ k_{pe}, & k_{pp} \end{pmatrix}\left[\begin{pmatrix} \alpha_E^e \\ \alpha_E^p \end{pmatrix} + \begin{pmatrix} \alpha_P^e \\ \alpha_P^p \end{pmatrix}\right] - \beta_P \tag{11}$$

如果公益性目标的监管者不参与到此委托代理关系中来，那么他就不需要提供相应的激励框架，同时他的收益也仅仅来自经济性目标监管者对代理人激励时所产生的公益性收益，即 $(b_P)'t=(b_P)'K\alpha$，展开可得式（12）：

$$(b_P^e, b_P^p)\begin{pmatrix} k_{ee}, & k_{ep} \\ k_{pe}, & k_{pp} \end{pmatrix}\begin{pmatrix} \alpha_E^e \\ \alpha_E^p \end{pmatrix} \tag{12}$$

由此，得出公益性目标的监管者参与和不参与时的收益差异式（13）：

$$\begin{aligned}&(b_P^e, b_P^p)\begin{pmatrix} k_{ee}, & k_{ep} \\ k_{pe}, & k_{pp} \end{pmatrix}\begin{pmatrix} \alpha_E^e \\ \alpha_E^p \end{pmatrix} - (\alpha_P^e, \alpha_P^p)\begin{pmatrix} k_{ee}, & k_{ep} \\ k_{pe}, & k_{pp} \end{pmatrix}\begin{pmatrix} \alpha_E^e \\ \alpha_E^p \end{pmatrix} - \\ &(\alpha_E^e, \alpha_E^p)\begin{pmatrix} k_{ee}, & k_{ep} \\ k_{pe}, & k_{pp} \end{pmatrix}\begin{pmatrix} \alpha_E^e \\ \alpha_E^p \end{pmatrix} - \beta_P\end{aligned} \tag{13}$$

那么，因为公益性目标参与则加入此委托代理关系中，带来的社会总福利增加为公益性目标监管者参与时带来的自身收益增加与公立医院收益增加之和。

$$(b_P^e,\ b_P^p)\begin{pmatrix} k_{ee}, & k_{ep} \\ k_{pe}, & k_{pp} \end{pmatrix}\begin{pmatrix} \alpha_E^e \\ \alpha_E^p \end{pmatrix} - r(\alpha_E^e,\ \alpha_E^p)\begin{pmatrix} \omega_{ee}, & \omega_{ep} \\ \omega_{pe}, & \omega_{pp} \end{pmatrix}\begin{pmatrix} \alpha_P^e \\ \alpha_P^p \end{pmatrix} - \frac{1}{2}(\alpha_P^e,\ \alpha_P^p)\left[\begin{pmatrix} k_{ee}, & k_{ep} \\ k_{pe}, & k_{pp} \end{pmatrix} - r\begin{pmatrix} \omega_{ee}, & \omega_{ep} \\ \omega_{pe}, & \omega_{pp} \end{pmatrix}\right]\begin{pmatrix} \alpha_P^e \\ \alpha_P^p \end{pmatrix} \tag{14}$$

公益性目标的监管者将会最大化此总收益，对该式（14）求一阶导，由此可得公益性目标的监管者将会选择的激励强度 α_P^e 和 α_P^e 为：

$$b_P^e k_{ee} + b_P^e k_{pe} - r\alpha_E^e\omega_{ee} - \alpha_P^e(k_{ee} - r\omega_{ee}) - \alpha_P^p k_{ep} = 0 \tag{15}$$

$$b_P^e k_{ep} + b_P^e k_{pp} - r\alpha_E^e\omega_{pp} - \alpha_P^e(k_{pp} - r\omega_{pp}) - \alpha_P^e k_{pe} = 0 \tag{16}$$

为简化，设定 $K_1 = \begin{pmatrix} k_{ee} \\ k_{pe} \end{pmatrix}$，$K_2 = \begin{pmatrix} k_{ep} \\ k_{pp} \end{pmatrix}$

$$\alpha^e = \alpha_E^e + \alpha_P^e,\ \alpha^p = \alpha_E^p + \alpha_P^p,\ \alpha = \alpha_E + \alpha_P$$

$$b^e = b_E^e + b_P^e,\ b^p = b_E^p + b_P^p,\ b = b_E + b_P$$

$$\alpha_E = \begin{pmatrix} \alpha_E^e \\ \alpha_E^p \end{pmatrix},\ \alpha_P = \begin{pmatrix} \alpha_P^e \\ \alpha_P^p \end{pmatrix},\ \alpha = \begin{pmatrix} \alpha_E \\ \alpha_P \end{pmatrix}$$

$$b_E = \begin{pmatrix} b_E^e \\ b_E^p \end{pmatrix},\ b_P = \begin{pmatrix} b_P^e \\ b_P^p \end{pmatrix},\ b = \begin{pmatrix} b_E \\ b_P \end{pmatrix}$$

最优化条件可表述为式（17）、式（18）：

$$(b_P)'K_1 - (\alpha_P)'K_1 - r\alpha^e\omega_{ee} = 0 \tag{17}$$

$$(b_P)'K_2 - (\alpha_P)'K_2 - r\alpha^p\omega_{pp} = 0 \tag{18}$$

联合上述两式，得到公益性目标监管者的激励均衡为式（19）：

$$b_P = (I + r\Omega C)\alpha_P + r\Omega C\alpha_E \tag{19}$$

按照以上步骤，同理得到经济性目标监管者的激励均衡为式（20）：

$$b_E = (I + r\Omega C)\alpha_E + r\Omega C\alpha_P \tag{20}$$

将上述两式写作为矩阵形式，即为式（21）、式（22）：

$$b = b_E + b_P = (I + r\Omega C)\alpha + r\Omega C\alpha = (I + 2r\Omega C)\alpha \tag{21}$$

$$\alpha = \frac{b}{I + 2r\Omega C} \tag{22}$$

更一般地，迪克西特（1996）指出，如果存在 n 个委托人，上式为 $\alpha = \frac{1}{I + nr\Omega C}$，与不完全信息时的委托人合作时的激励均衡条件 $b = (I + r\Omega C)\alpha$ 相比，随着委托人数量 n 的增大，激励强度逐渐减小，当 $n\to\infty$ 时，$\alpha\to 0$，为完全的低能激励，只能采取如固定工资等方式进行激励。此时由于委托人不合作的限制，只能实现第三优的均衡。对于 n 个委托人共同拥有一个代理人，有关代理人的激励问题被放大了 n 倍，委托人之间的激励问题产生负外部性，某一类委托人通过支付收益给代理人损害到了其他委托人从产出中本应获得的那份收益，代理人会对不同类型的委托人实施不同的努力程度，如果对没有付出较高激励的委托人减少努力程度，而这种减少努力所产生的风险被其他委托人所承担，因此，纳什均衡中存在的这种负外部性使得激励机制被严重削弱了，由此导致多委托人不合作的情形下解决激励问题的难度大大增加。

联合上述 b_E 和 b_P 两式，可求得不同类型监管者的激励强度。经济性目标监管者的激励强度（α_E^e，α_E^p）为式（23）、式（24）：

$$\alpha_E^e = \frac{b_E^e}{1 + r\omega_{ee}c_{ee}} - \frac{r\omega_{ee}}{1 + r\omega_{ee}c_{ee}}(c_{ep}\alpha_E^p + c_{ee}\alpha_P^e + c_{ep}\alpha_P^p) \tag{23}$$

$$\alpha_E^p = \frac{b_E^p}{1 + r\omega_{pp}c_{pp}} - \frac{r\omega_{pp}}{1 + r\omega_{pp}c_{pp}}(c_{pe}\alpha_E^e + c_{pe}\alpha_P^e + c_{pp}\alpha_P^p) \tag{24}$$

同理，公益性目标监管者的激励强度（α_P^e，α_P^p）为式（25）、式（26）：

$$\alpha_P^e = \frac{b_P^e}{1 + r\omega_{ee}c_{ee}} - \frac{r\omega_{ee}}{1 + r\omega_{ee}c_{ee}}(c_{ep}\alpha_P^p + c_{pp}\alpha_E^e + c_{ep}\alpha_E^p) \tag{25}$$

$$\alpha_P^p = \frac{b_P^p}{1 + r\omega_{pp}c_{pp}} - \frac{r\omega_{pp}}{1 + r\omega_{pp}c_{pp}}(c_{pe}\alpha_P^e + c_{pp}\alpha_E^e + c_{pe}\alpha_E^p) \tag{26}$$

由式（23）~式（26）可以进一步求解出两类监管者的激励强度组合（α_E^e，α_E^p，α_P^e，α_P^p）。（α_E^e，α_E^p，α_P^e，α_P^p）受到成本矩阵 C、方差 Ω、最有激励强度 b 及风险规避系数 r 的影响，以下对两类监管者的激励强度特征进行分析。

1. 风险规避系数

考虑当代理人为风险中性时，即风险规避系数 r = 0。此时式（23）~式（26）演变为：

$$\alpha_E^e = b_E^e，\alpha_E^p = b_E^p，\alpha_P^e = b_P^e，\alpha_P^p = b_P^p$$

此时，每一类委托人对代理人的每一类任务激励都是高能激励。即当代理人为风险中性时，即使在不完全信息和不合作的条件下，委托人仍然达到完全信息条件下的最优均衡，能够对其实施高能激励。这说明，代理人规避风险的扩大削弱了多委托人在共同代理中的激励机制。

2. 不同目标之间的可观测性

本文仍然假定经济性目标可被观测，而公益性目标具有测量误差，即 $\omega_{ee} = 0$，$\omega_{pp} \in \Re^+$。此时，$\alpha_E^e = b_E^e$，$\alpha_P^e = b_P^e$；但 α_E^p 和 α_P^p 的表达式不变。这就意味着对于可以准确观测的经济性目标，两类监管者将会实施高能激励，而对于不可准确观测的公益性目标，两类监管者则只会实施低能激励。这也较好地解释了我国当前公立医院监管中注重经济性目标，而忽视公益性目标的现象。

3. 各监管者之间的相互影响

从以上四式可以看出，即使某类监管者对某一其他任务不感兴趣，他仍然对其他监管者的激励方式做出了反应。假设经济性目标的监管者不能从公益性目标的实现中获取收益，即 $b_E^p=0$，此时 $\alpha_E^p=\frac{b_E^p}{1+r\omega_{pp}c_{pp}}-\frac{r\omega_{pp}}{1+r\omega_{pp}c_{pp}}(c_{pe}\alpha_E^e+c_{pe}\alpha_P^e+c_{pp}\alpha_P^p)=-\frac{r\omega_{pp}}{1+r\omega_{pp}c_{pp}}(c_{pe}\alpha_E^e+c_{pe}\alpha_P^e+c_{pp}\alpha_P^p)$，这意味着此时经济性目标的监管者仍然要对公益性目标的实现付出激励（当然这种激励可能为负），而不是不采取激励。

4. 比较静态分析

对于 $\alpha_E^e=\frac{b_E^e}{1+r\omega_{ee}c_{ee}}-\frac{r\omega_{ee}}{1+r\omega_{ee}c_{ee}}(c_{ep}\alpha_E^p+c_{ee}\alpha_P^e+c_{ep}\alpha_P^p)$ 式，本文进行比较静态分析，以分析在不同的任务关系条件下的激励强度之间的关系。

$\frac{\partial\alpha_E^e}{\partial b_E^e}=\frac{1}{1+r\omega_{ee}c_{ee}}>0$，这说明当最优的激励强度越大时，即使次优或第三优的强度会减少，但仍然随着最优激励强度的增大而增大。

$\frac{\partial\alpha_E^e}{\partial\alpha_E^p}=-\frac{r\omega_{ee}c_{ep}}{1+r\omega_{ee}c_{ee}}$，此时$\frac{\partial\alpha_E^e}{\partial\alpha_E^p}$的符号取决于 c_{ep}，即两类目标的关系。如果两类目标是替代关系，则 $c_{ep}>0$，此时$\frac{\partial\alpha_E^e}{\partial\alpha_E^p}<0$，即同一个监管者在不同目标之间的激励强度负相关，如经济性目标的监管者增强经济性目标的激励强度时，会减弱对公益性目标的激励强度。如果两类目标是互补关系，则 $c_{ep}<0$，此时$\frac{\partial\alpha_E^e}{\partial\alpha_E^p}>0$，即同一个监管者在不同目标之间的激励强度正相关，同一个监管者在加强一类目标的激励强度时，会同时加强对互补目标的激励强度。如果两类目标是独立的，则 $c_{ep}=0$，此时$\frac{\partial\alpha_E^e}{\partial\alpha_E^p}=0$，即同一个监管者在不同目标之间的激励强度没有相互影响的关系，同一个监管者在不同目标之间的激励强度相互没有影响。

$\frac{\partial\alpha_E^e}{\partial\alpha_P^e}=-\frac{r\omega_{ee}c_{ee}}{1+r\omega_{ee}c_{ee}}<0$，这说明对于同一个监管目标，不同类型的监管者之间的激励强度负相关，即不同监管者在同一目标上存在“搭便车”行为，一般来说，经济性目标的监管者在经济性目标的激励上会实施较大的激励强度，由此带来公益性目标的监管者不会在此目标上实施较强的激励，而是通过实施弱激励付出较小成本而获得“搭便车”的收益。

$\frac{\partial\alpha_E^e}{\partial\alpha_P^p}=-\frac{r\omega_{ee}c_{ep}}{1+r\omega_{ee}c_{ee}}$，此时$\frac{\partial\alpha_E^e}{\partial\alpha_P^p}$的符号取决于 c_{ep}，即两类目标的关系。如果两类目标是替代关系，则 $c_{ep}>0$，此时$\frac{\partial\alpha_E^e}{\partial\alpha_P^p}<0$，即不同监管者在不同目标

之间的激励强度负相关，如经济性目标的监管者增强经济性目标的激励强度时，会减弱公益性监管者对公益性目标的激励强度。如果两类目标是互补关系，则 $c_{ep}<0$，此时$\frac{\partial\alpha_E^e}{\partial\alpha_P^p}>0$，即不同监管者在不同目标之间的激励强度正相关，一类监管者在加强一类目标的激励强度时，会促使另一类监管者同时加强对互补目标的激励强度。如果两类目标是独立的，则 $c_{ep}=0$，此时$\frac{\partial\alpha_E^e}{\partial\alpha_E^p}=0$，即不同监管者在不同目标之间的激励强度没有相互影响的关系，不同监管者在不同目标之间的激励强度相互没有影响。

通过对比三种不同条件下的均衡结果，可以看出，在完全信息下，可以实现多委托人多任务的最优激励，当信息不完全时，委托人合作可以实现次优均衡，而委托人不合作则只能实现第三优均衡，这解释了国外公立医院为什么多采取低能激励的方式以维持经济性目标与公益性目标的平衡，但同时也导致了医院效率低下。而我国的公立医院采取了线性的高能激励方式，但由于公益性目标并不具有完全的可观测性，并不满足完全信息的条件，这导致了经济性目标与公益性目标的失衡。

五、结论与建议

通过对共同代理下多委托人多任务框架中的公立医院激励均衡分析，在完全信息条件下，公立医院追求经济性目标与公益性目标的行为可以被监管者观测，此时通过对两类目标的合理分配，可以实现社会福利最大化的最优均衡结果。在不完全信息条件下，信息不对称导致委托人不能观测到代理人的行动。当委托人合作时，最优努力程度与次优努力程度的差异取决于实现两类目标的单位成本。在制度的惯性下，对经济性目标的追求大于公益性目标，公立医院经济性目标对公益性目标的单位替代成本小于公益性目标实现的边际成本以及经济性目标的努力程度相对增强，就促使了“看病难、看病贵”现象的产生，产生了次优均衡。当委托人不合作时，随着委托人的增多，激励强度逐渐减小，趋向于低能激励，同时对于同一个监管目标，不同类型的监管者之间的激励强度负相关，即存在“搭便车”行为，仅能形成第三优均衡。由此，本文提出以下政策建议：

第一，增强信息披露的力度。在现实情况中，存在着监管部门（委托人）与公立医院（代理人）之间的信息不对称、医院与患者之间的信息不对称等多种影响因素，进而影响社会公平以及资源配置效率。政府层面要进一步推进简政放权与政务公开，公开相关受理信息，提高审批透明度。鉴于公立医院的特殊中间人角色，应重点加强医院的信息披露力度，如提高诊疗透明度、强化管理费用与治疗费用公开机制、对药品器械等进行价格回溯等，同时依托现有的全民健康保障信息化工程和健康中国云服务计划，大力推动“互联网+医疗”服务，进一步实现全国范围内信息的互联互通。基于患者层面，蔡菲（2017）研究美国医改时发现由于患者的话语权很低，在推进信息披露过程中积极程度并不高，鉴于此要适度增加患者的话语权，保障畅通的利益诉求通道，建立官方监管下的患者组织。

第二，建立综合的监管机构。当监管目标不一致时就难免会出现监管部门的不合作甚至对抗行为，也进而影响公立医院的管理决策与行为选择。在总结试点地区成功经验的基础上，各部委建立一个综合的监管机构，当发生目标冲突时在监管机构内部协调解决，致使最终到达公立医院的监管指标是无冲突、可实现的，并建立常态化的巡查考核机制，切实督促公立医院有关规划和指标的有效完成。同时综合机构接受合法的行业组织与第三方机构的监督与合理建议，引入体制外监督的制约，防止因综合监管机构的权力过大而出现监管效率低下等问题或综合机构被“俘获”的现象。在实际监管过程中整合现有信用资源，完善医药卫生行业诚信管理，在企业“黑名单”的基础上，进一步将个人也纳入“黑名单”体系，并及时予以公开。

第三，预防监管部门的冲突。通过建立不同监管部门间的对话与长效协商机制，预防监管部门因利益冲突而导致不合作局面的发生，致使社会福利的损失。这就要求对经济性目标和公益性目标的权衡，各部委应予以重视并达成共识。同时将对公立医院的监管要嵌入社会的综合治理之中，同时医疗改革作为全面深化改革的一部分，一定要处理好局部与整体的关系，保持改革的协调有序推进。规制部门应当有协调推进监管目标的实现以服务群众的思想，这样就不会因部委间的相互掣肘而影响改革措施或监管手段的有效落实，做到真正在源头上消除利益冲突、对抗的不稳定因素，以期实现社会福利的最大化。

改革开放后的市场化行为导致公立医院追求经济性目标，虽然现在公益性目标正在回归，但由于“惯性”的存在，目前仍需强调并完善对公益性目标的监管。公立医院监管体系的建立不仅依靠制度上的完善，还需要全民的参与和法律体系的支撑。随着法治中国理念的普及，公立医院的监管必将合理化和稳态化。

参考文献

1. 蔡菲、张新平：《美国医院信息公开中的利益集团分析》，载于《中国卫生政策研究》2017 年第 2 期。

2. 古新功、万君康：《药品价格管制三方信息博弈模型研究》，载于《经济管理》2013 年第 6 期。

3. 胡善联：《再造公立医院体系》，载于《中国卫生》2010 年第 7 期。

4. 蒋建华：《基于利益集团政治的委托—代理模型的药品价格规制研究》，载于《经济问题探索》2011 年第 6 期。

5. 柯雄、陈英耀：《政府实施公立医院医疗服务价格监管的动机溯源》，载于《中国医院管理》2017 年第 1 期。

6. 陆春阳、裴劲松：《解读“新医改”政策制定中的利益博弈》，载于《兰州大学学报》（社会科学版）2010 年第 S1 期。

7. 李华敏、刘昌菊：《医药产业利益集团控价行为的规制研究——基于价格规制视角》，载于《甘肃社会科学》2011 年第 1 期。

8. 李克强：《不断深化医改　推动建立符合国情惠及全民的医药卫生体制》，载于《求是》2011 年第 22 期。

9. 刘自敏、张昕竹、孟天广：《公立医院经济性目标与公益性目标监管分析——基于共同代理理论的研究》，载于《上海交通大学学报》（医学版）2015 年第 1 期。

10. 孙敏：《利益集团理论视角的药品安全问题解读》，载于《财经问题研究》2009 年第 3 期。

11. 史小龙、董理：《利益集团政治影响的经济学分析：一个理论综述》，载于《世界经济》2005 年第 10 期。

12. 王长青：《试论公立医院产权改革过程中公益性的实现——以江苏省宿迁市为例》，载于《中国医院管理》2008 年第 3 期。

13. 吴静妍：《基于共同代理理论的股权分置改革与上市公司治理分析》，吉林大学硕士学位论文，2010 年。

14. 王绍光、樊鹏：《中国式共识型决策：开门与磨合》，中国人民大学出版社 2013 版。

15. 夏冕：《利益集团博弈与我国医疗卫生制度变迁研究》，华中科技大学博士学位论文，2010 年。

16. 夏冕、张文斌：《“管办分离”语境下的公立医院管理体制研究》，载于《中国卫生经济》2010 年第 3 期。

17. 杨靖：《中国利益集团研究综述》，载于《理论与改革》2010 年第 4 期。

18. 杨瑞龙、钟正生：《西方利益集团理论研究新进展》，载于《经济学动态》2008 年第 10 期。

19. 姚志奋、王保民：《利益集团博弈的制度框定——基于立法职业化视角》，载于《河南社会科学》2015 年第 1 期。

20. 赵德余：《政策制定中的价值冲突：来自中国医疗卫生改革的经验》，

载于《管理世界》2008 年第 10 期。

21. Ario J, Jacobs L R. , 2012, "In the wake of the Supreme Court decision, many stakeholders still support the Affordable Care Act", *Health Affairs*, Vol. 31, No. 8, August, pp. 1855 -1865.

22. Becker, G. , 1983, "An Examination of the Capture Theory of Regulation: The Development of a General Empirical Model and its Application in Two Case Settings", PhD, Boston College.

23. Becker G S. , 1985, "Public policies, pressure groups, and dead weight costs", *Journal of Public Economics*, Vol. 28, No. 3, December, pp. 329 -347.

24. Béland D, Rocco P, Waddan A. , 2015, "Polarized stakeholders and institutional vulnerabilities: the enduring politics of the Patient Protection and Affordable Care Act", *Clinical Therapeutics*, Vol. 37, No. 4, April, pp. 720 -726.

25. Jan Beyers, Rainer Eising, William Maloney. , 2008, "Researching Interest Group Politics in Europe and Elsewhere: Much We Study, Little We Know?", *West European Politics*, Vol. 31, No. 6, April, pp. 1103 -1128.

26. Jan Beyers, Iskander De Bruycker, Inger Baller, 2015, "The alignment of parties and interest groups in EU legislative politics. A tale of two different worlds?", *Journal of European Public Policy*, Vol. 22, No. 4, March, pp. 534 -551.

27. Callaghan T, Jacobs L R. , 2015, "Interest Group Conflict Over Medicaid Expansion: The Surprising Impact of Public Advocates", *American Journal of Public Health*, Vol. 106, No. 2, January, pp. 308 -313.

28. Chung W, Han J K. , 2005, "Interest Groups' Influence over Drug Pricing Policy Reform in South Korea", *Yonsei Medical Journal*, Vol. 46, No. 3, June, pp. 321 -330.

29. Durán I P. , 2017, "Interest group representation in the formal design of European Union agencies", *Regulation & Governance*, Vol. 12, No. 2, May, pp. 238 -262.

30. Dixit, A. K. , 1996, "The making of economic policy: A transaction-cost politics perspective", Cambridge, Mass, MIT press, Vol. 1, pp. 272 -297.

31. Elias Mossialos, Sara Allin, 2005, "Interest Groups and Health System Reform in Greece", *West European Politics*, Vol. 28, No. 2, pp. 420 -444.

32. Gilens M, Page B I. , 2014, "Testing Theories of American Politics: Elites, Interest Groups, and Average Citizens", *Perspectives on Politics*, Vol. 12, No. 3, September, pp. 564 -581.

33. Gray V, Lowery D, Benz J K. , 2013, "Interest Groups and Health

Care Reform Across the United States", Georgetown University Press, pp. 265 - 270.

34. Jeon Y., 2010, "Interest Groups, Discourse, and Politics of Policy Evolution: A Case Study on South Korea's Health Care Policy, 1998 - 2001", *Pacific Focus*, Vol. 18, No. 2, pp. 159 - 183.

35. Jordan, G., D. Halpin and W. Maloney., 2004, "Defining Interests: Disambiguation and the Need for New Distinctions?", *British Journal of Politics and International Relations*, Vol. 6, No. 2, May, pp. 195 - 212.

36. Lundberg E, Hysing E., 2016, "The Value of Participation: Exploring the Role of Public Consultations from the Vantage Point of Interest Groups", *Scandinavian Political Studies*, Vol. 39, No. 1, March, pp. 1 - 21.

37. Milgrom P, Roberts J., 1991, "Adaptive and sophisticated learning in normal form games", *Games And Economic Behavior*, Vol. 3, No. 1, February, pp. 82 - 100.

38. M Olson. 1965, *The logic of collective action*, Harvard Economic Studies, A Harvard Paperback, 355 (1403), pp. 159 - 192.

39. Patricia M. Alt., 2015, "Interest Groups and Health Care Reform across the United States", *Journal of Health Politics, Policy and Law*, Vol. 40, No. 1, February, pp. 265 - 270.

40. Peltzman S., 1976, "Toward a More General Theory of Regulation", *The Journal of Law and Economics*, Vol. 19, No. 2, August, pp. 245 - 248.

41. Richards R., 2017, "The Role of Interest Groups and Group Interests on Gun Legislation in the U. S. House", *Social Science Quarterly*, Vol. 98, No. 2, June, pp. 471 - 484.

42. Sagan A, Kowalska - Bobko I, Mokrzycka A., 2016, "The 2015 emergency care reform in Poland: Some improvements, some unmet demands and some looming conflicts", *Health Policy*, Vol. 120, No. 11, November, pp 1220 - 1225.

43. Stigler G J., 1971, "The Theory of Economic Regulation", *The Bell Journal of Economics and Management Science*, Vol. 2, No. 1, pp. 3 - 21.

The Analysis of Public Hospitals' Supervision Under the Framework of Multi - Principals and Multi - Tasks

—Based on Interest Groups Perspective

LIU Zimin　CUI Zhiwei

(Southwest University, College of Economics and Management, 400715)

[**Abstract**] As the main supply of medical services, public hospitals are the focus and difficulty of the new round of medical system reform. But under the framework of multi-principals and multi-tasks, the reasonable and effective regulatory measures have not been found. Based on the background of medical reform in China and related theories, this paper explores the establishment and improvement of public hospital regulatory system from the perspective of interest groups. Firstly, we analyze the forming path and characteristic of interest groups in public hospital regulation, and explores the relationship between them. Moreover, we divide into three kinds of scenarios depend on the information quality and whether the supervision of interest groups cooperate or not, and we conducted incentive equilibrium analysis through public welfare goals and economic goals. Finally, we draw the conclusion by analyzing the game process. We find that: under the complete information, the regulation of public hospitals can achieve the optimal equilibrium of social welfare maximization, so it is reasonable to continue to enhance the intensity of information disclosure; when it comes to incomplete information, regulators cooperation can achieve the suboptimal equilibrium, so government should establish a comprehensive regulatory institutions; then it is necessary to prevent the conflict between supervisory departments for the reason that uncooperative regulators can only get the third best equilibrium solution. This article is of great practical significance to the supervisory reform of the industries with the target conflicts of regulatory interest groups.

[**Key Words**] Public Hospitals　Interest Groups　Multi - Principals and Multi - Tasks　Incentive Equilibrium Analysis

JEL Classifications: D58　H11　I38

零边际成本与虚拟地租[*]

——互联网交易平台的商业模式探讨

盛　洪　钱　璞[**]

【摘　要】微观经济学认为，只有将价格定在等于边际成本的那一点时，资源配置才是有效率的。而互联网交易平台的边际成本几乎为零，平台如何抵偿成本？本文提出，交易平台因让使用者零价格进入，形成了人口的集聚，带来了市场网络外部性，就会产生虚拟地租。交易平台可以用平台使用费、交易佣金或竞价排名的方式收取虚拟地租，最后实现在零进入价格的情况下获取收入、抵偿成本并赚取利润。

【关键词】**互联网　零边际成本　虚拟地租**

中图分类号：**F062.5**　文献标识码：**A**

一、边际成本定价问题

在中国，最为典型的互联网交易平台的商业模式，就是阿里巴巴模式和腾讯模式，即以淘宝和QQ、微信为主要形式的模式。

这种模式最令人迷惑不解的地方，就是零边际成本定价问题。具体而言，这种模式首先要投入大量资金建造一个庞大的基础设施，即网上交易或交友的平台，而一旦建立起来，由于其供给规模巨大，其可变费用即边际成本几乎一直为零，即增加一个产品量或服务量并不增加成本。根据微观经济学的定价原则，当价格等于边际成本时，资源配置达到最优。然而这一原则只适用于边际成本递增的情形，当边际成本不变或边际成本递减时，按边际成本

* 本文为《关于移动互联网发展对经济制度、产业结构、城市空间布局和宏观经济影响》课题的第二章。

** 盛洪，山东大学经济研究院教授，E-mail：shenghong54@vip.sina.com；钱璞，独立学者。

定价，就不能抵偿固定投入的成本，因而给企业带来亏损。零边际成本显然是一种极端情形，如果定价为零，就不会有任何收入（见图1）。

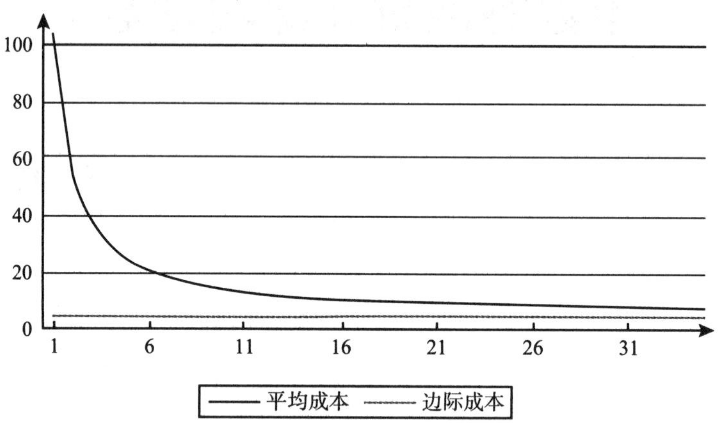

图1　高额固定投入的网络型服务的平均成本和边际成本

这一情形曾引起过经济学界的讨论。科斯教授曾有一篇论文叫“边际成本的论争”，讨论的就是这一问题。面对公用事业的高额固定费用投入和不变的较低的边际成本这一问题，霍特林主张，在这一情形中总成本超出总收入的部分，应该由政府承担。科斯反驳说，这相当于用所有纳税人的钱去补贴一部分人使用的公用事业，既不公正，也无效率。他建议，采取两部制定价法，即消费者既要支付边际成本，又要支付平均固定费用（Coase，1946；科斯，1994，第23~44页）。

现在看来，科斯是对的。现在大量公用事业采用的就是两部制定价。如消费者既要支付每一立方米的燃气费用（边际成本或变动费用）又要支付管道燃气的初装费（即平均固定费用）。另外一些公用事业实际上采用的是两部制定价，但并不那么直观。如自来水和电力。一般消费者感受不到支付自来水和电力初装费，这是因为是先由住宅开发商支付了，再把费用含在楼价里。

然而到了互联网这里，这一定价方式似乎行不通。本来，我们可以把网上交易平台或交友平台的巨额固定资产投入平均分摊给每个消费者，但这里的问题是，一旦这样做，就会阻碍消费者的进入，反而会使上述交易或交友平台没有足够的消费者而亏损。而在公用事业领域，这不是问题，因为公用事业提供的服务都是必需品且弹性较低，消费者不得不交纳初装费。

互联网交易—交友平台与公用事业的另一区别是，当足够规模的平台建立起来以后，使用它的边际成本几乎是零。如果已经投资了平台的固定资产，它就是沉没成本，这时增加一个消费者，不会增加平台提供者的成本。

一般的逻辑，网上交易—交友平台具有一种公共的基础设施性质，人们很容易想到要按霍特林的方案去做，要由政府投资。但在各国的实践中，这样的平台都是由民间投资的。比如在中国，就是阿里巴巴和腾讯等。这是因为，它们发现了一种解决这一难题的新的模式，既不是科斯模式，也不是霍特林模式。这一模式就是按零边际成本定价，也就是零价格。例如，交友平台 QQ 和微信是免费进入的；对于消费者和个体商家来说，淘宝也是免费使用的。

二、集聚和市场网络外部性

问题是，零价格怎样赚钱呢？怎样抵偿成本呢？科斯在讨论这一问题时，曾假设有一个中心市场，人们到里面买东西，再雇用搬运工将物品运回家。而在这里，搬运工是有固定数量的，并随时听从顾客的召唤，类似于固定投入。科斯说，一个人既要为购买商品付费，又要为搬运工付费。这样成本就都能抵偿。而网上交易平台模式的奥秘，恰恰是科斯忽略了的中心市场的一个性质。这就是，当人们到中心市场去购买东西时，形成了集聚。

我们知道，当人口集聚时，就会带来市场的网络外部性；即人的集聚导致人之间的交易可能性不成比例地快速上升。其关系如下：

$$ME = kn(n-1)/2$$

其中，ME 是市场网络外部性，n 是人口密度；$0 < k < 1$，是人与人接触时的交易可能性。这个公式是说，对于一定的人口密度来说，市场网络外部性是它的组合数。当然，一般而言，这是一个交易可能性（k）。假定 k = 0.01。如人口密度为 10 的市场网络外部性为 0.45，100 的市场网络外部性则为 49.5。关键在于，只要这个系数是正的，随着人口密度的增加，市场网络外部性会更快增加的关系不变。如人口密度从 10 增长到 100 时，市场网络外部性是原来的 110 倍；而增加到 1 000 时，则是原来的 11 100 倍。显然是大幅递增的。

市场网络外部性随着人口密度的增长而更加快速的增长。在现实物理世界中，同时增长的还有拥挤外部性，即随着人口密度的增长，拥挤成本也会上升。但这两种相反的力量合成后，仍能剩下一部分增益，我们称之为“集聚租”。我们可以设想，如果有一个人拥有了中心市场的土地，并提供了免费的搬运服务，吸引人们到中心市场来买东西，因人群集聚而使交易机会增多，也就提升了中心市场的土地价值，他就收取地租来抵偿提供免费搬运服务的成本。这也就是网上交易平台零边际成本定价但能补偿成本并能盈余的奥秘。当然，网络空间是虚拟世界，由此获得的地租可称为“虚拟地租”。

然而，将这种方法用于互联网环境，需要注意几点重要区别。第一，在现实世界中，地理位置是重要的，即地球上的某个点比其他点更为优越或更为不利，而在互联网创造的虚拟世界中，任何一个点并不优于也不劣于其他点，既所有的点都是同等的。第二，在现实世界中，如果有一块土地被人拥有了，就具有排他性，别人就不能同时占有这块土地，且从总量来看，地球上的土地是有限的；而在虚拟世界里，任何一个点都不占有实际空间，反过来可以说虚拟世界的空间接近无限大。互联网区别于现实空间的这两种性质排除了在竞争中的天然不公平和垄断，从而使竞争更为纯粹。

如果把互联网比拟为新大陆，网上交易或交友平台则是新大陆中的城市。这种“城市”与现实世界中的城市的区别是，这是没有拥堵的城市。很显然，如果没有拥挤外部性成本，就没有抵消市场网络外部性的主要成本，虚拟城市的规模就会变得非常巨大。例如，2016 年，全球网民约有 32 亿，就相当于虚拟新大陆的人口。中国 7.3 亿网民可以看作是虚拟世界中“中国”的人口。

而淘宝或 QQ 或微信都相当于新大陆中的城市，由于没有城市拥挤外部性成本，它们一个“城市”几乎能装下“一国”的人。例如，据说 2015 年淘宝用户已达 6 亿，而 QQ 用户早已上了 10 亿。对比一下，现实世界中的最大城市如上海和北京，也只是 2 000 多万人。如果只算到市中心逛商店的人则会更少，如北京西单商业区的日均人流量也只有 32 万人。而 2015 年淘宝的日均人流量则在 6 000 万～7 000 万人次，“双十一”期间高达 1.1 亿人次。这远非实体城市及其商业中心所能比拟。

对于虚拟地租的推断，还要考虑互联网的两个特性。第一，在互联网上的集聚，是虚拟集聚。这反而使集聚的性质更为凸显。所以集聚的意义，并非是人与人在肢体上的靠近，而是他们的意愿的信息能够彼此沟通。因而，互联网上的集聚就表现为信息的互相送达。当一个网店进入淘宝商城后，它就会遇到通过搜索引擎“集聚”到它的商品销售领域的消费者；其中一些消费者也会“进入”到该网店中看一看，形成网店的顾客流量。在这时，集聚程度可以用单位时间的顾客流量来衡量。

第二，人们在互联网上的集聚与现实中城市的集聚不同，后者主要是居住，而前者则主要是在商业中心或公共社区的集聚。这使得现有互联网的集聚的性质更为单纯。尤其是商业中心的集聚，就更具有交易倾向，而使得集聚带来的市场网络外部性的交易可能性系数更高。

既然讲虚拟地租，就应该分级差地租和绝对地租。在虚拟的城市里，显然有中心和边缘。只是并不表现在物理空间中，却可以用虚拟集聚程度，即单位时间内的浏览量，或称浏览密度来形容。例如同是购买某一种商品的顾客，会更多地浏览某一网店，较少地浏览另一些网店。这有很多因素，一个最重要的因素就是某一网店在虚拟城市中的“位置”，即在淘宝商城页面的排序中，排在什么位置。很显然，排在第一页第一条的网店处于最为优越的位置。由于在网页上浏览的成本很低，所以同一页的不同位置并没有太大的区别，不同的页面会有区别，后一页比前一页更少有人浏览。我们也可以说，前一页比后一页有更多的虚拟级差地租。

我们可以想象这样一个虚拟空间，在其中，最中心的点是假想的集聚程度最高的点。这是人们要上互联网进行交易或交友的第一个页面。直观地说，就是我们开机的第一个桌面。我们假设这是瞬间完成的。所有的人都会第一眼看到这个桌面，因而这是虚拟世界中集聚程度最高的地方。如果目的就是交易或交友，再下一步，就是要找到相应的平台，点击进去。例如淘宝商城。

在主页，我们可以在左侧看到分类列表，在右边和下边则是各种商品的陈列；在这些陈列的最上边，可能是最为昂贵的地方，商品陈列是四五个商品循环播放。显然，这里是集聚程度最高的地方。人们一般会直接到搜索器上搜索自己想买的东西，也有人按商品分类一级一级地搜索。如果不浏览首页内容，从首页过来，这大概花了几秒，但就是这几秒，使得其集聚程度明显低于首页。更何况，人们还可能被首页的内容所吸引。

进入具体商品页面，如女式手提包，我们看到约有 100 页。人们一般是按照默认的排序（在淘宝上叫“综合排序”），从第一页看起，按照顺序向后翻，直到找到一两个比较满意的商品为止，就不再向后翻了。每页约 60 个商品陈列，看一页可能需要几分钟，看几页可能会花上二十几分钟。显然，位于后面的页面的浏览量要低于位于前面的页面，也就是后面页面的集聚程度低于前面页面。在这种差别我们可能在不同页面的成交量的差别上看到。

根据我们向消费者作的网购行为问卷调查①，证明这种行为方式确实存在。约有 81.2% 的人在平台网站上直接搜索所需商品，59.3% 的人按商品分类搜索，由于是“多选”，两者相加大于 100% 。可以想见，绝大多数人采取这两种方法。这说明他们都是直奔主题。约有 37.2% 的人按综合（默认）排序浏览某一商品，约有 39% 的人按销量排序浏览，这两者有很大重叠，共约 76% 的人按已经形成的从“市中心”向外的顺序浏览。99.1% 的人会从第一页看起，越往后翻页，看的人越少。台式机和手提电脑的情况如图 2 所示。

① 调查问卷这里略去，如果有需要者可以向作者或本刊编辑部邮件索取。

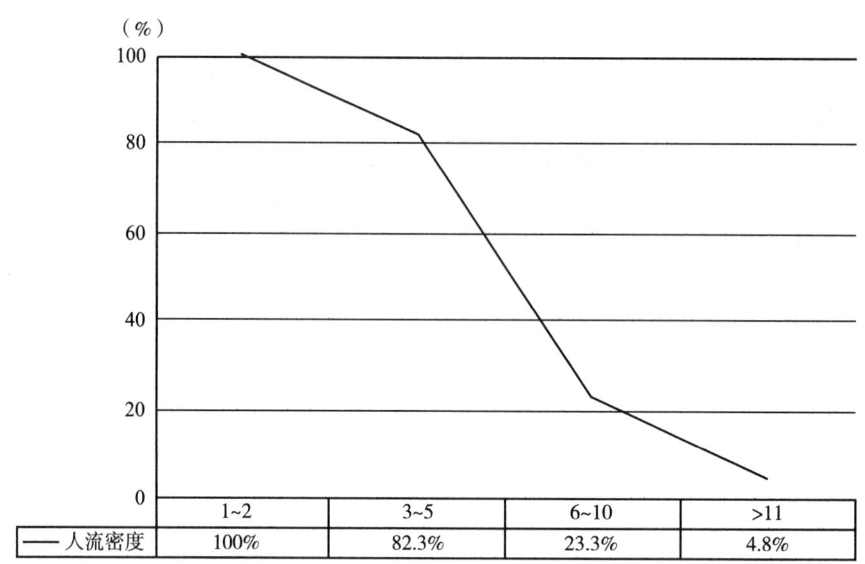

图 2　使用台式电脑和手提电脑网购的人流量在各页的分布

注：横轴代表交易平台页数。

由于手机用户占终端设备的 81%，所以对使用手机网购的行为方式的了解更为重要，如图 3 所示。

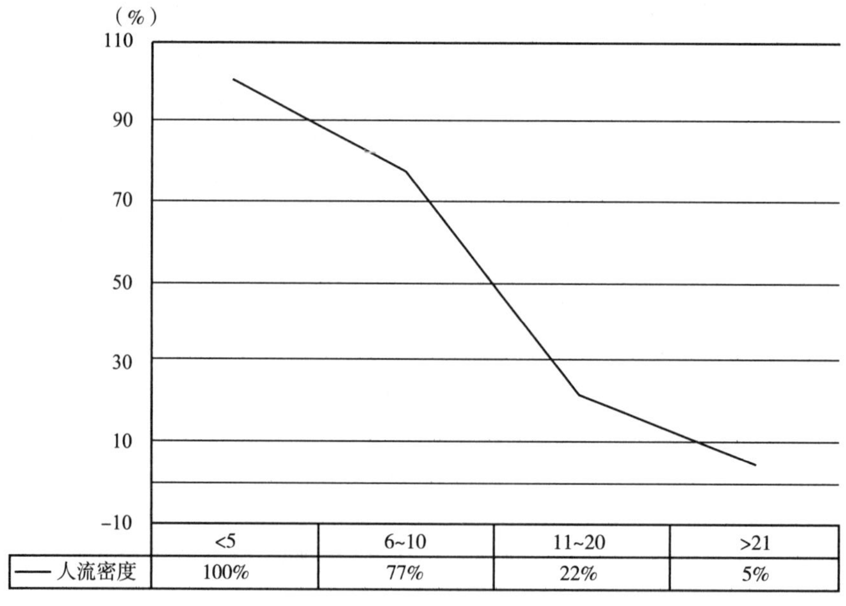

图 3　使用手机网购的人流量在各屏的分布

注：横轴代表手机的屏数。

图2、图3显示，无论是使用台式电脑/手提电脑，还是使用手机，人们都是更多地集聚在靠“市中心”（第一页/屏）更近的地方。

这显然可以构成一个虚拟地租的级差序列。主要的影响因素是人们到达的时间长短，尽管在虚拟世界里，这些时间比起现实世界中要短得多，但关键是，不在于绝对时间的长短，而在于不同平台、不同商品类别，以及同一商品的不同页面的相对到达时间的长短。只要某一页面到达的时间比另一页面要短，就等于有着竞争的优势，即更多的访问量，更高的集聚程度。如此，我们看到的是一个圆锥形的虚拟城市，与现实中的单一中心的城市相仿，市中心是集聚程度最高的地方，随着与市中心的距离的增加，集聚程度不断下降。我们由此，可以利用已有的空间经济学的方法对虚拟城市进行分析。

为了简便，我们假定平均每单交易的价格是100元。平均每天对某一页面的浏览量为集聚程度，可称作虚拟人口密度。人口密度的组合乘上一个小于1大于零的概率（k）就是市场网络外部性。市场网络外部性与相应交易的交易红利相乘，就能估计出该虚拟空间能够提供多少社会福利价值；如果只计算生产者剩余，则可近似地估计GDP；再扣去人力成本和其他物质成本，得出虚拟地租的数值和分布。只要我们知道影响虚拟人口密度的各种因素，我们就有可能建立起一个数学模型，对实际中存在的互联网平台等虚拟空间进行分析和评价。

三、虚拟地租的存在及其特性

我们也可以从现有的交易平台中搜取数据，验证一下我们的虚拟地租假说。图4是我们从天猫交易平台中搜索平板电脑12寸所得的价格与成交笔数（2017年6月20日16：07）乘积，即收入额。先将其按60进行平滑平均，再按每页60个店位合并成页平均数，共有30页。从左至右按第一、二、三、…、三十页排列，散点图如图4所示，对其进行回归，得回归曲线如图5所示。其回归方程为：

$$y = 182\ 479x^{-2.326}$$

$R^2 = 0.8686$，拟合很好。

将 $y = 182\ 479x^{-2.326}$

求导得：

$$-212\ 223\ 077/(500x^{(1\ 663/500)})$$

图形如图5所示：

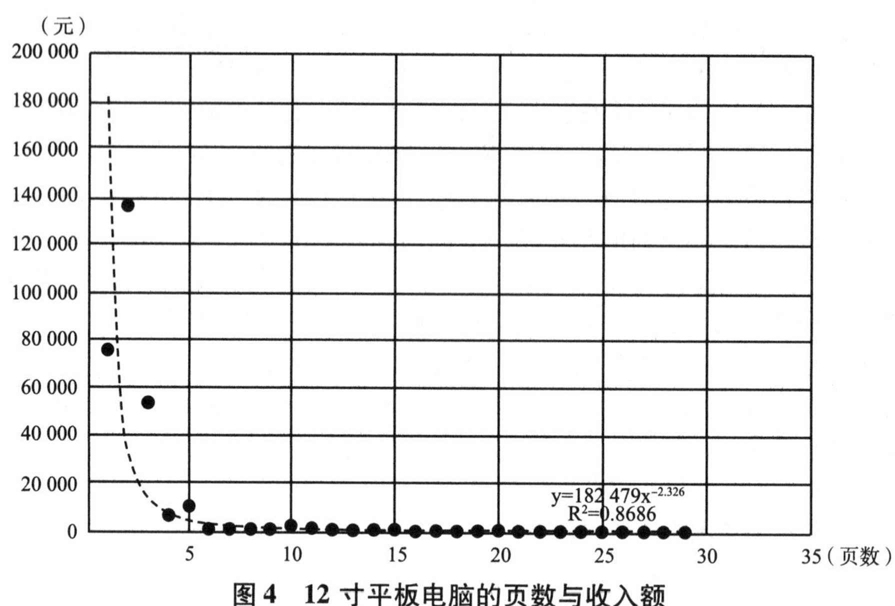

图4　12 寸平板电脑的页数与收入额

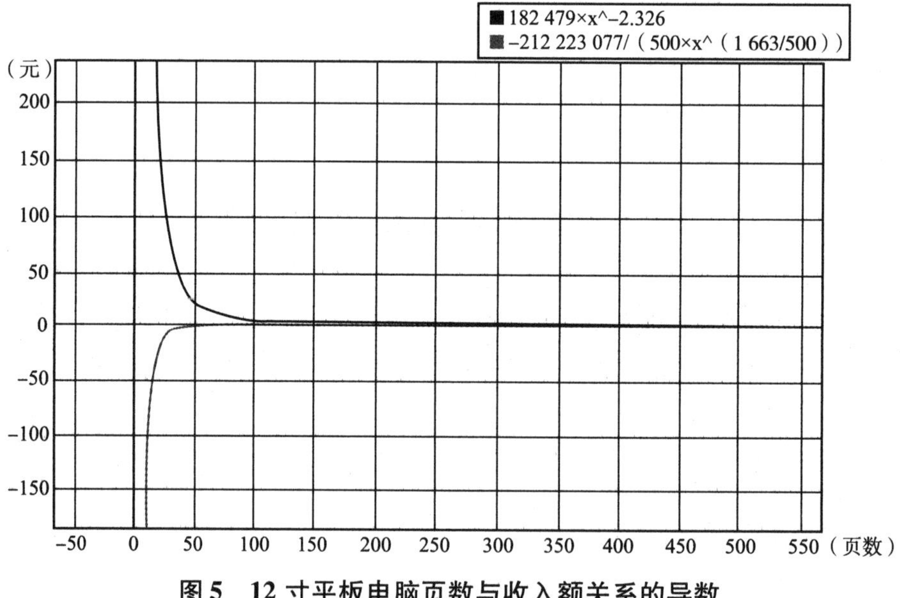

图5　12 寸平板电脑页数与收入额关系的导数

在这里，导数的含义是，随着页码变小，也就是越靠近“市中心”，级差地租的级差越大。

谈到地租，除了级差地租外，还有绝对地租。绝对地租的含义是，因为某种资源总量供给的稀缺产生的价值。在交易平台这里，所谓“总量稀缺”可用投资平台的资源的稀缺性来衡量，而资源稀缺性的价值就是投资总额的市场价格，简单地说，就是固定投资总额。所以所谓“虚拟地租”就是指级差地租加上绝对地租。理论上，每个用户承担的绝对地租就是平均固定费用。这相对简单。我们后面再做讨论。在这里，我们主要讨论级差地租。收入额回归方程的导数意味着级差地租，只是在表示与页数的关系时为负（页数越小越大），我们只需把负号变为正号，作为级差地租，如图 6 所示。

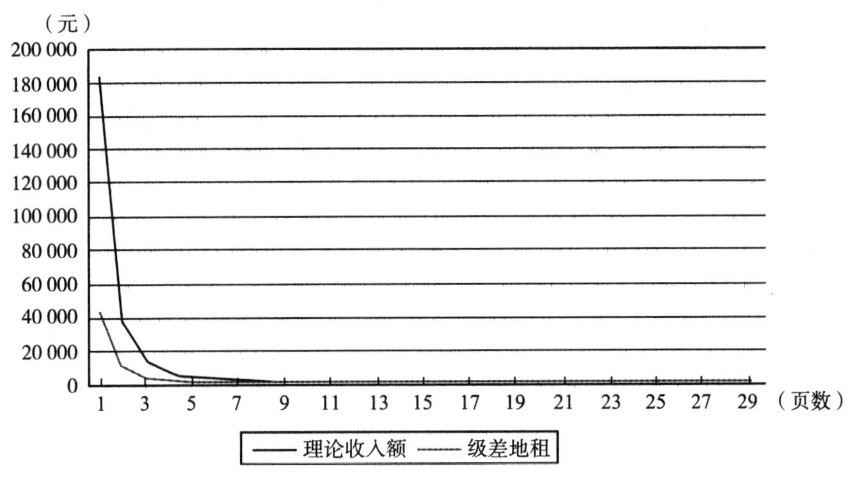

图 6　12 寸平板电脑的虚拟级差地租

由于第 7 页时，收入额只有不到 2 000 元，在这之后的网页就可以忽略，我们只考虑第 7 页之前的情况。如图 6 所示，浅色线之下的部分都是级差地租，深色线之下的是全部收入，将两者相除，约为 24.4%。即上面数据显现的估计中，理论上的级差地租可高达全部收入的 24.4%。

再举一例，从天猫上搜集的女式手提包的价格和月销量数据，相乘得月收入数据，再按每页平滑平均，再将每页数据平均，得 100 个平均月销量数据，按从第 1～100 页从左至右排列，作散点图，再做回归，得回归曲线如图 7 所示。回归方程为：

$$y=(1e+06)x^{-0.983}$$

$R^2=0.8063$，拟合较好。

导数为：

$$y'=-983\ 000/x^{1\ 983/1\ 000}$$

此回归方程即是月收入相对于网页位置的方程，含义是，越是接近第一页（即“市中心”），月收入越多，并且是加速地增多。将第一页和第二页的月收入相减，我们可以得出两页之间的虚拟级差地租，依此类推，我们可以得出一个级差地租序列，如图 8 所示。

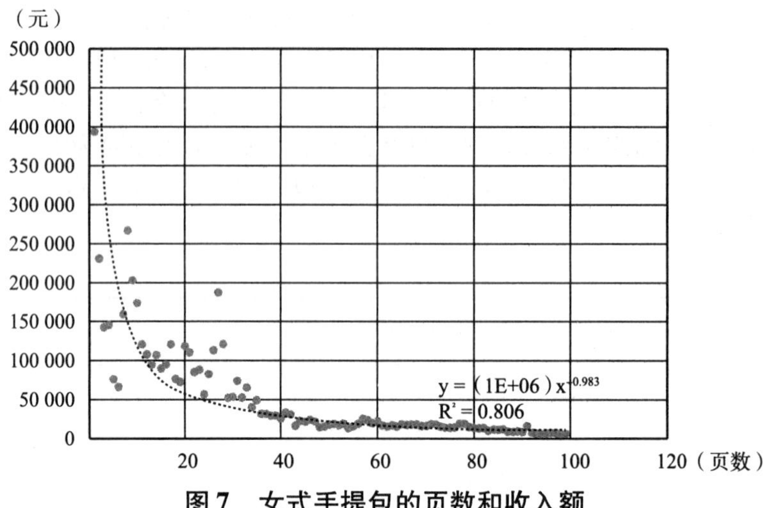

图7　女式手提包的页数和收入额

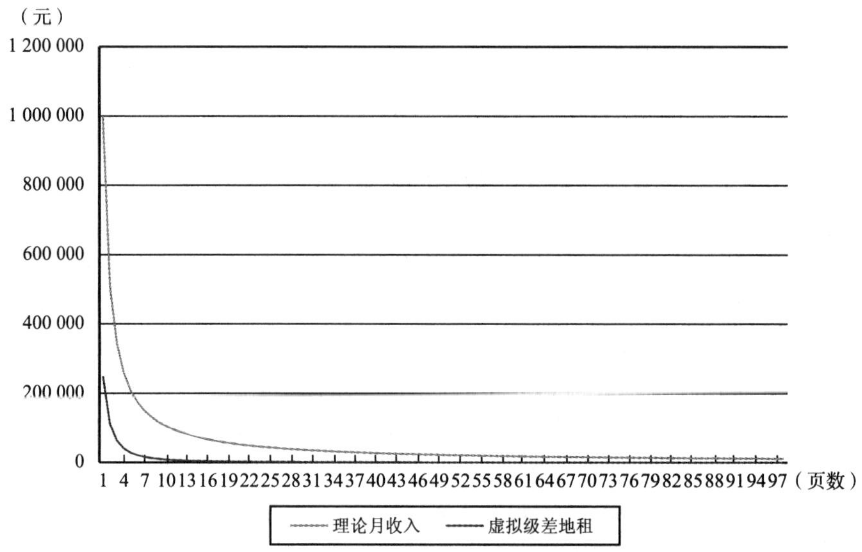

图8　女式手提包的虚拟级差地租

将这100页的网店的月收入加总，与级差地租的总和相除，得12%，即虚拟地租率约为12%，与上面的例子相差很大。这说明，不同商品的虚拟地租率是不同的。

无论虚拟地租是多少，上述两例至少说明存在着虚拟地租，这就是提供互联网交易平台服务的企业可以通过收取虚拟地租来获得投资和服务的回报。由于虚拟城市极高的集聚程度和市场网络外部性，淘宝或QQ、微信所能收到的“地租”就是一个巨额数字。问题是，人们似乎没有在阿里巴巴或腾讯的财务报表中看到“租”字。当然，由于是在虚拟空间，人们没有意识到租的存在，而阿里巴巴或腾讯在收租的时候，也不以“租”的名义。当然，要在淘宝开店，也需要有一些成本，如网页制作和消费者保证金等，但这还不是租的概念。

实际上，进了“淘宝商城”，并不见得就能卖得好，因为在这里也分“中心”和“边缘”，如同在实体城市中一样。当然在虚拟空间中，中心和边缘并不是位于特定的物理空间，而是由信息的醒目性、通达性和覆盖面决定的。在淘宝中，当我们搜索一个特定商品时，总会出现一个页面，这是这种商品排列的第 1 页，还有第 2 页、第 3 页……第 N 页。一般默认的“综合排序”规则是一个比较复杂的公式，其中包含了人气、销量、信誉和价格等指标。而在每页的右侧边和底侧边，则是通过直通车购买的称为“掌柜热卖”的商位。右侧大约 15 个商位，底侧约为 5 个商位。这些商位是要通过对按点击付费的竞价获得。一般而言，出价越高，排位越靠前。

而处于中间位置的更多商位，一般约 60 个，虽然表面上看并没有直接与出价有关，但从其包含的指标可以看出，销售量多和人气高（人气包含了浏览量和收藏量）显然与在前几页的显现有关，而这又与直通车相关。因此，在计算直通车的点击付费时，商家不仅要考虑竞价所获得的靠前位置的直接收益，也要考虑间接收益，即由于在前几页的显现，使得该商家在综合排序中的位置向前移动带来的收益。无论是直通车的直接收益还是间接收益，都明确的是虚拟地租。直通车的目的就是要在前几页显现，它所间接带动的商品在综合排序中的前移，又是在向“市中心”进发。因而直观地，就是为到集聚程度更高、市场网络外部性更高的虚拟地点付费。虚拟地租的存在应是可以被证明的了。

接下来的问题就是，实际的地租率是多少呢？我们知道，表现为直通车竞价的虚拟地租呈现出极强的级差性质。如图 9 所示，边际级差地租率从第一页开始向第 2 页、第 3 页移动时会急速下降。在第 1 页时，边际级差地租率约为 25%，第 2 页约为 22%，第 3 页约为 18%，第 4 页约为 16%……第 9 页约为 10%……反过来讲，当一个商家在竞价直通车时，他会通过试错探索出出价多少是合适的甚至是最优的。

一个最简单的策略就是，他用于直通车的成本等于他因此获得的更多直接收益。例如有一种商品价格是 100 元，进货成本是 50 元，在没有使用直通车时每月仅能卖出 100 个，也就是说每月收入是 5 000 元；当使用直通车时，假定成本是 10 000 元，每月能多卖出 200 个，增收 10 000 元。直观地看是成本收益打平了，但由于可能会带来更多的销售量和人气，会导致该商品在综合排序中向前移动了，也就增加了消费者流量和市场网络外部性，也就增加了收入。这说明这个策略有“额外收入”。然而，这个策略可能不会持久。因为有人会发现，出价更高会排在更前面，虽然会在直接收入方面入不敷出，但可以用综合排名上的收益作为弥补。只要总的收入增量等于直通车总成本即可。

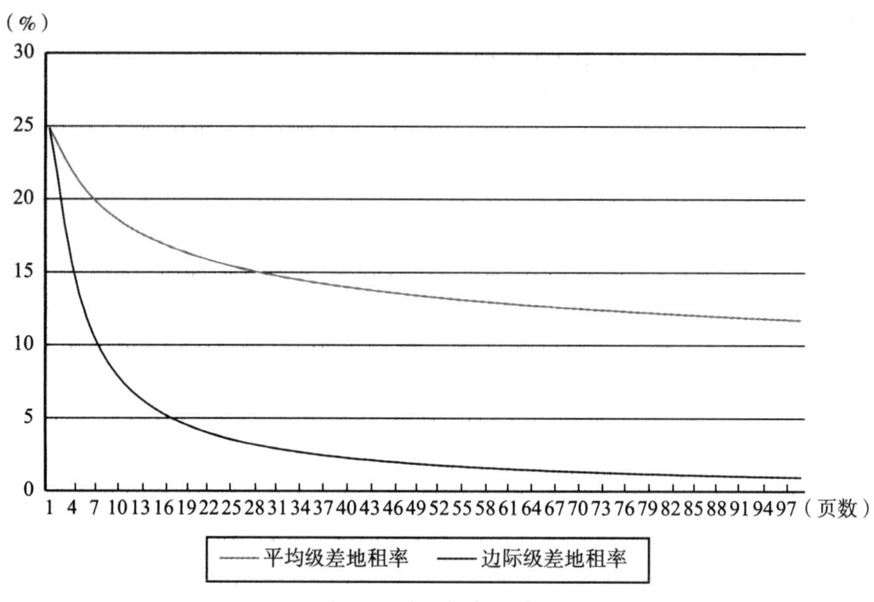

图9 级差地租率

不过如此一来，我们发现，直通车竞价的趋势会使商家们支付所有的级差地租，即竞价形成的价格沿着上述边际级差地租曲线向左上延伸，这当然都为阿里巴巴公司所得。但这样一来，互联网交易平台给商家带来的好处，即由集聚程度增加带来的收益增量就全被平台公司拿走了，那么对于商家又有什么好处呢？应该可以说，实际上的竞价并没有完全吃掉级差地租，有一部分级差地租为商家所享受。这是因为，某一互联网交易平台，如淘宝，并不是完全垄断的，它还面临着其他平台，如京东、苏宁易购、1 号店、国美在线、亚马逊、当当、拍拍等。一旦淘宝的成本太高，商家就会转移到其他交易平台上。因而一个交易平台中的级差地租不会被平台公司全部吃掉（见图 10）。

如果我们假定只有淘宝一个网上交易平台，就相当于独家垄断的情形，它可以垄断定价，自然要攫取全部虚拟级差地租，但如果有多个网上交易平台竞争，任何一个商家就会考虑是在淘宝上支付抵消全部级差收益的成本好，还是到别的平台上开店好，还是在一个实体店上经营好。任何一个网上交易平台都是处于竞争之中，无论价格是由它们来确定，还是由需求者竞争，都会导致一个低于垄断价格的价格，即垄断竞争的价格。从长期看，这是一个长期边际成本等于长期平均收益的价格，而这可能是高于平均成本的价格，即会有一定的利润。

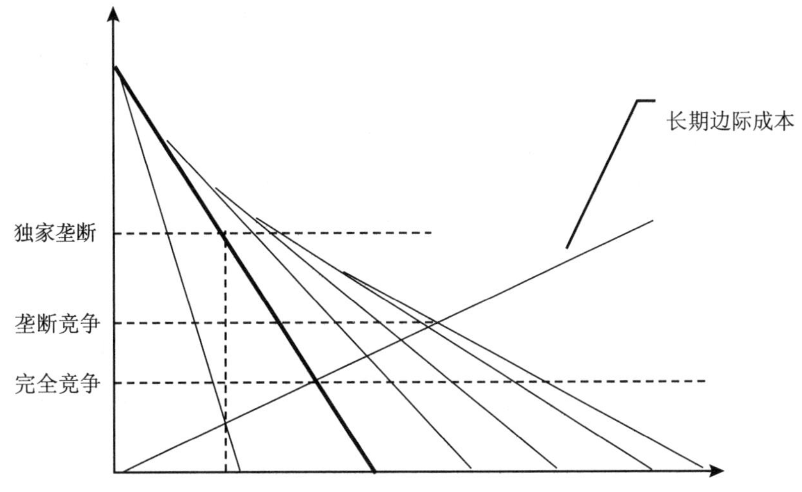

图 10　交易平台之间竞争决定平台使用价格

注：假设交易平台的需求曲线是对各平台需求曲线横向累加而成，其中粗实线是对淘宝平台的需求。如果只有淘宝平台，它就会定一个垄断价格，把所有虚拟地租全部掠走。但由于有其他平台的竞争，所以实际的价格定在垄断竞争的价格上。

如果我们认为网上交易平台的主要收入就是虚拟地租，我们可以从它们的收入额估计虚拟地租的水平。京东的数据显示，2016 年，第三方市场业务实现 GMV2 818 亿元，京东由此获得的营业收入为 222 亿元（JD，2017），这一收入也可看作第三方企业支付给京东的租金总额，租金率为 7.9%。阿里集团（包括淘宝、天猫、阿里 1688 平台等）2016 年平台交易额为 30 924 亿元，阿里集团营业收入为 1 011 亿元（扣除云计算和其他收入）（Alibaba，2017），总的租金率约为 3.3%。由于京东的收入中可能包含物流的收入，所以我们采用阿里的数据。显然，与前面根据具体商品数据估计的 12% 甚至是 24.4% 相比，是低了很多。这其中就有竞争的因素。

四、几种收取虚拟地租的形式及其组合

实际上，除了直通车，阿里巴巴公司以及其他平台公司还采取其他方式收取虚拟地租。其中包括：（1）收取固定费用，名目可以是会员费，如阿里的 1688 平台收取 6 188 元/年的会员费；可以是技术服务费，如天猫收取 3 万～6 万元/年技术服务费，或平台使用费，如京东收取 500～1 000 元平台使用费。（2）成交量或成交额佣金，如天猫对成交额收取 0.5%～5% 的佣金，京东收取佣金的比率按不同商品而不同，一般低于 10%，中值约为 5%。（3）收取保证金，如天猫收取 5 万～15 万元的保证金，京东收取 3 万～10 万元保证

金。保证金虽然会在退出时还给商家，但在一般情况下商家不会退出，所以保证金则成为平台的一笔收入，其价值可以用保证金的利息收入来评价。

总体而言，虽然形式不同，这些收取费用的方式都实际上是收取虚拟地租。如平台使用费，显然是在平台已经建成并有了相当大的人气时，就形成了现实的虚拟地租，商家愿意为这个级差收益付费。如天猫是在淘宝已经成势以后设立的，淘宝上的消费者人口密度已经是现实的市场网络外部性，现实的潜在收益已经呈现，所以收取平台使用费是一种明确承认有“地租”的收费形式。而按成交量或成交额收取佣金的形式，是在级差收益已经实现以后收取的，这不仅会按受益于级差优势的多少来收取，而且没有任何误差（相对于直通车的所谓转化率等），所以是很简单也很直白的收取虚拟地租的方式（见图 11）。

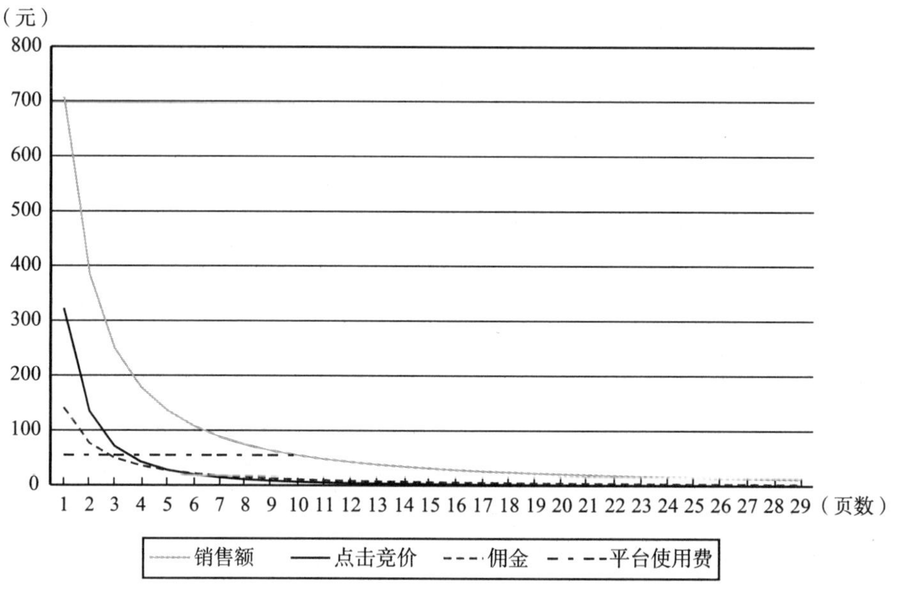

图 11　收取虚拟级差地租的几种形式

将上述天猫平板电脑 12 寸的销售额函数 $y=182\ 479x^{-2.326}$ 一般化

销售额：$y=A/x^{B}$

竞价点击费用：$p=-y'$

佣金：$c=r\times y$

平台使用费：$f=C$

其中，x 是页数，A，B，C 都是任意常数。

平台使用费 f 可以被理解为平均固定费用，即总固定费用除以用户数。根据前面的讨论，这也就是绝对地租。实际上，现有的网上交易平台使用费并不是按照全部商家使用者平均承担平台固定资产费用制定的。看一看天猫、京东和 1688 的使用费的收取方式，就知道这是在已经出现了一个巨大的虚拟城市以后，对靠近市中心的地方收取的费用。例如天猫是在淘宝基础上形成的。在此之前，淘宝基本上是免费进入的。但正因为如此，淘宝才会短时间内吸引了千万商家，也就迅速地集聚了消费者人气，带来了巨大的市场网络外部性以及相关的收益。在这个基础上，虚拟城市的级差收益已经明显呈现，在靠近“市中心”的地方再建“高档商业区”（天猫），并收取平台使用费就很现实。

京东的模式与淘宝天猫略有不同，是以自营为主建立起来的虚拟城市，以其多种产品吸引了消费者，从而形成了虚拟集聚点，有着明显的级差收益。在这时再向商家收取平台使用费，就有着现实价值作为回报。

1688 等网上批发交易平台就有着另一种性质。因为批发的需求来源于零售，只有零售商形成的集聚，成功地吸引了大量消费者，才会对批发有需求。因而 1688 平台的成功是依赖于淘宝网的成功。淘宝网带来了大量的零售商的需求，1688 平台作为阿里旗下的企业自然会获得大量来自淘宝零售商的购买。因而，也可以说 1688 平台的平台使用费的收取仍没有离开网上交易平台的基本模式，即零价格进入，集聚人气，形成虚拟城市，带来巨大的市场网络外部性。

也就是说，在理论上，平台的固定费用应由所有用户作为对绝对地租的支付而支付平均固定费用，以抵偿总量固定费用，然而在现实中，由于网络交易平台的零边际成本的特性，由于价格等于边际成本的规则，平台不可能向所有用户收费；又由于平台聚集的消费者流量形成的市场网络外部性，进而形成虚拟地租，平台向靠近中心位置的用户收取级差地租形式的租金成为可能，因而其中也就包含了绝对地租的内容。即以收取一部分用户级差地租的形式，完成了收取绝对地租。

从平台企业的固定投入来看，平台使用费是一种对资本投入的补偿；从网络平台商家的角度看，这是对级差收益的购买，也就是对级差地租的支付。这两者并不矛盾。只是因为虚拟空间并非自然生成的空间，而是一种人造空间，就需要资本投入。所以虚拟土地就是资本投入，对虚拟土地的回报，也就是对资本投入的回报。

我们将前述网络平台销售额的回归方程稍加修改和交易平台的平均固定费用方程放在一起，组成一个方程组：

$$R = p = -y' = -(A/x^{B})'$$

$$AF_{t} = F/x$$

其中，R 是虚拟级差地租。理论上等于排名竞价的价格，又等于销售量的导数；x 是平台商户数量，只是在销售额回归方程中，x 是从第一页第一位开始排序的商家数。F 是固定投入总额，AF 是平均每个用户的固定费用。

如图12所示，这两个函数的轨迹不同，一个比另一个更为陡峭，这也意味着它们之间必有交叉点。这个交叉点就是解出的x值，也就是图中的x′。这意味着，这点所对应的R值，即平台使用费价格或平均固定费用，是使平台固定费用得到完全补偿的水平。在这个平台使用费的价格下，在边际上，一个商家至少会从销售额中赚回他支付的平台使用费，而多数商家（即排序在x′之前的商家）会获得更多销售的回报。这说明，一个网络平台，可以不对所有用户征收平台使用费，即只对部分商家（排在x′之前的商家）征收，而不对排在x′之后的商家征收平台使用费，就可以抵偿它对交易平台投入的全部固定费用。对于那些排在x′之后的商家来说，他们仍是零价格进入，就如淘宝的商家一样。

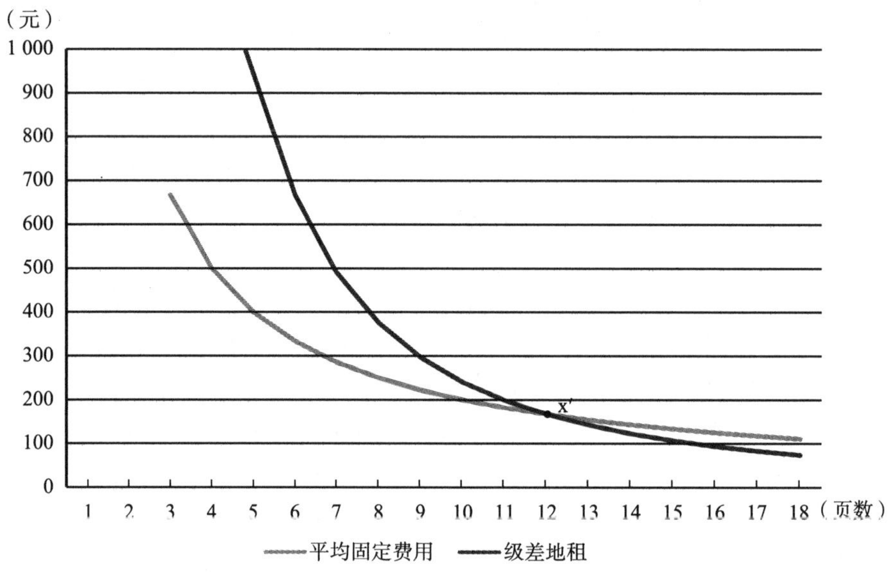

图12　平均固定费用与级差地租相交

我们用阿里巴巴公司年报的数字模拟一下（见图13）。在这里，我们要对上面的方程组做一点修正，因为一个交易平台上会同时存在着众多的商品排序，我们可以把它们看成是以三维的形式存在的。我们将阿里巴巴2016年的年成本343.5亿元作为当年平台固定费用数额，年销售额为3.1万亿元（Alibaba，2017），按照第1页占全部销售额的比例约为71%，估计第1页销售额为22 010亿元。套用前面12寸平板电脑的回归方程的参数。

$$AF_{2016} = 343.5/x$$

$$y = 22\ 010/x^{2.326}$$

$$R = -y' = 2\ 559\ 763/(50 \times x^{1\ 663/500})$$

当$AF_{2016} = R$时，

$x \approx 8.7$

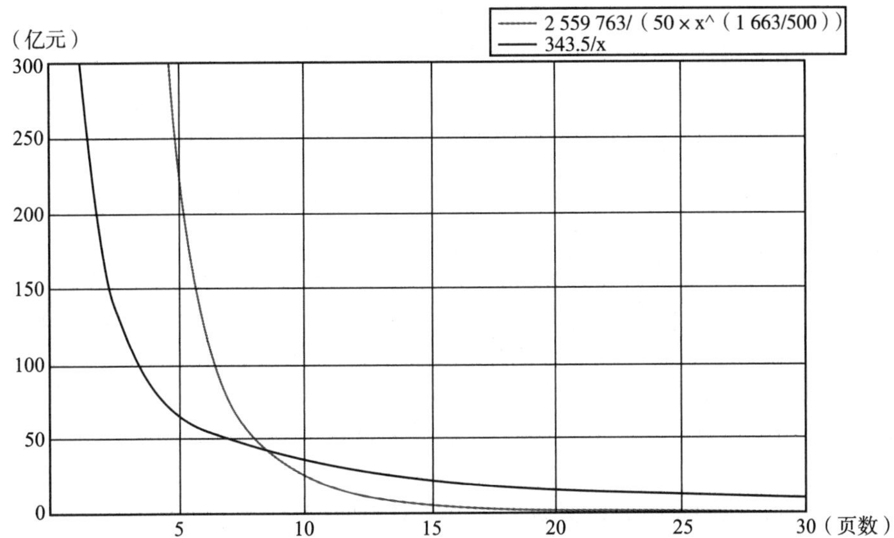

图 13　模拟阿里巴巴平台的平均固定费用和虚拟级差地租的均衡

注：图中深色线代表平均固定费用，浅色线代表虚拟极差地租。

即第 8.7 页。据现有的数据，淘宝上有 940 万个卖家，大约每种商品有 100 页。也就是说，有 8.7% 的商家，约 81.8 万家支付平台使用费，就可以打平阿里的固定费用。将这个数代入计算平均固定费用（AF）的公式，得 42 003 元。即如果将每家每年的平台使用费（AF）定为 42 003 元，会约有 81.8 万家商家认为值得支付，即可打平阿里平台当年的固定费用。

当然，实际数据是，天猫平台的使用费为 3 万～6 万元，另有 5 万～15 万元的保证金，与上面估计的平台使用费相当。但据说天猫卖家约为 6 万户，远远低于上面估计的交纳平台使用费的商家数。这是因为在市场实践中，还有其他因素在起作用，如人们的习惯。其他平台的竞争以及目前还处于一个未达到均衡状态的过渡过程中。重要的是，阿里巴巴也并没有完全依赖于平台使用费收回全部成本的想法。除了平台使用费外，天猫还收取 0.5%～5% 的销售额佣金，以及直通车的付费。这些因素都部分地弥补了交易平台的固定费用。

如果说平台使用费对应于固定费用，销售额佣金可对应于变动费用。因变动费用依提供的产品或服务的数量而变化，一般单位变动费用不变。销售额佣金也具有这样的性质，只是销售额是享用服务实现了的收益，它与服务数量成正比，因而也就近似地对应于服务数量，按销售额的一定比例收费，就是按服务数量收费。显然，最佳佣金率应该等于实现一单位销售额的服务的变动费用，当然其中也包含合理的利润。关键在于，我们要获得有关变动费用的数据。一般认为，网上交易平台的成本主要是计算成本，无论是否提供计算，云计算平台总是要待机，耗费各种运转成本，因而变动费用（边际成本）至少接近于零。收取正的销售额佣金的做法是有着其他原因，如就是要补偿固定费用。

按点击付费则有两个性质。一是，这是一个对虚拟空间配置的竞价过程，它使得配置更为有效，带来更多的收益，对买卖双方和平台都有好处。二是，这是虚拟集聚带来的虚拟地租的回报，而这种带来城市特点的集聚，又有着一定程度的垄断性质。其实，当我们谈到级差地租时，就意味着“好地”是有限的，否则就不存在级差地租。所谓“级差”意味着，不同的虚拟空间有着不同的“客流量”，因而是不同的“市场”。在网上交易平台的某一页存在着“页市场”，它的边界有限并且清楚，市场规模由这一页的客流量所决定，容纳的卖家数量有限，其他卖家不是不能进入到这一“页市场”中，只是要付出更高的虚拟级差地租，并把同等数量的其他卖家挤出。既然是有限的，就不是完全竞争的。

在这时，我们要区分在交易平台上两对不同的交易。一对是卖家与平台间的交易，一对是卖家对买家的交易。第一对交易是在多家竞争有限的进入“页市场”的资格，而另外只有平台企业一家，这是一对多的交易，定价显然会有利于平台一方，因而对点击付费价格的竞价会达到相当的高度，如果不是有其他平台的存在，平台一方几乎可以攫取所有的级差地租。所以应该说，平台收取的点击付费收益是有着垄断性质的价格。所以定价原则不是完全竞争下的边际成本定价，而是垄断竞争下的定价。而这种垄断性质的收费形式，也应是交易平台企业的典型商业模式，因为当初投资于平台就意味着建立虚拟城市，形成虚拟集聚，并获得虚拟地租。

而在“页市场”中的另一对交易，即买家和卖家的交易，由于卖家数量是有限的而存在垄断，但可能不存在垄断定价。只要卖家数量超过三个，就存在着有效的竞争，就不太会有垄断竞争定价。但有可能存在着对特定“页市场”的客流量资源的垄断，表现为更多的销量，从而更多的销售额。这可以称为“低价垄断”或“客流量垄断”。

当经济学家谈到“租金”时，就暗含着资源是稀缺的意思。当特定平台空间的供给稀缺性增加时，就意味着垄断性的增加。因而，网络交易平台的虚拟地租就包含了垄断性质，就肯定不是一种竞争性价格。而这种垄断性，又是由于平台投资者的投资的结果，因而也是它们的合理收入。

五、几种虚拟地租的激励效果分析

当把平台使用费看作是虚拟地租时，我们发现它是地租类型中的一种，即固定地租。经济学传统地认为，固定地租就是一种有效率的地租形式。因为在固定地租下，佃户的所有新增投入所带来的收入增加，会完全成为佃户的收入，地主不会因此而增加收入。这对佃户有很强的激励作用。他们不仅会投入更多的劳动时间，还会不断改进土地肥力、投资与土地配套的设备。当时间足够长时，如在永佃制度中，佃户投入所提高的土地生产率会带来新增的地租，他也有权利将这部分地租收益出让给他人，并获得地租收入，佃户也就成为部分土地产权的地主，即“田面权”的所有者（盛洪，2014）。这种性质在网络交易平台上也会存在。只是现在平台企业不时调整平台使用费，相当于较短的租期；当平台将确定的平台使用费的租期延长，如 10 年、20 年甚至更长，上述对永佃农的激励作用就会显现出来。到那时，我们也会看到在网络平台上不断投入的商家以及由此产生的新增虚拟地租，这些商家甚至可以出售这些新增级差收益权，成为网上“田面权”所有者。

如果说平台使用费是固定地租，佣金就是分成地租，只是其分成比例基本是固定的。以往的经济学理论认为分成地租是无效率的，因为减少了佃农投入劳动和资本的激励，但张五常的《佃农理论》证明，分成地租是有效率的。他指出，由于农产品存在着收成风险，丰年和歉年的收成波动较大，所以“可以把分成合约看作是一种分担风险的手段”（2000，第 99 页）。而在这里，张五常还是假设，地主除了所有权外，并没有动力改进土地或土地的配置。然而在网络交易平台的情境中，平台公司却会因为佣金这种分成地租而有动力改进平台服务和平台空间的配置。这是因为，由于可以分享卖家收入的增长，平台的改进带来的收入增长也会部分流入自己的腰包，以及平台确实有改进平台服务和平台空间配置的手段。在前者，就是提高平台运转的效率，降低用户的交易费用；在后者，就是改进不同卖家在平台空间的位置，以使更有效的卖家处于更有利的位置，从而使整个平台的收益最大化。

那么，分成比例多少是恰当的呢？我们发现，在天猫或京东平台，不同商品的佣金率并不相同。这是否与不同商品的风险程度相关呢？张五常指出，“只要较高的交易成本至少可由分散风险所带来的收益予以补偿，人们就选择分成合约，而不是选择定额租约或工资合约。”（2000，第 100 ~ 101 页）而在网络交易平台中，对收入进行确定并按约定比例分成的操作几乎是零成本的，所以分成合约的交易费用极低，影响分成比例的可能有其他原因。首先是商品的风险程度。按照张五常的理论，风险程度越高，越要采取分成合约。这是否影响分成比例呢？应该说不影响。分成比例应是多年收成平均值的一个合理的地租率，它应该等于相应的固定地租的租率。例如固定地租率是 100 斤，多年收成的平均值是 200 斤，分成地租率就是 50%。换句金融经济学的术语来说，就是分成地租与固定地租的平均值是一样的，但方差不一样。固定地租的方差为零，而分成地租的方差是正的。方差大代表波动大，风险大。

那么，佣金率是多少合适呢？在各种平台中，我们发现只有敦煌网是不收平台使用费，只收佣金的，这是一种较纯粹的佣金形式。根据商品的不同按三档收取佣金，每档再按每单销售金额的增加，减少佣金率。这种按销售额多少递减佣金率的做法，会稍微压平一些平台收取的佣金总额，这就更接近保持水平状态的平台使用费（见表1）。

表1　　　　敦煌网佣金率

	0~300（元）	300~1 000（元）	1 000~5 000（元）	5K~10K（元）	>10K（元）
类目类型A（%）	8.5	4.0	2.0	1.0	0.5
类目类型B（%）	12.5	4.0	2.0	1.0	0.5
类目类型C（%）	15.5	4.0	2.0	1.0	0.5

资料来源：敦煌网（http://seller.dhgate.com/promotion/xzjiedu.html?d=f-4xzsxgg）。

那么，不同类目的不同佣金率又是依据什么呢？我们在前面的讨论中发现，不同商品的集聚程度不同，市场网络外部性不同，级差收益的具体函数不同，如果要考虑收取覆盖全部成本的佣金率，可能需要不同的水平。

图14中的平均固定费用对不同商品都是一样的，在这里一条平均固定费用曲线代表面对三种商品的三个平均固定费用。佣金1、佣金2、佣金3分别代表三类商品对销售额按不同佣金率收取的佣金。对这三类商品的佣金率不同，销售额越大，佣金率越低，且随销售额的增长而减少，如同前面敦煌网的例子。不同商品的集聚程度和级差收益具体形式是不同的，销售额也是不同的。然而平台承担的成本是基于成交笔数，而不是成交额，所以似乎应该按照成交笔数收费。但又不能完全按照成交笔数收费，这样会把交易额较小的商品卖家赶跑，会减少平台交易的商品多样性，也就减少了平台的范围经济。所以对于销售额较小的商品佣金比例偏高一些，销售额较大的商品佣金比例偏低一点儿，使对三种不同销售额的商品最后收取的佣金大致差不多。

如图14所示，不同类商品的佣金都分别与平均固定费用曲线相交在不同的位置上。在这三点的边际上，出售不同商品的商家的佣金分别抵偿了平均固定费用。在这三点上决定的佣金率相当于等于平均固定费用的平台使用费。交易笔数低于这三点，佣金率低于均衡时的佣金率，但由于每笔交易额较高，佣金高于均衡时的佣金。高于的部分，是商家认为平台与他分担风险应得的部分，所以认为值得支付。交易笔数高于这三点，则意味着佣金率高于均衡的平台使用费，商家就可能会被其他平台吸引。所以这三种商品的佣金率最高不超过这三个均衡点。

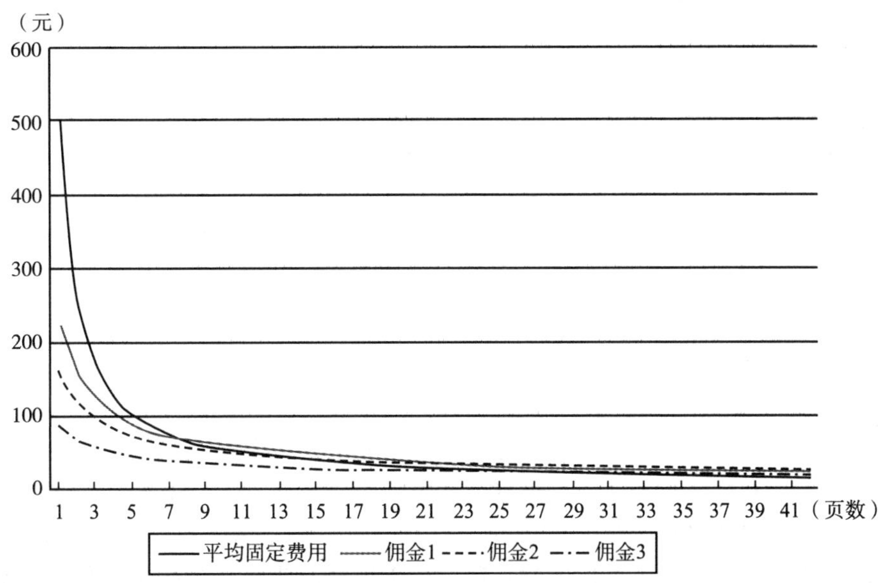

图14　不同佣金率的盈亏平衡点

注：图中横轴代表交易笔数，纵轴代表每笔交易的收入额或平均固定费用。

其他交易平台，如天猫和京东的佣金形式，是嫁接在平台使用费上的佣金形式，是复合的形式。这是假定平台使用费并未实现完全补偿固定费用的目标，佣金形式就是一种补充，并不那么纯粹了，所以这里就不具体讨论了。

不过谈到平台在佣金形式下，有动力改进卖家在平台空间中的配置，就要继续讨论竞价机制，即前面提到的对按点击付费的竞价。这是一个有关地租的更宽视野的机制。在一个理想的土地市场制度中，佃农们会对不同土地竞价。一般而言，更有耕作能力的佃农会对更好土地出更高的价，即愿意支付更高的地租率。假定有甲、乙两个农夫，有好次两块地。乙的劳动生产率是 E，甲的劳动生产率是 $E+\Delta E$；次地的土地生产率是 R，好地的土地生产率是 $R+\Delta R$。那么就有四种组合见表2。

表2　两农夫和好坏地的组合

	农夫甲	农夫乙
好地	$(R+\Delta R)\times(E+\Delta E)$	$(R+\Delta R)\times E$
次地	$R\times(E+\Delta E)$	$R\times E$

四种组合的综合生产率是：

$$农夫甲耕好地 = RE + R\Delta E + \Delta RE + \Delta R\Delta E$$

$$农夫乙耕好地 = RE + \Delta RE$$

农夫甲耕次地 = RE + RΔE

农夫乙耕次地 = RE

很直观，农夫甲耕好地的综合生产率最高，与农夫乙耕次地配套，也是社会生产率最高的组合，也就是资源的最佳配置。如果现状是农夫甲耕次地而农夫乙耕好地，改变为农夫甲耕好地，农夫乙耕次地，社会会有一个ΔRΔE 财富增量，农夫甲会有一个 ΔRE + ΔRΔE 财富增量，但农夫乙会有一个 ΔRE 的财富损失。在这时，农夫甲如果增加对好地的竞价最少至 ΔRE，农夫乙就没有动力再与农夫甲竞争好地的耕作。当然，土地所有者也获得了更多（ΔRE）租金。

网络交易平台的道理是一样的。商品质量更好，销路更广，服务更好的卖家处于更好的位置上，即处于更接近“市中心”的位置上，会带来更高的综合生产率和社会福利。因而更好的卖家出更高的价获取更有利的位置就是一个资源配置在平台空间上的改善，对社会，更好卖家和平台都是有利的，对较差卖家也没有损害。这也就是现在的网络交易平台采取按点击付费的竞价方式的合理性所在。而如前所述，由于存在着交易平台间的竞争，这种竞价方式不会吃掉平台的所有级差收益，而是使商家获得部分级差收益，从而使平台企业与商家共同分享了交易平台带来的市场网络外部性及其虚拟地租。

六、结　论

第一，由于网络交易平台需要巨大的固定投入，且提供服务的边际成本几乎为零，所以按照价格等于边际成本的定价原则，似乎无法弥补其投资。

第二，由于网络交易平台极大地集聚了商家和消费者，形成了很高的市场网络外部性，由此生成的网络空间的虚拟地租就成为以零边际成本定价的网络平台公司的主要收入源泉，从而解决了零边际成本定价的问题。

第三，网络交易平台的每一商品的网页，呈现出从第 1 页（“市中心”）向第 2 页、第 3 页……移动时，集聚程度明显下降的现象，从而形成一个虚拟城市的形象，这证明存在着虚拟级差地租。

第四，网络平台公司以平台使用费、销售佣金和排名竞价的方式收取虚拟地租。

第五，由于存在着多个网络交易平台，它们之间存在着垄断竞争，所以平台公司不可能攫取所有的虚拟地租。

第六，由于虚拟地租主要分布于靠近中心（第 1 页）部分，所以平台公司可以只向靠近中心部分的商家收取虚拟地租即可满足抵偿所有成本的目标，同时保持对“边缘”商家的零价格。而后者的存在，又是形成极大集聚的重要因素。

第七，平台使用费的形式相当于固定地租，有着对商家的巨大激励作用，但只有在这一费用长期稳定的情况下才能发挥更大的作用；佣金形式相当于分成地租，对商家和平台都有着激励作用；排名竞价的方式相当于一种对地租的竞价，有利于改善商家在平台的空间配置，从而提高平台交易的效率。

参考文献

1. 科斯：《边际成本的论争》，载于《论生产的制度结构》，上海三联书店 1994 年版。

2. 盛洪：《永佃制的经济性质》，载于《制度经济学研究》2014 年第 4 期。

3. 张五常：《佃农理论》，商务印书馆 2000 年版。

4. Alibaba, Alibaba Group Holding Limited Index To Financial Statements, 2017. https: //www. sec. gov/Archives/edgar/data/1577552/000104746916013400/a2228766z20 – f. htm.

5. Coase, The Marginal Cost Controversy, *Economica*, New Series, Vol. 13, No. 51 (Aug., 1946), pp. 169 – 182.

6. JD. com, Inc., http: //ir. jd. com/phoenix. zhtml? c = 253315&p = irol – irhome.

Zero Marginal Cost and Virtual Rent

SHENG Hong　QIAN Pu

(Center for Economic Research, Shandong University, 250100)

[**Abstract**] Micro-economics believe that as long as the price is equal to the marginal cost, resources allocation is efficient. However, the marginal costs of the trade platforms on internet are almost zero. How could they cover their costs? This paper presents that these trade platforms can gather people densely, bring about the market net externality, and generate virtual rents. These trade platforms can take the virtual rents in the names of usage fee, trade commission, and competing rank, and finally realize to receive income under the condition of zero price to enter, and cover their costs and earn their profit.

[**Key Words**] Internet　Zero Marginal Cost　Virtual Rent

JEL Classifications: D21　M21　O53

制度质量与供应链效率

——基于 APEC 国家的实证研究*

刘文革　董　暄　何姝灵**

【摘　要】本文以 APEC 国家为研究对象，构建了供应链效率指数，随后扩展了安特雷斯和考（Antràs and Chor，2013）的生产组织产权理论，由此建立了制度质量对供应链效率影响的数理模型，提出了制度质量影响供应链效率的假说。借鉴库普曼等（Koopman et al.，2008）的方法，利用 1995 ~2011 年贸易增加值（TiVA）数据库的数据，测算了 18 个 APEC 国家的供应链效率，运用随机效应模型方法进行了实证研究。实证结果显示，制度质量对供应链效率存在直接的促进作用。在加入了制度质量与人力资本、技术水平、研发水平交互项之后的随机效应模型结果显示，制度质量对供应链效率还存在间接的促进作用，即制度质量可以通过提升人力资本等因素提升供应链效率。据此，APEC 国家要注重制度质量的提升，从而在全球分工的背景下，取得供应链中的上游地位，提升供应链效率从而打造高效的亚太供应链。

【关键词】**制度质量　供应链效率　增加值　上游度**

中图分类号：**F74**　文献标识码：**A**

一、供应链效率的概念界定及指数构建

2014 年 APEC 领导人非正式会议批准了《亚太经合组织推动全球价值链

* 本文获得国家社科基金重大专项课题“完善社会主义市场经济体制研究”（18VSJ024）和国家社科基金青年项目“日本加入 TPP 后的东亚生产网络：合作空间与前景”（14CGJ020）的资助。

** 刘文革：浙江工商大学经济学院教授，地址：（310018）浙江工商大学经济学院，E-mail：liuwenge1966@126.com；董暄：浙江工商大学经济学院；何姝灵：University of Washington，Seattle。

发展合作战略蓝图》《亚太经合组织贸易增加值核算战略框架》《亚太经合组织贸易增加值核算战略框架行动计划》，成为世界首批全球价值链倡议性文件。习近平总书记指出："我们要精心勾画全方位互联互通蓝图。亚太互联互通和基础设施建设不仅是实现区域经济一体化的前提，更事关各方长远发展。我们要共同致力于构建覆盖太平洋两岸的亚太互联互通格局。通过硬件的互联互通拉近各经济体的距离，为联接亚太、通达世界铺设道路；通过软件的互联互通，加强政策、法律、规则的衔接和融合，携手打造便利高效的亚太供应链；通过人员往来的互联互通，促进人民友好往来，让信任和友谊生根发芽。"① 实现高效的供应链必须以提高供应链效率为前提。因此，构建供应链效率指数并且测算、分析各国家或地区的供应链效率才能为打造更高效供应链提供基础。

（一）供应链效率的内涵界定

传统意义上的高效供应链一般是指在物流和劳动力上节约成本，加快资金和商品的周转率以适应不断变化的市场，以更高的效率走完整条供应链，力图降低生产成本、提高产量。

然而，随着产品内分工的深化，国际分工日趋细密，在当前的全球化生产进程中，各国对某些特别的阶段正在逐渐专业化，逐渐固化在供应链的特定截面上，仅仅考虑降低物流以及劳动力成本、提高产量是无法构建高效供应链的。在此分工模式下，一个完整的商品生产流程被分割成若干阶段，各个阶段的增加值不同。供应链的上游环节，如产品的设计研发、营销以及核心零部件的生产等属于高增加值阶段，即这些环节上游度高，相应带来的增加值也多；而供应链的下游环节，如原材料供应、加工组装以及简单零部件生产等属于低增加值阶段，即这些环节上游度较低，相应带来的增加值也较少。分工参与国只从事生产流程中的特定阶段，在全球供应链的特定环节或位置中获取属于本国的那部分增加值。虽然把中国打造成"全球制造业中心"的热潮高涨，但是中国处在全球供应链低端位置且出口附加值低仍是亟待解决的问题。因此，根据上面的阐述，本文界定，国家（地区）供应链效率的提升体现在：（1）出口增加值的提高；（2）上游度的提升；（3）供应链参与程度的提高。

（二）供应链效率指数的构建

根据上面提升供应链效率的含义，接下来构建供应链效率指数。要构建

① 参见习近平总书记2014年11月9日在APEC工商领导人峰会上发表的主旨演讲。

一个能体现上下游位置的指数就需要对比该国作为中间产品供别国使用的出口与从别国进口中间品的份额。如果一个国家居于世界供应链的上游，它会向别国提供投入品，如像俄罗斯一样提供原材料，或者像日本一样提供加工好的中间品。像这样的国家，间接增加值（IV）占总出口的份额会比国外附加值（FV）占总出口的份额高。相比较来说，如果一个国家在全球供应链中处于下游地位，它会大量使用其他国家的中间品用于生产最终产品然后出口，这样它的国外附加值（FV）份额就会比间接增加值（IV）份额高。

对此，库普曼等（Koopman et al. ，2008）构建了一国参与供应链的地位指数。该指数表示一国间接附加值出口与国外附加值出口之间的差距，公式为：

$$Position_{ir} = \ln\left(1 + \frac{IV_{ir}}{E_{ir}}\right) - \ln\left(1 + \frac{FV_{ir}}{E_{ir}}\right) \tag{1}$$

其中，IV_{ir}表示 i 国 r 部门的间接附加值出口，即以中间产品出口用于第三方使用的部分。FV_{ir}表示 i 国 r 部门的国外附加值出口。如果某国家某部门处于供应链的上游，等号后第一项会很大。反之，若它位于下游，则等号后第二项会很大。例如在家电行业，如果日本专门向中国的组装公司提供零部件，那么日本的地位指数数值会很高而中国的数值会很低。

当然，两国可以在一个给定的行业但全球供应链参与度不同的情况下，拥有完全一致的全球供应链地位指数。因此，该地位指数必须与另一指数相结合，以总结全球供应链对该国行业的重要性。对此，库普曼等（Koopman et al. ，2008）构造了另一个指数——全球供应链参与度指数，公式为：

$$Participation_{ir} = \frac{IV_{ir} + FV_{ir}}{E_{ir}} \tag{2}$$

式中 IV_{ir}和 FV_{ir}与上面含义一致。

根据上面对高效供应链下的定义我们构造供应链效率指数，其中既包含参与度概念也包含所处供应链地位概念：

供应链效率指数 = 参与度指数（Participation）× 地位指数（Position）

为了使供应链效率指数跨年度可比，首先我们将参与度指数与地位指数变为打分形式。具体计算指标的方法如下：

$$第\ i\ 个指标得分 = \frac{V_{i,t} - V_{min,t}}{V_{max,t} - V_{min,t}} \tag{3}$$

其中，$V_{i,t}$是 i 国（地区）第 t 年的原始数据，$V_{min,t}$是第 t 年所有国家里的最小值，$V_{max,t}$是第 t 年所有国家里的最大值。

改变完打分形式之后，供应链效率指数则为：

$$SCE_{it} = \frac{V_{i,t,par} - V_{min,t,par}}{V_{max,t,par} - V_{min,t,par}} \times \frac{V_{i,t,pos} - V_{min,t,pos}}{V_{max,t,pos} - V_{min,t,pos}} \times 100 \tag{4}$$

其中，$V_{i,t,par}$是 i 国（地区）第 t 年供应链参与度指数，$V_{min,t,par}$是所有国家

（地区）里第 t 年参与度指数的最小值，$V_{max,t,par}$是第 t 年参与度指数的最大值。同样，$V_{i,t,pos}$是 i 国（地区）第 t 年的供应链地位指数，$V_{min,t,pos}$是所有国家（地区）里第 t 年地位指数的最小值，$V_{max,t,pos}$是第 t 年地位指数的最大值。

（三）APEC 国家供应链效率比较

根据上面对供应链地位指数、供应链参与程度以及供应链效率指数的构建，我们基于贸易增加值数据库（TiVA）测算了 APEC 国家的上述指标，结果如表 1 所示：

表 1　　APEC 国家供应链地位指数计算结果原始值[①]

国家（地区）	1995 年	2000 年	2005 年	2007 年	2009 年	2010 年	2011 年	2011 年排名
澳大利亚	0.22	0.15	0.18	0.16	0.17	0.16	0.14	4
加拿大	0.03	0.00	0.04	0.03	0.04	0.03	0.02	13
智利	0.17	0.05	0.08	0.01	0.07	0.06	0.04	8
日本	0.28	0.26	0.22	0.17	0.22	0.19	0.17	2
韩国	0.09	-0.01	-0.04	-0.14	-0.08	-0.10	-0.13	10
墨西哥	0.01	-0.08	-0.06	-0.07	-0.07	-0.08	-0.06	14
新西兰	0.16	0.10	0.19	0.15	0.19	0.19	0.18	1
美国	0.20	0.19	0.17	0.15	0.17	0.16	0.14	5
文莱[②]	0.00	0.00	-0.01	-0.01	-0.01	0.00	0.00	16
中国香港	0.04	0.12	0.08	0.08	0.10	0.07	0.06	7
印度尼西亚	0.14	0.08	0.09	0.09	0.14	0.14	0.12	6
马来西亚	-0.05	-0.23	-0.19	-0.14	-0.11	-0.13	-0.13	17
菲律宾	-0.06	-0.05	-0.13	-0.07	-0.02	-0.02	0.03	18
俄罗斯	0.18	0.11	0.17	0.16	0.19	0.19	0.17	3
新加坡	-0.17	-0.22	-0.15	-0.13	-0.18	-0.17	-0.17	19
中国台湾	0.00	-0.04	-0.11	-0.18	-0.11	-0.15	-0.17	15
泰国	0.05	-0.04	-0.09	-0.12	-0.06	-0.09	-0.12	11
越南	0.03	-0.04	-0.07	-0.11	-0.06	-0.07	-0.09	12

注：①根据 TiVA 数据库直接计算所得，非打分形式。
②文莱由于制度质量缺乏数据，因此本部分只列示文莱做比较，不加入后文的实证检验。
资料来源：根据 TiVA 数据库计算所得。

从表1最后两列可以看出，新西兰、日本、俄罗斯、澳大利亚和美国2011年供应链地位指数较高，即这些国家处于供应链的上游位置，参与高附加值环节的生产。相比较而言，中国台湾、文莱、马来西亚、菲律宾和新加坡供应链地位指数较低，附加值对出口贸易的贡献较少，处于供应链较下游的位置。

根据表2供应链参与程度2011年排名我们可以看到，中国、韩国、中国台湾、马来西亚和泰国参与供应链程度较高，说明它们有较大的贸易规模，较大程度地融合进供应链分工网络。而智利、印度尼西亚、文莱参与程度较低，贸易规模较小，相比较其他APEC国家来说融入供应链分工网络程度较低。

表2　　　　APEC国家供应链参与度指数

国家（地区）	1995年	2000年	2005年	2007年	2009年	2010年	2011年	2011年排名
澳大利亚	0.52	0.51	0.46	0.47	0.47	0.45	0.46	16
加拿大	0.52	0.53	0.52	0.49	0.50	0.50	0.50	12
智利	0.49	0.49	0.47	0.49	0.46	0.43	0.45	17
日本	0.46	0.47	0.49	0.53	0.49	0.49	0.51	10
韩国	0.56	0.57	0.61	0.65	0.64	0.65	0.66	2
墨西哥	0.55	0.59	0.58	0.57	0.58	0.59	0.56	9
新西兰	0.54	0.56	0.55	0.56	0.55	0.56	0.57	8
美国	0.48	0.48	0.47	0.49	0.44	0.46	0.47	15
文莱	0.15	0.10	0.08	0.07	0.09	0.09	0.08	19
中国	0.63	0.66	0.67	0.69	0.69	0.69	0.69	1
中国香港	0.48	0.45	0.45	0.51	0.49	0.47	0.47	14
印度尼西亚	0.41	0.45	0.44	0.40	0.39	0.38	0.38	18
马来西亚	0.54	0.64	0.67	0.64	0.64	0.66	0.63	4
菲律宾	0.52	0.59	0.59	0.53	0.51	0.52	0.50	11
俄罗斯	0.48	0.50	0.47	0.48	0.49	0.49	0.48	13
新加坡	0.63	0.61	0.60	0.56	0.59	0.59	0.60	7
中国台湾	0.62	0.60	0.60	0.64	0.61	0.63	0.64	3
泰国	0.55	0.58	0.61	0.62	0.61	0.61	0.62	5
越南	0.46	0.48	0.52	0.56	0.58	0.60	0.60	6

资料来源：根据TiVA数据库计算所得。

在结合了地位与参与度两个方面之后的供应链效率指数得分情况如表3

所示，新西兰、日本和俄罗斯供应链效率较高，且2009～2011年连续三年一直保持前三位置。马来西亚、新加坡、中国台湾和文莱供应链效率较低。

表3　　APEC国家供应链效率指数

国家（地区）	1995年	2000年	2005年	2007年	2009年	2010年	2011年
澳大利亚	65.22	56.08	59.02	61.96	56.63	55.78	55.13
加拿大	32.68	35.60	40.83	40.29	37.18	36.95	37.44
智利	52.29	39.82	44.16	36.35	38.03	36.05	36.30
日本	63.86	65.77	69.58	74.27	67.12	67.43	68.68
韩国	47.12	36.91	32.40	11.48	20.96	17.08	11.92
墨西哥	32.11	27.39	26.57	25.98	22.37	20.41	24.58
新西兰	59.17	54.44	72.39	74.23	71.77	77.21	80.00
美国	56.12	56.62	58.73	64.24	51.61	55.47	56.55
文莱	0.00	0.00	0.00	0.00	0.00	0.00	0.00
中国	31.17	34.93	32.09	63.17	59.02	56.98	58.34
中国香港	31.16	43.17	41.66	52.17	45.93	41.63	42.53
印度尼西亚	36.88	39.57	41.05	42.61	40.07	41.63	39.33
马来西亚	20.80	0.00	0.00	11.06	14.37	10.21	10.02
菲律宾	18.62	32.21	12.76	23.15	28.23	29.90	38.47
俄罗斯	52.17	48.06	58.35	64.64	61.75	66.46	63.20
新加坡	0.00	2.25	8.72	10.37	0.00	0.00	0.15
中国台湾	36.40	34.90	17.05	0.00	14.36	3.57	0.00
泰国	39.66	33.40	21.07	16.00	25.86	19.84	12.40
越南	28.46	25.90	20.64	15.35	24.29	23.17	18.91

资料来源：根据TiVA数据库计算所得。

二、制度质量对供应链效率的影响机理

在理论模型方面，本文扩展了安特雷斯和考（Antràs and Chor，2013）的生产组织产权理论。首先，我们构建一个简化的连续生产序列模型，该模型假设除了供应链位置外其余生产环节全部对称。在产品内分工贸易深化与发展的背景下，企业组织模式面临选择，企业需要寻找一个最佳的生产位置使利润最大化且最大限度满足消费者偏好，企业的选择动机取决于企业在供应链中的位置（上游或者下游）。企业处于垄断竞争行业中且生产一连串差异化产品。

假设消费者偏好具有不变替代弹性的特征，则企业面临的需求曲线为：

$$q = Ap^{-1/(1-\rho)} \tag{5}$$

其中，A 为每个企业特定的，不同的企业 A 值各不相同并且会导致产品质量的不同；$1/(1-\rho)$ 为需求弹性，参数 $\rho \in (0, 1)$ 与最终产品的可替代程度正相关。本文着重研究一个代表性企业的情况，因此不附加下标，以保持公式整洁。

根据安特雷斯和考的理论，完成所有生产环节才能获得最终产品。假设生产阶段用 $i(i \in [0, 1])$ 表示，i 越大表明该环节处于越下游的位置，越接近成品。用 $x(i)$ 表示 i 环节中间投入品的价值，则最终产品的产量为：

$$q = \theta\left(\int_0^1 x(i)^{\alpha} I(i) di\right)^{1/\alpha} \tag{6}$$

其中，θ 表示企业特定的生产率，$\alpha \in (0, 1)$ 表示各个环节投入品的可替代程度，$I(i)$ 是关于 i 的指示函数，当阶段 i 的投入品为最终环节所需投入品时，即 $i > i'$，则 $I(i)$ 的值为 1，否则为 0。式（6）与对称的连续型 CES 生产函数类似，但指示函数 $I(i)$ 的存在使得生产顺序内生给定①。

供应商提供中间投入品，且供应商与投入品是一一对应的。企业可根据自身的生产需要订购特定的投入品。为了提供特定投入品，每个供应商需要承担一笔专用型投资，即每一单位投入品服务 $x(i)$ 的边际成本为 c。所有代理商都能以忽略不计的边际成本提供低于标准的投入品，但是这些投入品无法给最终产品的生产带来价值，并且供应商有可能威胁企业不提供中间品。

在该种情况下，企业就需要与供应商签订一个完全的事前契约，这样就不存在威胁。比如，企业可以给供应商支付一笔费用以获取给定数量的中间品服务 $x(i)$，若供应商未能履行契约中的条款将会受到惩罚。然而，事实上法院是无法核实投入品是否符合标准的，以及提供的投入品是否与书面契约规定的一致。因此，除非知道供应商是隶属于企业内部还是独立的公司，否则无法在初始契约中明确规定有关投入品的生产部分。

因为在生产之前企业和供应商之间的条款无法明确规定，所以只能在生产环节 i 投入生产并且企业检验投入品之后，供应商才能与企业商讨报酬。谈判时，企业和供应商根据对收益的贡献程度商讨份额。注意，契约缺乏可执行度意味着：供应商在获取到上游供应商提供的半成品之后，可以根据自身利益最大化原则自由选择提供投入品服务 $x(i)$ 的量。

一体化如何影响企业和供应商之间的博弈？根据企业边界的产权理论，供应商与企业讨价还价能力取决于供应商是否隶属于企业（一体化形式还是外包）。一体化情况下，企业掌控着生产所需中间投入品的所有权，因此它

① 安特雷斯和考（Antràs and Chor，2013）指出，等式（6）也可以用递归形式的柯布－道格拉斯生产函数表示，即各个环节生成的产量 $q(i)$ 用生产环节 i 的价值增值以及投入品服务 $x(i)$ 表示。

可以按照喜好任意支配这些资产。根据安特雷斯和考（Antràs and Chor，2013）理论框架，假设当垂直一体化时，企业所能获得总收入的份额为 β_v，当供应商为独立实体时，企业所能获得的份额为 β_o。

安特雷斯和考（Antràs and Chor，2013）详细地描述了上述博弈中的子博弈均衡，因此，在这里集中概述其主要特点。

假设所有的供应商都提供符合标准的投入品，并且生产按照正确的技术顺序有序进行，式（5）和式（6）意味着企业获得一个给定的销售收入 r(1)，其中函数 r(m) 为：

$$r(m) = A^{1-\rho}\theta^{\rho}\left[\int_0^m x(i)^{\alpha}di\right]^{\frac{\rho}{\alpha}} \tag{7}$$

现在考虑企业与供应商在阶段 m 的一个讨价还价情况。因为企业所需的投入品都是特别定制的，所以供应商的投资为沉没成本，在商议阶段的外部选择权为 0。企业和供应商的商讨结果由供应商在 m 阶段对总收益做出的增量贡献决定。根据莱布尼茨法则，（7）式可写为：

$$r'(m) = \frac{\rho}{\alpha}(A^{1-\rho}\theta^{\rho})^{\frac{\alpha}{\rho}} r(m)^{\frac{\rho-\alpha}{\rho}} x(m)^{\alpha} \tag{8}$$

根据以上的讨论，在讨价还价阶段企业获得一个份额 $\beta(m) \in \{\beta_v, \beta_o\}$，供应商则相应获得其余份额 $1-\beta(m)$。于是供应商为达到利益最大化，最优投入品的量 $x^*(m)$ 应满足：

$$x^*(m) = \arg\max_{x(m)}\left\{[1-\beta(m)]\frac{\rho}{\alpha}(A^{1-\rho}\theta^{\rho})^{\frac{\alpha}{\rho}} r(m)^{\frac{\rho-\alpha}{\rho}} x(m)^{\alpha} - cx(m)\right\} \tag{9}$$

注意到，投入 x(m) 的边际收益与 A、企业生产率 θ 成正比，与边际成本 c 成反比。并且，边际收益随着供应商份额 $1-\beta(m)$ 的增加而增加。因此，在其他条件不变的情况下，外包为供应商在投资方面提供了更高的激励机制。这是产权理论模型的一个基本特征。一个供应商在 m 阶段的投资边际收益与之前所有阶段的投资 $\{x(i)\}_{i=0}^{m}$ 息息相关。这种依赖特征反过来又取决于需求弹性 ρ 和投入品替代程度 α 的相对大小。当 $\rho > \alpha$ 时，投资选择是序列互补的，即上游供应商的投资越多，该阶段 m 供应商的投资边际报酬越高。相反，当 $\rho < \alpha$ 时，投资选择是序列替代的，因为上游的高投资会减少 x(m) 的边际报酬。根据安特雷斯和考（2013）的理论，我们定义 $\rho > \alpha$ 时为互补情况，$\rho < \alpha$ 时为替代情况。然后得出了以下结论：

命题 1：在序列互补的情况下，即 $\rho > \alpha$，存在一个唯一的 $m_C^* \in (0, 1]$ 使得：（1）所有的生产阶段 $m \in (0, m_C^*]$ 均是外包；（2）所有的生产阶段均 $m \in (m_C^*, 1]$ 均是一体化。在序列替代的情况下，即 $\rho < \alpha$，存在一个唯一的 $m_S^* \in (0, 1]$ 使得：（1）所有的生产阶段 $m \in (0, m_S^*]$ 均是一体化；（2）所有的生产阶段 $m \in (m_S^*, 1]$ 均是外包（见图 1）。

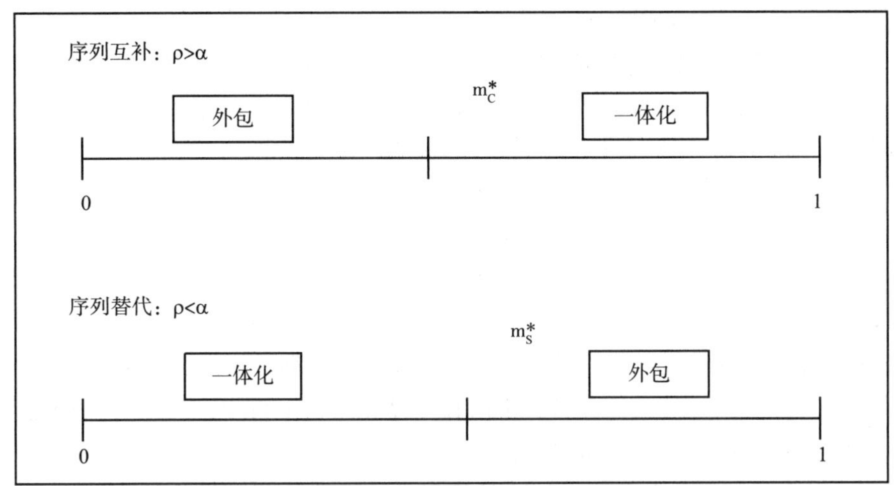

图1　供应链上的企业组织模式选择

命题1表明，沿着供应链的产权最优模型依赖于生产环节是序列互补还是序列替代的。当最终生产者面临的需求曲线富有弹性时，存在一个唯一的临界生产阶段，使所有在此之前的阶段均是外包，而在该临界值之后的所有阶段（如果有的话）均是一体化。直观上，当投入品是序列互补时，为了激励投资决策，企业选择放弃对上游供应商的控制权，因为这会对下游供应商制定投资决策产生正溢出效应。当需求曲线缺乏弹性时，预测结果刚好相反：最优选择是一体化相对上游环节，把相对下游的环节外包出去。

上述建立的基准模型假设所有投入品均对称地投入生产并且有一个共同的边际成本 c，此外还假设投入品的契约密集度也是对称的，因为之前提到：投入品生产是没办法在初始契约中强制规定的。

接下来，我们考虑契约制度环境，即在供应链不同阶段，不能被契约规定的投入品投资对产量有不同的影响，并且供应商所面临的边际成本也可以沿着供应链位置的不同而不同。现在，我们把这些异质性视为外生给定的，在下一部分我们把这些不对称性与企业的事前决策联系起来，而企业的事前决策又与产品的契约密集度和投入品生产位置有关。

经过一系列推导可以很容易地得出类似于命题1的叙述。

命题2：即使投入品的边际生产率和边际成本存在异质性，在序列互补的情况下，即 $\rho>\alpha$，依然存在一个唯一的 $m_C^* \in (0, 1]$ 使得：（1）所有的生产阶段 $m \in (0, m_C^*]$ 均是外包；（2）所有的生产阶段 $m \in (m_C^*, 1]$ 均是一体化。在序列替代的情况下，即 $\rho<\alpha$，存在一个唯一的 $m_S^* \in (0, 1]$ 使得：（1）所有的生产阶段 $m \in (0, m_S^*]$ 均是一体化；（2）所有的生产阶段 $m \in (m_S^*, 1]$ 均是外包。并且，上游投入品相对于下游投入品的 $\psi(m)/c(m)$ 比

值越高，m_C^* 和 m_S^* 的值越低。

在前面的叙述中，我们将投入异质性的来源视为外生给定。在没有契约摩擦的情况下，$\psi(m)/c(m)$ 与投入 m 的相对使用存在正相关关系。但实际情况是，$\psi(m)/c(m)$ 会受到不完全契约的影响。

考虑到这一点之后，我们探讨 $\psi(m)/c(m)$ 和契约质量之间的联系，重点在供应链不同阶段的契约质量与 $\psi(m)$ 的关系。

命题3：存在临界值 $m_C^* \in (0, 1]$ 和 $m_S^* \in (0, 1]$，在序列互补的情况下，阶段 $m \in (0, m_C^*]$ 都是外包的，其余阶段 $m \in (m_C^*, 1]$ 都是一体化，而在序列替代情况下，所有的阶段 $m \in (0, m_S^*]$ 都是一体化，而所有阶段 $m \in (m_S^*, 1]$ 都是外包。并且，上游投入品相对于下游投入品的契约密集度 $\mu(m)$ 越高，m_C^* 和 m_S^* 的值越低。

命题3的结果如图2所示。这种结果的直观表述是，投入的契约密集度越高，企业就越不需要依赖外包来抵消上游供应商的无效投资造成的损失。在序列互补的情况下，上游阶段外包给供应商，企业契约环境（制度环境）的提升可使企业自己生产更高契约密集度的投入品从而提升上游度，即图中 ΔF 部分是企业制度质量提高所带来的上游度提升的有利结果。在序列替代的情况下，上游阶段在企业边界内部完成，供应商契约环境（制度环境）的改善可以使供应商获得更高上游度生产阶段的机会，即图中 ΔS 部分是供应商制度质量提高所带来上游度提升的有利结果。

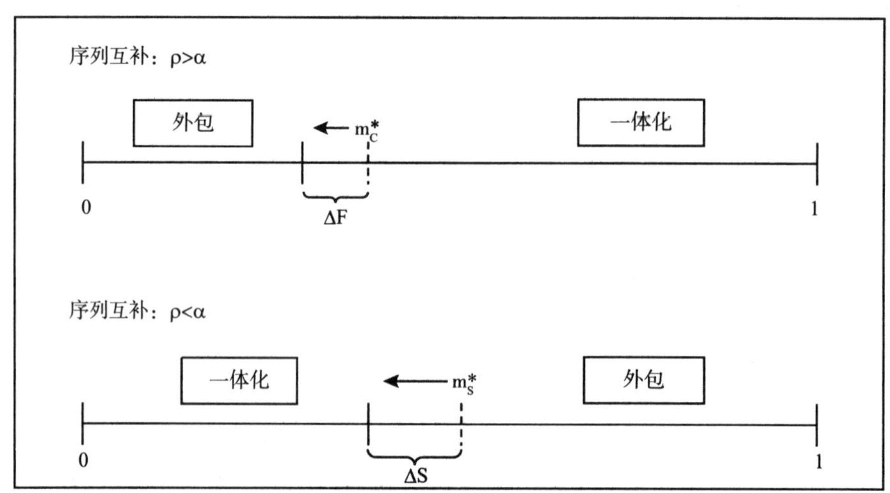

图2　契约密集度对企业决策的影响

通过上述模型，命题3有助于我们更好地理解命题2。当把契约异质性引入模型后，我们预测契约质量与边际成本之间存在负相关关系更加合理。

特别是，当企业决策影响边际成本的情况下，我们发现契约环境越好，由边际成本减少所带来的边际收益越高，从而越能参与供应链上游环节的生产，以此提升供应链效率。

三、制度质量对供应链效率影响的实证检验

从现有文献来看，对制度质量与供应链效率之间关系的研究还停留在理论假说和个案分析层面，缺乏实证检验。因此，本章旨在利用 APEC 国家的跨国面板数据，对上述提出的制度质量与供应链效率关系的假说进行验证。

（一）变量选取及数据来源

1. 被解释变量

本文主要研究制度质量对全球供应链效率的影响，因此，我们利用上文构建的供应链效率指数（Supply Chain Efficiency，SCE）作为研究的被解释变量。如前所述，供应链效率指数的构建数据均来源于 OECD 和 WTO 共同创建的 TiVA（Trade in Value Added）数据库。TiVA 数据库不同于传统的贸易统计，它旨在更好地追踪全球生产网络和供应链。TiVA 数据库提供了 1995 ~ 2011 年其中 7 年的数据。因为本文主要关注制度质量与亚太供应链效率，因此选取 APEC 国家①进行实证。

2. 解释变量

本文选取制度质量作为研究的解释变量，数据利用上文构造的制度质量指数（Institution Quality，InsQua）。其中分项指标的数据来源于考夫曼（Kaufmann）等构建的全球治理指标体系（WGI）、美国传统基金会（Heritage Foundation）和《华尔街日报》发布的经济自由度指数数据库（Economic Freedom of the World Database）以及世界银行创建的企业营商环境指数（Corporate Business Environment）。

3. 控制变量

除了制度质量因素以外，本文根据现有文献研究，还选择了几个对供应链效率可能有显著影响的因素作为模型的控制变量，选取指标如下：

人均国内生产总值（Per Capita GDP，PGDP）。该指标表示一国（地区）整体经济发展水平，用人均 GDP（现价美元）衡量。该指标预期符号为正，一国人均国内生产总值越高，经济越发达，竞争力越强，越有可能处于供应

① 在国家的选取上，由于文莱、秘鲁和巴布亚新几内亚数据的严重缺失，本文选取了除去这三个国家之后的 APEC 国家数据。

链上游位置，其产品出口附加值越多，从而供应链效率越高。

技术水平（Technological Level，TL）。该指标是指一国（地区）总体科技发展水平，用专利申请量来衡量。该指标的预期为正，一般情况下，一国（地区）技术水平越高，越有可能处于供应链上游位置，其产品出口附加值越多，从而供应链效率越高。

人力资本（Human Resources，HU）。该指标具体用教育公共开支总额占GDP的比重衡量。该指标预期为正，一般情况下，人力资本越雄厚，一国（地区）供应链效率越高。

研发水平（Research and Development，RD）。该指标用各国（地区）研发支出占GDP的比重表示，衡量一国或地区的总体研发水平。研发水平有利于提升国家的综合竞争力，从而更有机会获得供应链核心部分的生产。该指标预期为正，一般情况下，研发水平越高，供应链效率越高。

外商直接投资（Foreign Direct Investment，FDI）。该指标用各国（地区）利用外资存量额衡量。已有大量研究表明，外商直接投资可以通过技术转移和外溢效应促进技术进步，从而使国家（地区）参与上游环节的贸易活动，提升供应链效率。该指标预期符号为正，即外商直接投资越多，供应链效率越高。

基础设施（infrastructure）。制度质量属于一国（地区）的软件部分，基础设施则是一国的硬件指标。基础设施对经济发展的重要性很早就得到学术界的认同，基础设施建立是整个国民经济发展的先行资本。基础设施有助于减少成本，促进经济，更大程度参与全球贸易分工。本文用互联网和铁路两部分来衡量基础设施。互联网基础设施（INF_Net）用各国每100人中使用互联网的用户数衡量，铁路基础设施（INF_Rail）用铁路的总公里数表示。该指标预期为正，一般情况下，基础设施越完善，一国或地区供应链效率越高。

（二）模型的构建

本文采用的数据是包含时间特征和截面特征的面板数据，在做实证检验之前，我们做了混合样本的散点图，发现新加坡是个离群值，可能原因是新加坡主要进行转口贸易，处于服务于各个国家的状态下，没有在供应链中，因此将新加坡这个国家的数据删除。在处理面板数据时，对模型进行设定，考虑到每个国家（地区）不可观测或被遗漏的异质性，我们加入“个体效应”，建立计量模型如下：

$$SCE_{it} = \beta_0 + \beta_1 InsQua_{it} + \beta_2 RD_{it} + \beta_3 TL_t + \beta_4 HU_{it} + \beta_5 FDI_{it} + \beta_6 INF\_Railway_{it} + \beta_7 INF\_Net_{it} + z_i\delta + u_i + \varepsilon_{it}$$

其中，z_i 为不随时间而变化的个体变量（即 $z_{it} = z_i$，$\forall t$）。扰动项由 $u_i + \varepsilon_{it}$ 两部分组成，被称为“复合扰动项”。不可观测的随机变量 u_i 是代表个体异质性的截距项。ε_{it} 为随个体与时间而变动的扰动项。$\{\varepsilon_{it}\}$ 为独立同分布的，且与 u_i 不相关。如果 u_i 与某个解释变量相关，则进一步称为“固定效应模型”（Fixed Effects Model）。在这种情况下，OLS 是不一致的。解决方式是将模型转换，消去 u_i 后获得一致估计量。如果 u_i 与解释变量不相关，则进一步称为“随机效应模型”。本文选择豪斯曼（Hausman）检验对固定效应模型和随机效应模型进行选择。豪斯曼（Hausman）检验的 Chi - Sq 统计值伴随概率为 0.8724，没有通过显著性检验，因此我们接受原假设，表示固定效应和随机效应模型相比，随机效应更好。因此，最终选择随机效应模型。在回归时，为了避免异方差对模型造成的影响，我们使用“聚类稳健的标准误”。

（三）实证结果及分析

为了考察制度质量作用的稳健性，我们在回归方程中逐步加入一系列控制变量。回归结果如表 4 所示。对面板数据的随机效应回归结果详细分析如下：

表 4　　SCE 对各变量逐步回归（RE）实证结果

	(1)	(2)	(3)	(4)	(5)	(6)	(7)	(8)
InsQua	0.2603 ** (2.16)	0.3184 *** (3.21)	0.3763 *** (3.69)	0.3563 *** (3.44)	0.3587 *** (3.51)	0.3488 *** (3.80)	0.3436 *** (3.39)	0.3343 *** (3.37)
HU		-1.8545 * (-1.73)	-1.7045 (-1.56)	-1.7344 (-1.57)	-1.8919 (-1.72) *	-1.1772 (-1.06)	-0.7131 (-0.58)	-0.5525 (-0.46)
PGDP			0.1287 * (1.83)	0.1788 * (1.77)	0.1719 * (1.73)	0.1990 (1.52)	0.1154 * (1.87)	0.1964 * (1.86)
FDI				0.0244 (1.48)	0.0157 (0.79)	0.0764 (-0.67)	0.0196 (1.23)	0.0354 (0.64)
TL					0.0135 (0.99)	0.0426 *** (4.10)	0.0347 *** (3.46)	0.0307 *** (2.77)
RD						-8.9455 * (-1.85)	-6.007 (-1.55)	-6.121 (-1.60)
INF_Net							0.1008 (1.52)	0.0934 * (1.83)
INF_Rail								0.1004 ** (2.21)

续表

	(1)	(2)	(3)	(4)	(5)	(6)	(7)	(8)
常数项	22.8600*** (2.70)	27.2242*** (3.06)	25.1448*** (2.90)	26.6527*** (2.97)	26.6298*** (2.89)	31.1080*** (3.77)	27.5923*** (3.11)	26.2336*** (3.11)
R^2	0.5904	0.5503	0.5366	0.5281	0.5372	0.5020	0.4890	0.4679
观测值	119	119	119	119	119	119	119	119

注：系数估计值下方的小括号内为系数估计值的 t 统计值，其中 ***、**、* 分别表示在 1%、5%、10% 的显著性水平下显著。

1. 制度质量（InsQua）

从表 4 回归结果第（1）列可以看出，当只有制度质量一个自变量时，解释系数为 0.2603，且在 5% 的显著性水平下显著，即可初步判定制度质量对供应链效率有正向影响。逐步加入其他影响因素后，制度质量的影响始终为正，且都在 1% 的显著性水平下显著，说明制度质量确实是影响供应链效率的重要因素，这与我们的预期一致。

2. 人力资本（HU）

观察回归结果第（8）列可知，人力资本变量没有通过显著性检验，但其符号为负，这与我们上文的预期相反。可能的原因是在某些国家人力资本还没有完全转化为经济增长过程中重要的生产要素。20 世纪 60 年代初，美国经济学家西奥多·舒尔茨（Theodore Schultz）提出：资本有两种形式，一种是物质资本，另一种是人力资本。以厂房、设备、原材料和半成品形式所表现的资本，称为物质资本；体现在劳动者身上，通过资本的投资转化，表现为劳动者的质量或其技术知识、工作能力的资本，称为人力资本。本文用公共教育支出占 GDP 的份额来衡量人力资本，所以可能对人力资源的投资还未完全转化为劳动者的技术知识与工作能力，因此与预期结果不一致。

3. 人均国民生产总值（PGDP）

人均 GDP 代表了一国的整体经济实力，该指标解释系数为 0.1964，且在 10% 的显著性下显著，说明人均国民生产总值是影响一国或地区供应链效率的重要因素。该结果与预期一致，不难想象，一国或地区经济水平越强，越有能力参与供应链上游的生产环节，如设计、技术研发、重要零部件生产等，因此会在一定程度上影响供应链效率。

4. 外商直接投资（FDI）

该变量没有通过显著性检验，但是其符号为正，一定程度反映了 FDI 对供应链效率的促进作用。关于 FDI 的许多研究指出，FDI 对经济发展既有积极作用也有消极作用。积极作用如通过跨国公司或外资企业的技术转移或者技术外溢，进而提高内资企业在技术、研发以及相关产业等方面的发展，为内资企业提供进入国际市场的机会，最终提高出口竞争力。同时也存在消极作用，主要体现在对国外先进技术等产生的越来越强的依赖，从而对内资企业贸易发展产生阻碍，导致出口贸易发展受阻、国际竞争力下降，进而影响供应链效率。因此FDI正向与负向共同作用于供应链效率可能是FDI不显著的主要原因，但根据第（8）的回归结果，我们可以看出正向作用应该稍大于负向作用。

5. 技术水平（TL）

技术水平的系数显著为正，在1%的显著性水平下通过检验，说明技术水平与供应链效率正相关。技术充斥在企业价值活动及供应链中的每一个环节。高技术产业作为知识密集、技术密集的产业其效率将直接影响到一国或地区整个供应链的效率水平。技术进步可使企业掌握核心、关键环节的生产，从而提升所处供应链地位，增加供应链效率。

6. 研发水平（RD）

研发水平没有通过显著性检验，其系数符号为负，表明研发对一国或地区供应链效率的影响为负，与预期有所不同。对于这一结果的解释，我们认为这与当今世界上发达国家对核心技术限制出口有关。如韩国产业技术保护委员会公布“国家核心指定草案及产业技术保护方针草案”，对指定的电气等核心技术出口增加限制条款。该草案指定电气、电子、汽车、钢铁等在内的40项国家核心技术出口将受到严格限制。此举为防止技术外泄对国家安全及国民经济造成不良影响。又如日本政府对华汽车技术限制出口，美国政府更以国防为由，对超级电脑、高科技电信设备、半导体设备，以及尖端的机械工具限制对华的出口。在这种情况下，即使研发支出占GDP的比重上升，但是从根本上限制出口使得研发能力不能完全有效地转为出口附加值，因此也没办法提高供应链效率。

7. 基础设施（INF）

回归结果第（8）列可以看出，不论是网络基础设施还是铁路基础设施对供应链效率提升都具有促进作用，且分别在10%和5%显著性水平下显著，该结果与预期相符。基础设施是经济发展和社会进步的基本硬件条件，亚当·斯密在《国富论》中就说过，“一国商业的发达，全赖与有良好的道路、桥梁、运河、港湾等基础设施”。它是一国经济发展的基础，是先行资本。因此，良好的基础设施能有效地改善出口贸易结构，使总体贸易结构不断优化，提高出口产品竞争力，降低成本增加附加值，从而有效地提升供应链效率。

上述模型的回归结果可以看出制度质量对供应链效率存在直接的促进作用，制度质量的改善是有利于供应链效率的提高的。除了直接影响外，制度质量对供应链效率是否还存在间接影响呢？即制度质量是否可以影响其他因素从而改变供应链效率呢?

针对这个问题，接下来我在模型里加入制度质量与人力资本（InsQua × HU)、制度质量与技术水平（InsQua × TL)、制度质量与研发水平（InsQua × RD）的交互项，考察制度质量与其余解释变量对供应链效率的联合作用，回归结果如表5所示：

表5　　包含交互项后的随机效果回归结果

	(1)	(2)	(3)	(4)	(5)
InsQua × HU	0.0067 (0.52)			0.0056 (0.40)	0.0112 (0.80)
InsQua × TL		1.7307*** (2.91)		1.5317*** (3.02)	1.6207*** (2.93)
InsQua × RD			-0.0542** (-2.21)	-0.074** (-2.44)	-0.0360* (-1.73)
PGDP					0.1217* (1.99)
FDI					0.0115 (0.74)
INF_Net					0.1253* (1.83)
INF_Rail					0.1006* (1.85)
常数项	42.0753*** (3.47)	39.3578*** (3.19)	45.3285*** (4.08)	43.3445*** (3.96)	38.8618*** (4.76)
R^2	0.3237	0.3500	0.3753	0.3162	0.2795
观测值	119	119	119	119	119

注：系数估计值下方的小括号内为系数估计值的t统计值，其中***、**、*分别表示在1%、5%、10%的显著性水平下显著。

从表5的第（1）列我们可以看出，制度质量与人力资本的交互项没有通过显著性检验，但是系数符号为正，可以初步判断对供应链是有提升作用的。制度质量一定程度上是可以让人力资源投资更有效地转化为劳动力所需的知识技能的。这也不难想象，如制度质量中的腐败程度越低（制度质量越好)，对劳动力的投资就会最大程度用在人才培养、教育、技能培训等正确方面，从而更好地转化为人力资本。又再如，劳动力自由程度越高，已经拥有知识技能的人员就能在最适合自己的位置发挥最大贡献，带去经济效益，从而进一步提升供应链效率。

表5的第（2）列为制度质量与技术水平的交互项对供应链效率的影响，该变量在1%的显著性水平下显著，系数符号为正，与预期一致，反映出制度质量的提高有助于技术水平作用的充分发挥。制度质量与技术水平均是影响供应链效率的重要因素。

表5的第（3）列反映了制度质量与研发水平交互项对供应链效率的影响。变量通过5%显著性检验，但是系数符号为负，原因可能与上面叙述的一致，研发水平越高的国家或地区可能越限制核心技术出口，因此会阻碍供应链效率的提升。

表5的第（5）列为加入人均国民生产总值、外国直接投资和基础设施控制变量之后的回归情况，结果与表4反映的结论大体一致，这些控制变量对供应链效率均有一定的促进作用。

四、结　论

制度质量的提高是提升供应链效率的一个重要源泉。越处于供应链上游的生产环节所需的制度依赖性越强，即一国或地区制度质量越高，越可能参与供应链上游环节的生产；而制度质量较差的国家则被迫选择供应链下游环节的生产。显然，制度质量的差异导致国家（地区）参与产品内国际分工的地位不同，进一步影响供应链效率。

将主流贸易理论论及的主要因素与制度变量一道纳入面板数据模型进行实证检验，发现上述变量对各国（地区）贸易综合竞争力的影响存在差异，其中制度质量和技术水平对各国（地区）供应链效率的影响较强，经济发展水平、基础设施的影响其次，人力资本和研发水平对供应链效率的影响与现有理论有一定的出入，鉴于可能是受到其他因素的制约，影响效果有待进一步分析与考察。制度质量对供应链效率影响除了上述直接促进作用以外还存在间接作用，即制度质量可以通过影响其他因素从而提升供应链效率。从总体上看，以上实证检验结果支持了前文关于制度质量与供应链效率的理论假说。

必须强调，制度质量的提升与完善是一个复杂的系统工程。要树立制度创新的整体观念，注意各种制度之间的协调、相容、互补与互动；要深化经贸体制改革，克服体制机制性缺陷、障碍，优化各层级制度结构，提高制度体系的质量，构建增强出口竞争力的长效机制，加快形成亚太高效供应链。

参考文献

1. Acemoglu D, Antràs P, Helpman E., 2007, "Contracts and Technology

Adoption" . *American Economic Review*, 97 (3): pp. 916 – 943.

2. Acemoglu, D. & J. Simon & J. Robinson. , 2005, "The Rise of Europe: Atlantic Trade, Institutional Change, and Economic Growth" . *American Economic Review*, 95 (3): pp. 546 – 579.

3. Antràs and Chor, 2012, "Organizing The Global Value Chain", NBER Working Paper 18163.

4. Antràs, Pol and Helpman, Elhanan, 2004, "Global sourcing" . Working Paper No. 3, The Foerder Institute for Economic Research and The Sackler Institute of Economic Studies.

5. Antràs, Pol & Helpman, Elhanan, 2008, "Contractual Frictions and Global Sourcing" . Cepr Discussion Papers.

6. Antràs, Pol. , 2003, "Firms, Contracts, and Trade Structure" . *Quarterly Journal of Economics*, 118: pp. 1375 – 1418.

7. Antràs, Pol. , 2005, "Incomplete Contracts and the Product Cycle" . *American Economic Review*, 95 (4): pp. 1054 – 1073.

8. Koopman, R. Wang, Z. and Wei, S. J. , 2008, "How much of Chinese exports is really made in China? Assessing domestic value-added when processing trade is pervasive. " NBER Working Paper 14109.

Institutional Quality and Supply Chain Efficiency

—An Empirical Study Based on APEC Countries

LIU Wenge　DONG Xuan　HE Shuling

(School of Economics, Zhejiang Gongshang University, 310018)

[**Abstract**] This paper takes APEC countries as the research object, first builds the supply chain efficiency index, and then expands the Antràs and Chor (2013) production organization theory of property rights, thus establishing the mathematical model of the impact of system quality on the supply chain efficiency. The Hypothesis that Institutional Quality Affects Supply Chain Efficiency. Using the method of Koopman et al. And using the data of TiVA database from 1995 to 2011, the efficiency of supply chain in 18 APEC countries was measured and the empirical study was conducted by using stochastic effects model. Empirical results show that the quality of the system has a direct role in promoting supply chain efficiency. The results of the random effects model after the interaction between institutional quality and human capital, technical level and research and development level are added show that the quality of the system has an indirect promotion effect on the supply chain efficiency. That is to say, the quality of the system can enhance the supply chain by raising human capital and other factors effectiveness. In light of this, APEC countries should pay attention to the improvement of the quality of the system so as to obtain the upper position in the supply chain, enhance the efficiency of the supply chain and create an efficient Asia – Pacific supply chain in the context of global division of labor.

[**Key Words**] Institutional Quality　Supply Chain Efficiency　Added Value　Upstream Degree

JEL Classifications: F14

主发起行制度对当前村镇银行发展的影响与对策*

——基于制度分析的视角

▶杨　智　孙圣民**◀

【摘　要】当前普惠金融观念日益深入人心，为了改善农村地区金融服务供给不足的现状，我国适时推出了村镇银行这种安排。经过 10 年发展，村镇银行遇到了不少问题，其原因主要在于主发起行制度所导致的股权结构异化。为此需要对主发起行制度进行改革和创新。本文梳理主发起行制度所导致的问题及其对村镇银行发展的影响，提出目前可行的两条路径：改革现有的主发起行制度，或者制度创新、用特许经营制取代主发起行制度，并讨论了这两条举措的具体内容，期望有助于推进我国村镇银行和普惠金融的发展。

【关键词】**普惠金融　村镇银行　主发起行制**

中图分类号：**F832.4**　文献标识码：**A**

一、引　言

村镇银行是我国①践行普惠金融理念的重要举措，更是中国金融市场，

* 感谢山东省社科规划研究项目"基于金融扶贫视角对山东省村镇银行主发起行制度的思考"（项目编号：17CJRJ05）、山东省自然科学基金面上项目"政府干预、制度环境与中小企业创新"（项目编号：ZR201702190179）、教育部人文社科青年基金项目"金融网络、系统性风险及金融监管制度研究"和山东大学人文社科青年团队项目"农村制度与中国农业经济增长"（项目编号：IFYT17029）资助。

** 杨智，中国人民大学财政金融学院博士研究生；地址：北京市海淀区中关村大街 59 号中国人民大学（100872），E-mail：zhi_yang92@163.com。孙圣民，通信作者，博士，山东大学经济研究院教授、博士生导师；山东省济南市历城区山大南路 27 号山东大学中心校区（250100），邮箱：shengminsun@sdu.edu.cn。

① 本文中，我国的研究部分均不含我国港澳台地区。

尤其是农村金融市场发展的重要阶段性成果。2006 年 12 月 20 日，中国银监会发布《关于调整放宽农村地区银行业金融机构准入政策，更好支持社会主义新农村建设的若干意见》，要求放宽农村地区银行业准入政策，放开农村地区金融市场，允许产业资本和民间资本到农村地区设立村镇银行。[①] 此后，村镇银行在全国范围内迅速发展起来，从首家村镇银行挂牌开业至 2017 年末[②]，10 年间中国已经成立了 1 564 家村镇银行。

2018 年 1 月 12 日，中国银监会发布《关于开展投资管理型村镇银行和“多县一行”制村镇银行试点工作的通知》，将村镇银行引入新的发展轨道。从提供差异化金融产品的惠农金融到开展投资管理型村镇银行，从“一县一行”到“多县一行”[③]，村镇银行在中国已走过 10 个年头。在此期间，几乎每年各省都有不少村镇银行设立开业，其发展速度远超其他银行机构。同时，村镇银行服务农村经济，积极为农村地区的居民和小微企业提供差异化金融产品，对于助力农村经济起到了不可忽视的作用。

但是，村镇银行的发展也遇到了不少问题，尤其是主发起行制度[④]给村镇银行的深化发展带来了一些制约。当前我国不仅处在经济转型的关键时期，更是脱贫攻坚的决胜阶段。在这样的时间节点，思考如何改革和创新主发起行制度，更加具有现实意义。

二、文献综述

金融作为现代经济的核心，对于经济社会的发展具有重要作用已成为一项共识。经济学研究也发现，金融资源的配置对于发展中国家和地区具有极其重要的意义。如何更加有效地利用金融资源促进经济发展已成为一个备受关注的话题。

国际经济学界对这一问题的思考由来已久，尤其是麦金农学派的金融深化理论对这一问题的研究颇为成功。麦金农（Mckinon，1974）和肖（Shaw，

---

① 银监会通知中，不仅放宽准入资本限制，还对村镇银行的注册资本、监督管理等做了有别于传统商业银行的规定，可参见《关于调整放宽农村地区银行业金融机构准入政策，更好支持社会主义新农村建设的若干意见》（银监发〔2006〕90 号）。

② 四川仪陇惠民村镇银行设立于 2007 年 3 月 1 日，是中国首家村镇银行，见于《中国首家草根银行诞生》，《中国经济时报》2007 年 3 月 2 日。

③ 中国银行业监督管理委员会在推出村镇银行之初，曾指出村镇银行的建设目标是“一县一行”，根据最新通知，这一目标已转换为“多县一行”。

④ 主发起行制度是村镇银行的一项重要制度，根据监管规定，村镇银行采用发起设立方式，由一家银行机构作为主发起人负责选址、申请筹建。这一制度的要点主要包括：（一）有一家满足监管层规定的银行作为主发起行；（二）主发起行应当是村镇银行的最大股东或唯一股东，其最低持股比例为 20%（后调整为 15%）；（三）除主发起行外其他投资者持股上限为 10%。文中不再专门界定。

1973）对发展中国家大量存在的金融抑制（Financial Repression）现象进行了分析，循着这一思路提出了发展中国家的金融发展路径：减少对金融市场的干预，放开金融市场，提高实际利率水平，以改善投资效率，这被称为金融深化（Financial Deepening）理论。包括弗雷（Fry，1980，1982）在内的其他麦金农学派学者在这一基础上进行了更加广泛的研究，丰富和完善了金融深化理论。

许多研究者关注发展中国家，尤其是这些国家农村地区的金融信贷问题。斯蒂格利茨（Stiglitz，1981）提出“不完全信息市场上的信贷配给”理论，他从信息结构的视角对广泛存在的信贷配给（Credit Rationing）现象进行了审视，并对不完全信息下的逆向选择等问题进行了严谨的理论分析。班纳吉（Banerjee，1994）则提出“长期互动观”（The Long-term Interaction View），在他看来中小金融机构具有社区性的特点，这类金融机构在经营中往往能够较多地了解自己所服务的资金需求者，因此能够比较有效地规避信息不对称所造成的风险。这一理论也为社区银行（Community Banking）等中小型金融机构的经营重点提供了方案，即充分利用自身的社区性特点，服务所在社区，开展各项能够满足社区内部金融需求的金融服务。

其他学者对不发达地区的信贷和金融问题也进行了丰富的研究。戈塔克（Ghatak，1977）分析和探讨印度农村信贷市场和借贷成本在不同地区的差异，重点论述了农村地区类似信用社等合作金融。戈塔克等（Ghatak et al.，2012）对印度西孟加拉邦在20世纪70年代实行的一项租佃改革进行考察，发现租佃改革对那里的农业生产力产生了积极的影响。还有很多学者研究了借钱给贫困人口的连带责任贷款（Joint Liability Lending）。除了学理上的探讨外，国际上也为纾解不发达地区的资金困局进行了诸多卓有成效的尝试。实践中，被誉为“穷人的银行家”的尤努斯（Yunus）在孟加拉国建立了格莱珉银行，专门为穷困人口发放微型贷款，其本人更是凭借这一功绩荣获诺贝尔和平奖。尤努斯（Yunus，2012）指出满足农村等贫困地区的资金需求应当作为“一项人权”。

国内的研究者们非常重视农村金融的形成机制和发展方向的思考，这是从宏观视角的考察。温铁军（2000）对中国农村基本经济制度进行了系统研究，其中对于中国农村基本经济制度的形成进行了非常深入的探讨和分析。周立和王子明（2002）通过考察中国各地区1978～2000年经济与金融的相关关系并进行实证，发现经济增长与金融发展之间存在紧密的相关关系，认为应当通过金融市场化实现高质量的金融发展和持续快速的经济增长。周立（2007）对中国农村地区金融市场存在的“四大问题”和演化逻辑进行了详细的梳理，这对于理性认识农村金融市场非常重要。周天芸（2004）以信息经济学为基础分析了中国农村长期以来存在的二元金融结构，发现非正式金融是一定经济发展阶段的产物，指出二元金融结构的存在有助于降低正式金融的信息不对称程度。周小川（2004）也对农村金融市场的改革和发展提出了很多思考，其中关于农村金融与“三农”关系的分析很具参考价值。

除了对农村金融整体的宏观关注外，国内学界也有微观视角的考察。过去中国农村地区经历了金融机构的撤离，当时选择留守农村金融市场的金融机构只有农村信用合作社和中国邮储银行的前身——中国邮政储蓄，事实上形成了农村地区金融市场的垄断局面。何文广（2004）的研究中指出，针对农业和农村转型的新特征，应满足多样化的金融需求。他还强调，当时中国金融领域进行的机构多元化改革并未有效地优化农村金融结构，继续深入推动农村地区金融组织的多元化，仍是优化中国农村金融市场的途径。针对农村信用合作社长期名不符实的情况，温铁军（2006）发出了“把合作金融还给农民”的呼吁，认为应当在农村金融市场发展合作金融，更好服务“三农”问题的解决。杜晓山（2002）对农村金融体系框架进行了梳理和总结，在此基础上进一步对农村金融市场的信用社改革和小额信贷提出了独到的见解。

无论是宏观思考还是微观考察，都呼吁为了更好服务农村经济，农村金融市场必须进行强有力度的改革。2005 年，联合国发表《构建普惠金融体系》蓝皮书，普惠金融（Inclusive Finance）理念开始传播，在金融实务领域也掀起了改革金融市场、发展普惠金融的呼声。中国银监会适时推出了以村镇银行为重要内容的制度安排，村镇银行这一新生事物迅速产生并发展起来，随后学术界关于村镇银行的讨论也开始逐渐升温。

作为新生事物的村镇银行，在发展过程中不可避免地遇到了一些问题和困难。巴曙松（2011）分析了村镇银行发展过程中所遇到的现实困难，指出村镇银行经营过程中存在定位不清、偏离办行宗旨的情况，并且提出了一些具有针对性的解决方案。偏离办行宗旨的情况比较集中地反映在村镇银行的经营中，谢地（2011）对于村镇银行经营过程中的贷款“脱农化”情况进行了探讨，认为产生这一问题的源头在于农村地区的金融排斥。村镇银行在业务经营上常常面临资金吃紧的窘境，徐瑜清等（2009）通过调研吉林、浙江等地有影响力的村镇银行，对村镇银行经营中遇到的存款来源受限、存款外资金来源不足等问题进行了总结，并且为村镇银行的持续发展提出了自己的建议。此外，还有一些学者关注到了村镇银行发展过程中逐渐增加的风险问题。何颖媛（2013）研究了村镇银行的脆弱性，她以村镇银行的运营管理为切入点，分析了村镇银行经营风险的来源，提出了一些风险防范措施。

除了对以上问题的思考外，还有不少研究聚焦村镇银行的主发起行制度。李红玉等（2017）基于对全国 899 家村镇银行的研究，发现主发起行一般并不满足15%的最低持股比例，而是选择对村镇银行进行绝对控股，不少主发起行对所设立的村镇银行持股比例都超过了51%。这种股权高度集中于主发起行的现象对村镇银行发展究竟是利是弊，目前的研究还存在一定的争论。吴加居（2009）以龙湾农村合作银行为例，提出强化主发起行制度的“绝对优势”，即经营理念、信息成本、营业网点、资金资源和政策等优势。李镇西（2009）认为主发起行对村镇银行的关注和辅导是非常必要的，这能在一定程度上促进村镇银行的健康运行和快速发展。与之相对，不少研究越来越多地发现主发起行制度对村镇银行发展的制约。李晓春和崔淑（2010）发现由于监管层对于主发起行设置了一定的标准，中西部地区缺乏合适的主发起行，满足条件的商业银行也缺乏在中西部地区充当主发起行的意愿，造成村镇银行建设进展缓慢。柴瑞娟（2014）除了注意到主发起银行制在很大程度上限制了村镇银行的设立与发展外，还进一步指出由主发起行制度衍生出的股权结构失衡，以及村镇银行沦为主发起银行分支机构的问题。

现有村镇银行的研究已对村镇银行在发展中所遇到的困难和问题进行了分析，并初步提出了一些解决方案。但已有研究因为研究视角不同，样本选择时间和理论分析框架也存在较大差异，因此研究结论略有不同。本文主要梳理当前村镇银行由其主发起行制度所导致的问题及其影响，针对调整主发起行制度提出了两条可行路径：改革现有的主发起行制度或者制度创新、用特许经营制取代主发起行制度。并讨论了这两条路径的具体内容，期望有助于推进我国村镇银行和普惠金融的发展。

三、主发起行制度影响村镇银行发展的制度分析

自首家村镇银行成立以来，至2017年经过10年的发展，村镇银行的发展取得了不俗的成绩。根据中国银监会所公布的数据，已有1 564家村镇银行先后成立。这也意味着，村镇银行已覆盖了中国多数的县域（含市辖区、县级市、自治县等县级行政单位）①。村镇银行服务农村经济，积极为农村居民和小微企业提供差异化的金融产品，为农村经济发展起到了不可忽视的作用。

村镇银行的发展过程中也显现出不少问题，这极大地限制了村镇银行自身优势的发挥。当前，村镇银行发展面临的比较严重的问题主要包括这样两个方面：从宏观层面看，村镇银行空间分布失衡、金融服务供给区域差异较

① 根据民政部数据，截至2016年底，全国县级行政区划单位2 851个，参见民政部《2016年社会服务发展统计公报》。

大，股权主体多元化程度不能体现“合作化”“社区化”方向；从微观层面讲，村镇银行公司治理结构不科学，组织、人员管理粗放，经营方式缺乏创新，以及资金获取能力与其市场定位不相匹配。笔者看来，这些问题的根源主要在于主发起行制度，及其引致的主发起行高度控股村镇银行的股权结构异化。

（一）主发起行制度成就了主发起行在村镇银行中的优势地位，导致了村镇银行空间分布失衡、金融服务供给区域差异较大的问题

按照推出村镇银行的初衷，村镇银行应优先发展金融供给相对落后的中西部地区。因此，中国银监会决定在四川、贵州等西部地区率先开始试点，并明确了“先西部地区、后东部地区，先欠发达县域、后发达县域”的挂钩次序原则。[①] 为了贯彻落实全面深化改革、发展普惠金融、健全农村金融服务体系，银监会于 2014 年 12 月 12 日公布了《关于进一步促进村镇银行健康发展的指导意见》。该意见明确鼓励国有商业银行和股份制商业银行在中西部地区发起设立村镇银行，引导各银行机构在中西部经济欠发达地区设立村镇银行的政策意图非常明显。

然而村镇银行的发展现实却与监管层的要求相矛盾。根据笔者整理的数据，从空间分布来看，东部地区的村镇银行发展后来居上，村镇银行数量最多；最先开始试点村镇银行的西部地区，村镇银行反而发展较缓，数量最少，如图 1 所示。

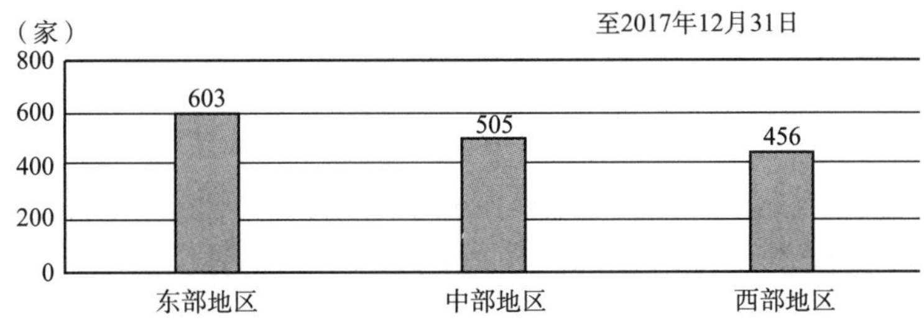

图 1　村镇银行空间分布

注：（1）东部地区为北京、天津、河北、辽宁、上海、江苏、浙江、福建、山东、广东、海南，中部地区为山西、吉林、黑龙江、安徽、江西、河南、湖北、湖南，西部地区为内蒙古、广西、重庆、四川、贵州、云南、西藏、陕西、甘肃、青海、宁夏、新疆。（2）数据日期截至 2017 年 12 月 31 日。

资料来源：根据中国银行业监督管理委员会网站整理。

---

① 中国银监会的挂钩次序原则，政策意图明显指向西部地区，鼓励主发起行在西部地区设立村镇银行，见于《关于调整村镇银行组建核准有关事项的通知》（银监发〔2011〕81 号）。

村镇银行的这种分布格局与主发起行制度有着直接关系。2007 年 1 月 20 日，中国银监会发布《村镇银行管理暂行规定》，要求发起设立村镇银行的商业银行“并表前后资本充足率均不低于 8%，且主要审慎监管指标符合监管要求”。2011 年 7 月 25 日，中国银监会又发布了《关于调整村镇银行组建核准有关事项的通知》，主发起行除监管评级需要达二级以上（含）、满足持续审慎监管的要求外，该通知还提出了不少新的具体要求。① 银监会对于主发起行提出新要求，一方面，反映了监管当局的认识不断深化，积极更新对主发起行的监管标准；另一方面，日益严格的要求和规定，也逐渐形成了主发起行的制度壁垒。能够满足诸多监管要求的银行机构，一般都是五大行和股份制商业银行，不少城商行、农商行虽然设立村镇银行的主观意愿较强，却被监管规定制度性地排除在外。

主发起行制度下，村镇银行采用发起设立方式，主发起行作为主发起人负责设立村镇银行的许多关键工作。更加确切地说，有银行机构担任主发起行是村镇银行得以设立的前置条件。主发起行在村镇银行中占据优势地位，对是否设立、在何处设立有着极大的话语权，甚至是决定权。我国东部地区经济发达，尤其是这些地区的农村经济条件较好，农村金融市场有着很大的利润空间。因此，各银行机构在东部地区设立村镇银行的积极性较高，纷纷抢滩登陆这些地区的农村金融市场。与之相反，西部地区虽然对金融资源需求较强，但经济发展落后、利润空间有限，还面临着较高的信用风险，所以少有银行愿意在西部地区投入资金设立村镇银行。因此，逐渐形成了村镇银行当前的空间分布格局。

这种空间上的分布不均衡，既不利于村镇银行专注于深耕农村金融市场，还可更导致东部地区村镇银行过度竞争，西部地区缺乏足够的金融资源资源配置。所以，这样的区域差异既无益于普惠金融的实现，也无法有效解决西部地区金融供给不足的困难。

（二）主发起行制度使村镇银行股权集中于主发起行，限制了村镇银行股权多元化，也抑制了民间资本的参与度

主发起行制度对主发起行持股比例做了最低限制，还对主发起行的投资额提出了一定的要求。《村镇银行管理暂行规定》要求，主发起行持股比例

① 比如，商业银行应提出明确的农村金融市场发展战略规划，还要进行专业的农村金融市场调查，并且需要具备充分的并表管理能力及信息科技建设和管理能力等。参见《关于调整村镇银行组建核准有关事项的通知》（银监发〔2011〕81 号）。

不低于20%，还要求主要发起人的出资额也应该是投资者中最高的。[①] 在《关于鼓励和引导民间资本进入银行业的实施意见》中，主发起行的最低持股比例由20%降低到15%。制度设计中对主发起行持股设最低限的做法，直接导致村镇银行相当多的股权被主发起行所持有。以第一家村镇银行——四川仪陇惠民村镇银行为例，其注册资本为200万元，主发起行——南充市商业银行控股出资100万元，持股比例达50%。实际上，这也并非个例，研究发现主发起行一般并不满足持股比例的最低限制，而是选择对村镇银行进行控股，甚至绝对控股，多数主发起行对所设立的村镇银行持股比例都在50%以上。[②] 在这样的制度机制下，民间资本只能集体分食不足50%的股权。

不仅如此，主发起行制度也对其他投资者的持股行为进行了限制。2008年3月4日通过的《农村中小金融机构行政许可事项实施办法》规定，"单个自然人股东及关联方持股比例不得超过村镇银行股本总额的10%"，"单一非银行金融机构或单一非金融机构企业法人及其关联方持股比例不得超过村镇银行股本总额的10%"。2015年6月5日修订的《农村中小金融机构行政许可事项实施办法》中，"职工自然人合计投资入股比例不得超过村镇银行股本总额的20%"，对职工自然人的持股行为也进一步做出限制。在政策的规制下，包含职工在内的，所有非银行金融机构的各类投资主体，其持股比例全部被限制在10%以下。这样的设计，可能出于一定的考量，但这显然对于民间资本的限制非常明显。

通过这两方面的约束，主发起行制度已经构建起了村镇银行的股权结构轮廓。对主发起行持股比例设置的最低限制和对其他投资者设立的最高限额的规定，使得主发起行在股权结构中毫无例外地成为第一大股东，占据明显的优势地位；其他众多投资主体最高只能持有10%的股份，也不允许通过关联方持股谋求控股村镇银行。再考虑到众多主发起行持有超过50%股份，其他各类投资主体的参与空间更加有限。进一步地说，这样的制度也使得主发起行限制了村镇银行的规模：主发起行持股20%的底线，事实上也就间接决定了这家村镇银行规模的上限（村镇银行的注册资本最高只能是主发起行投资额的5倍），纵使其他投资者愿意投入更多资金也会因为制度规制不能实现（见图2）。一方面，有限的参与空间限制了股权多元化的实现；另一方面，村镇银行规模与主发起行投资金额间接挂钩的约束，既不利于充分利用民间资本，又抑制了村镇银行的发展规模。

---

① 《村镇银行管理暂行规定》（银监发〔2007〕5号），是中国银行业监督管理委员会制定的法律法规文件，在未对村镇银行专门立法前，该规定具有很强的法律效力。

② 李红玉、熊德平、陆智强：《村镇银行主发起行控股：模式选择与发展比较——基于中国899家村镇银行的经验证据》，载于《农业经济问题》2017年第3期。

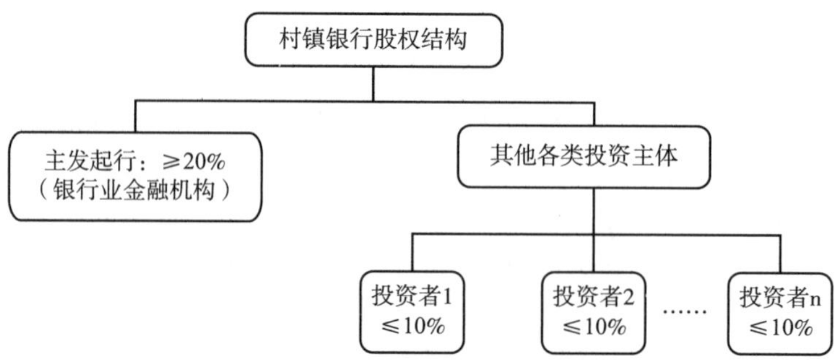

图 2　主发起行制度下的村镇银行股权结构

（三）主发起行制度造成了村镇银行股权结构异化，影响了村镇银行的公司治理水平，不利于保护中小投资者利益

《村镇银行组建审批工作指引》规定，主要发起人（银行业金融机构）根据银监局发布的需要设立机构的地域名单选择组建地点，进行考察论证，并与拟设地银监局沟通后，开展筹建准备工作。① 可以说，从申请筹建开始，主发起行就掌握了村镇银行发展的进程和节奏。因此，主发起行先天性地拥有选择持有村镇银行股份的优先权。大多数主发起行都选择较高的持股比例，直接形成了村镇银行股权高度集中于主发起行的局面，也就是村镇银行的股权结构异化现象。

银监会对村镇银行的制度设计中，考虑到村镇银行规模有限，规定村镇银行应根据其决策管理的复杂程度、业务规模和服务特点设置简洁、灵活的组织机构。同时还规定村镇银行可只设立董事会，行使决策和监督职能；也可不设董事会，由执行董事行使董事会相关职责。②“一股独大”的股权结构异化情况下，主发起行作为控股方（通常也是绝对控股方），对于村镇银行有着绝对的话语权和影响力。再加上公司治理“一切从简”的规定，虽然尊重了农村金融市场的实际，却可能纵容主发起行故意将村镇银行的公司治理保持在较低的水平，以方便进一步掌控村镇银行，这可能极大地阻碍村镇银行的健康发展。

此外，主发起行在股权机构中“一家独大”，其他中小投资者的利益无法得到有效保障。民间资本在村镇银行的股权结构中只是中小股东，其地位

① 《关于印发〈村镇银行组建审批工作指引〉的通知》（银监发〔2007〕8 号），属于中国银行业监督管理委员会审批村镇银行的工作流程文件，其中对于主发起行（人）的职责和工作进行了明确。

② 参见《关于调整放宽农村地区银行业金融机构准入政策，更好支持社会主义新农村建设的若干意见》（银监发〔2006〕90 号）和《村镇银行管理暂行规定》（银监发〔2007〕5 号）中有关规定。

与话语权完全不能跟控股的主发起行相提并论。这些中小股东在村镇银行中只是不起眼的中小投资者，人微言轻，他们对自身利益的诉求也很难在公司治理中得到有效体现，其投资权益也难以得到制度的有效保障。更为严重的是，由于主发起行的优势地位，中小投资者的利益可能被主发起行侵夺。因此，不少民间资本难掩失望，无奈之下只得转让所持有的股权，选择退出村镇银行。①

（四）主发起行制度及其所引致的股权结构异化，导致村镇银行定位不清、管理方式粗放

根据主发起行制度，主发起行非常自然地控股村镇银行，对村镇银行拥有极大的影响力和控制力。村镇银行与主发起行都是我国金融体系的重要主体，是独立的公司法人。主发起行入股村镇银行，存在投资人与被投资者间的股权关系，以及在此基础上的结成的投资管理关系。主发起行作为投资者，为了保证投资收益，可以在法律法规范围内进行正常的投资管理。同时，监管者也希望主发起行凭借其自身的技术、资金等优势，对村镇银行提供必要的指导和支持，为新生的村镇银行“保驾护航”。

现实中，主发起行利用其大股东或控股股东地位，对村镇银行进行粗放式管理和过度干预。这主要体现在以下两个方面：首先是在村镇银行的人事管理上，主发起行凭借其控股股东的地位，直接决定村镇银行管理层的构成和更替，有的主发起行甚至直接指派本单位员工进入村镇银行担任村镇银行重要管理人员。其次是在村镇银行的业务经营中，也存在着主发起行越位指导、过度干预村镇银行的情况。在主发起行的强势干预下，某些村镇银行甚至对于具体的业务开展都没有起码的自主权。

不少村镇银行自身定位模糊，自主权和决策权常因主发起行的侵夺而丧失，沦为主发起行在农村地区的分支机构或业务网点。这样一来，村镇银行不仅无法体现出自己处于农村金融市场第一线的优势，还会受制于主发起行的干扰和桎梏。这既使村镇银行业务经营缺乏创新和活力，还可能影响村镇银行经营业绩。“长期互动观”（The Long-term Interaction View）认为中小金融机构具有社区性的特点，使得这些金融机构能够较多地了解自己所服务的资金需求者，因此能够比较有效地规避信息不对称所造成的风险。主发起行多为商业银行，对于农村金融市场的情况并不了解，主发起行的指导可能造成村镇银行经营决策失误，降低其经营绩效，影响村镇银行的持续发展能力。

① 杨佼：《民企失望推出，掀起村镇银行股权转让潮》，载于《第一财经日报》2012年11月23日。

（五）主发起行制度还影响了村镇银行的资金获取能力，阻碍了村镇银行的业务创新和功能发挥

村镇银行处于农村金融市场的最前沿，直接面对着广大的农村储户和企业，应当说对其获取资金具有不小的优势。但现实中，不少村镇银行在获取资金方面仍然面临着不小的压力。一方面，农村地区长期以来只有农村信用合作社和中国邮政储蓄银行两种金融机构，农户和小微企业在选择存款、储蓄等金融服务时具有一定的行为惯性，这给村镇银行的资金获取业务制造了不小的障碍。另一方面，主发起行制度对村镇银行的资金获取能力也施加了一定的制约。首先，主发起行制度下，主发起行对村镇银行的控制渗透到人员和业务经营中，在资金趋紧的金融环境下，村镇银行必须严防主发起行通过各种隐性渠道占用、挪用村镇银行的资金。其次，村镇银行业务上接受主发起行指导，但商业银行长期以来的揽储、理财等获取资金的方式可能并不适合农村金融市场。不少商业银行的传统获取资金方式具有一定的局限性，尤其是一些不恰当的规定可能干扰农村地区的生产生活。主发起行制度强调了村镇银行应向主发起行学习先进的经营与管理经验，却不利于村镇银行在农村金融市场因地制宜地创新资金获取方式。这是村镇银行的资金获取能力未能充分发挥的重要原因。

当前主发起行制度及其导致的股权结构异化，不利于村镇银行的空间合理布局，限制了金融资源的均等化配置。此外，这一制度还可能打击民间资本参与村镇银行建设的积极性，阻碍村镇银行公司治理水平的提高，抑制村镇银行优势和潜力的发挥。基于此，笔者认为主发起行制度限制了村镇银行的发展，是造成村镇银行当前发展“瓶颈”的重要原因。

四、路径之一：改革主发起行制度

主发起行制度为村镇银行的发展带来一定的制约，这不仅只是学界的讨论和思考，监管者在一定程度上也意识到了这一问题。2014 年 12 月 12 日银监会出台了《关于进一步促进村镇银行健康发展的指导意见》，明确提出要“合理设置新设立村镇银行的股权结构”。同时，银监会在意见中还鼓励主发起行降低持股比例，提高民间资本参与度。这意味着监管层也注意到了主发起行制度的不合理之处，隐约间已经主动将改革主发起行制度的工作提上了日程。

制度变革，可以坚持渐进式改革的思路，即在继续坚持主发起行制度的

前提下，对主发起行制度进行有针对性的调整，使得主发起行制度能够更好地促进村镇银行的发展。主发起行制度及其所导致的股权结构异化是制约村镇银行发展的重要障碍，为了村镇银行的良好、持续、健康发展，改革村镇银行自然也应该致力于改革主发起行制度。

（一）因地制宜地设立主发起行准入标准，鼓励优质的主发起行在中西部地区发起设立村镇银行

首先，制度设计中应当根据区域差异有差别地设立准入标准。中西部地区金融服务供给长期不足的现状有其深层次的原因，政策导向也并不足以改变当地的经济现实和资源现状。基于当地的经济社会条件，银行机构在中西部地区设立村镇银行的主观意愿并不强。正因为如此，对于愿意来这些地方发起设立村镇银行的银行机构，制度设计中理应给予一定的政策优待。而且，这样的优待政策不能是一时的，还应该在制度设计中体现出来加以明确和固定。当然这并不意味着，为了在中西部地区发起设立村镇银行就放松监管。确切地说，是在风险可控的前提下，给予愿意在中西部地区设立村镇银行的主发起行适当的政策便利。

其次，筛选优质主发起行，鼓励优质主发起行在中西部地区设立村镇银行。优质主发起行应当具有雄厚的资金实力、先进的经营理念和管理方式，还要熟悉农村金融市场。同时，优质的主发起行发起设立的村镇银行也应当经过市场检验，已经形成了一整套先进可靠的指导经验和理念。引导优质的主发起行在中西部地区发起设立更多的村镇银行，具体的方式可以是多样的。例如，在中西部地区设立一家优秀的村镇银行，可以允许该主发起行在竞争激烈的东部地区再新设一定数量的村镇银行；抑或在业务指导上，对优质的主发起行给予一定的优待等。

总之，为了弥合村镇银行发展的空间失衡，促进金融资源在区域间合理配置，在主发起行的制度设计中，应当通过有效的激励措施鼓励愿意在中西部地区发起设立村镇银行的主发起行，尤其是要注意引导优质的主发起行去中西部地区设立村镇银行。

（二）降低主发起行持股比例，增加民间资本的参与空间，在坚持主发起行制度的前提下鼓励村镇银行形成多元化股权结构

合理设置村镇银行的股权结构，尤其是调整主发起行持股比例，是改革主发起行制度的重要方向。村镇银行股权高度集中于主发起行所形成的股权结构异化，极大地限制了村镇银行的发展潜力与空间。优化股权结构既要合

理确定主发起行的持股比例，又要增加民间资本的参与空间。一方面，合理确定主发起行的持股比例，有助于村镇银行按照现代经济要求提高、改善公司治理水平，尽可能避免出现主发起行“一言堂”的情况。另一方面，降低主发起行持股比例，给民间资本更大的参与空间，才能鼓励更多社会资本参与到村镇银行的建设中来。

合理确定主发起行的持股比例，需要对主发起行设立持股上限。现有的主发起行制度，仅仅对主发起行规定了最低持股比例，这样的规定纵容了主发起行凭借控股地位干预、操控村镇银行。因此，改革主发起行制度还需要对主发起行持股设上限，以免村镇银行被主发起行高度控股。与此同时，为了保证股权多元化，对单个投资者的持股限额应当继续坚持。对非主发起行的其他投资者的持股比例进行限制，对于丰富投资主体有着特殊意义，有助于最大限度利用社会资金来发展、支持村镇银行。

在村镇银行的内部管理机制中，设立有效制度保护中小投资者利益也很有必要。民间资本在村镇银行的股权结构中占比不高，只是村镇银行的中小投资者。但为了充分利用民间资本来发展村镇银行，形成合力共同纾解农村地区金融供给紧张困局，有必要设立专门的保护制度，保障中小投资者合法权益。尤其应当注意避免主发起行凭借股权结构的优势地位侵夺中小投资者权益。只有中小投资者利益得到有效的保障，民间资本投资入股村镇银行才能无后顾之忧，积极投入到村镇银行的建设中来。

（三）引导主发起行正确履行其责任、义务，限制主发起行对村镇银行的过度干预行为

引导主发起行正确处理与村镇银行的投资关系，鼓励、支持主发起行履行责任、义务，这是制度设计和监管者长期以来的基本态度。现有主发起行制度下，主发起行往往凭借其控股地位所形成的影响力，对村镇银行的人员管理和业务经营进行粗放式管理和指导。这不仅阻碍了村镇银行自身优势的发挥，还不利于主发起行厘清自身责任。根据规定，主发起行对自己所发起设立的村镇银行并表管理，监管层将村镇银行纳入主发起行的监管体系之下。[①] 这不仅是出于监管便利的考虑，还是基于主发起行过度控股村镇银行的现实所采取的必要措施。改革主发起行制度，主发起行厘清自身责任、正确履行其义务，主发起行与村镇银行的风险相关性降低，这样的情况下有关规定自然也会进行修改。

对主发起行过度干预村镇银行的行为也要引起重视，村镇银行的制度设

① 有关并表管理的规定见于《关于进一步促进村镇银行健康发展的指导意见》（银监发〔2014〕46号），以及《关于印发商业银行并表管理与监管指引的通知》（银监发〔2014〕54号）。

计中，应该明确主发起行的“行为清单”。尤其是，村镇银行有必要在人员、组织上与主发起行保持相对独立，以确保村镇银行能够独立自主地进行业务经营决策。主发起行对村镇银行的人事指导，应当限于人员选拔和规范性培训，以更好利用主发起行良好的人事管理经验，为村镇银行的经营队伍提供助力和支持。主发起行制度对村镇银行的抑制作用，主要是通过主发起行的控股地位传导至村镇银行的经营过程。根据现阶段反映出的问题，对主发起行的行为进行限制很有必要。规范主发起行行为，也可有效提高主发起行制度的制度绩效。

（四）根据主发起行不同阶段的角色差异，建立动态、有效的退出、替换机制

针对主发起行在村镇银行不同发展阶段的角色差异，设计主发起行的退出、替换机制，这对于完善主发起行制度非常必要。主发起行制度已经实行多年，除了要在新设的村镇银行中合理设置股权结构，限制主发起行过度持股外，还需要对已经形成的现状进行调整。创新主发起行的退出渠道和替换机制，实际上就是提供一个平台，让主发起行将所持有的村镇银行股份转让，实现投资获利。主发起行在村镇银行设立之初就投入了一定的资源，在主发起行退出时应当得到合理适当的补偿。银监会的《关于进一步促进村镇银行健康发展的指导意见》中，也提出支持符合条件的商业银行收购其他村镇银行主发起行的全部或部分股权，成为村镇银行新的控股股东。在收购的过程中应当强调坚持“市场化”，根据市场定价，有助于给予主发起行合理的投资回报。

此外，一个有序运行的主发起行退出、替换机制，也可以促进主发起行的良性循环。一些主发起行对农村金融市场缺乏必要的了解，业务指导理念也存在偏差，继续指导村镇银行业务不仅可能限制村镇银行的发展，还可能导致自身经营状况的恶化。对于这样的主发起行，应当提供市场化的退出方案。银监会的态度也非常明确——“支持村镇银行调整主要股东”，支持商业银行“通过认购新股、受让股权和并购重组等方式，规模化、集约化收购其他村镇银行主发起行的全部或部分股权，成为村镇银行新的主要股东”。[①]

既然允许根据不同阶段的特点，对主发起行进行调整，那么也应当思考利用资本市场，实现村镇银行股权的自由交易，促进村镇银行股权结构动态化发展。近些年来，我国资本市场建设不断取得新成果，除创业板可以为村镇银行提供上市机会外，还可以利用全国中小企业股份转让系统（即“新三

① 有关规定参见《关于进一步促进村镇银行健康发展的指导意见》（银监发〔2014〕46 号）。

板”）和地区性的股权交易所来进行交易。通过市场化定价，使村镇银行的价值得到发现，利用市场手段促进主发起行制度的合理优化。2015 年 8 月 12 日，昆山鹿城村镇银行在全国中小企业股份转让系统成功挂牌，成为全国首家登陆“新三板”的村镇银行，开创了村镇银行进入资本市场的先河。[①] 随着村镇银行的发展，村镇银行成为主板市场的重要概念题材，目前在沪深 A 股市场出现了村镇银行概念股。[②] 这也反映了市场对改革主发起行制度，推动村镇银行实现进一步发展的良好市场预期。此外，其他的渠道也应当积极探索，总之就是要创新机制，探索建立动态、有效的主发起行退出、替换机制。

改革主发起行制度，促进主发起行制度的合理优化，正是当前监管层逐步推动的一项重要工作。一方面，坚持主发起行制度是监管层所秉持的态度，村镇银行的实践也在一定程度上说明了主发起行制度的有效性。另一方面，主发起行制度中的不合理部分也应该在问题显现后，得到及时的调整和解决，这主要是主发起行持股比例过高，及其导致的村镇银行股权异化问题。改革主发起行制度，是村镇银行发展历程中的重要一步，对于今后我国村镇银行的持续发展有着重要意义。

五、路径之二：村镇银行制度创新、实行商业特许制

改革主发起行制度并非是解决当前村镇银行发展“瓶颈”的唯一选择，创新村镇银行设立方式，商业特许制也是一种值得尝试的方向。商业特许是指拥有优势经营资源的企业（特许人），以合同形式将其拥有的经营资源许可给其他经营者（被特许人）使用，被特许人按照合同约定在统一的经营模式下开展经营，并向特许人支付特许经营费用的一种经营方式。[③] 究其本质，这是一种适应现代经济要求的商品、服务分销方式。虽然商业特许制已经在许多领域中得到了应用，但是在我国还不存在将商业特许制应用于银行业的案例。

我国银行业长期置于严格监管之下，这不仅体现在新的银行类金融机构牌照获取难度大，还体现在银行类金融服务的制度排斥。任何非银行机构、

---

① 参见中国银行业监督管理委员会网站《昆山鹿城村镇银行成为全国首家获批在“新三板”上市的村镇银行》，http：//www. cbrc. gov. cn/jiangsu/docPcjgView/3151428281424EFD82ACB7BAEC61FA3F/08. html，2018 年 1 月 13 日访问。另见徐绍峰：《小型农金机构为何青睐“新三板”》，载于《金融时报》2017 年 9 月 14 日。

② 中金在线：《村镇银行概念股一览》，http：//news. cnfol. com/touzineican/20140422/17652790. shtml，2018 年 1 月 13 日访问。

③ 《商业特许经营管理条例》，http：//www. gov. cn/zwgk/2007 －02/14/content_527207. htm，2018 年 1 月 13 日访问。

个人经营存款业务都将因触犯非法吸收公众存款罪而受到刑法的严厉惩处，任何非银行机构、个人从事贷款业务都将成为无法得到法律充分保障的民间借贷加以抑制。银行长期处于制度的过度呵护下，依靠存贷利差即可获得巨额利润。因此，银行业的金融创新进展缓慢，将商业特许制应用于银行业更被视为不可思议。

国际上，存在将商业特许制应用于银行业的先例。澳大利亚的 Bendigo 社区银行，便是银行业实行商业特许制的成功样本。[①] 关于 Bendigo 银行，柴瑞娟（2017）已做了非常精彩的讨论，在她的研究中通过 Bendigo 银行的成功，展望了商业特许制应用于村镇银行的前景。[②] 采用商业特许制设立的社区银行与传统的银行设立方式差异巨大，能够有效利用社区资金，也能明确社区银行的地位。

可以说，相较于我国目前在村镇银行中实行主发起行制度所带来的问题，或许采用商业特许制能够更加有效地适应农村金融市场的实际，推动村镇银行实现新发展。关于可行性的问题，已有研究从设立背景和设立目的契合角度，成功地论证了用商业特许制替代主发起行制度的可行性。从创新村镇银行设立方式的角度来看，商业特许制不失为一条值得尝试的道路。当然也必须认识到，在我国的村镇银行中实践商业特许制仍然存在不小的障碍。

（一）创新村镇银行设立方式，采用商业特许制来替代主发起行制度必须面临制度抑制的压力

我国的法律环境与澳大利亚相比还存在较大的差异。一个基本的事实是：两个国家分属大陆法系和海洋法系。尤其是，尽管《商业特许经营管理条例》并没有禁止银行业采用商业特许制，但中国在事实上并不存在“法无禁止即可为”的法治惯性。在没有获得法律授权的情况下，对银行业进行商业特许制尝试很难获得监管机构的批准，拿不到金融牌照在中国金融市场就意味着必须面临无法开业的尴尬境遇。

商业特许制运用到村镇银行还要等待监管机构的态度调整，至少要得到监管层的默许或试点才有可能开展，这本来就是一个不小的挑战。尽管当前监管层也意识到主发起行制度的运行给村镇银行造成了不小的困难，但是一个基本的态度仍是在坚持主发起行制度的前提下，调整主发起行持股比例，完善主发起行制度。虽然允许主发起行转让持有股权，但主要还是鼓励经营

① 参见 About Community Bank，https：//www. bendigobank. com. au/public/community/community-banking/about-community-bank，2018 年 1 月 13 日访问。

② 柴瑞娟：《银行商业特许经营：模式创制及其本土化移植——以澳大利亚 Bendigo 社区银行为借鉴对象》，载于《山东大学学报》（哲学社会科学版）2017 年第 4 期。

质量较好的商业银行接盘，第一大股东或控股股东还得是银行机构。而从小额贷款公司转制成村镇银行，也以有主发起行为先决条件。这更是传递了监管层对主发起行制度的坚持，这也是监管者对于主发起行制度的原则性态度。因此，在村镇银行中尝试商业特许制，仍然存在不小的制度阻力。

（二）将商业特许制运用到村镇银行中来，还需要面临特许经营可能导致的特许授权人承担的隐性担保问题

银行业长期以来被严格监管，其浓厚的国有色彩使得民众对银行业的认识普遍停留在“银行是国家的”这种观念上，其背后隐含的是国家信用对银行信用的背书。包括原国有五大行在内的众多银行经历过股份制改革，都明确了股权归属，建立起了现代公司治理机制。事实上，目前中国的银行业中，除政策性银行等少数一些国有银行外，其他几乎都是混合所有制银行，并非传统意义上的国家所有。但民众对于银行的信任，实际上仍是基于国家信用的隐性担保。

实行商业特许制，村镇银行作为被授权人，与授权行之间可能因为村镇银行与授权人共用商标、广告、字号等，导致授权行承担对村镇银行的隐性担保。这种担保成本将会增加商业特许制的使用成本，成本增加极有可能降低商业特许制的制度绩效。此外，村镇银行的实际经营者也可能由于特许人的隐性担保而无后顾之忧，采取一些高风险经营策略，使得金融风险陡然增加。

（三）将商业特许制运用到村镇银行中，村镇银行运营中的风险防控问题也必须得到重视

村镇银行地处农村金融市场，其规模小、资金能力有限的短板并不会因实行商业特许制而得到任何实际改变。银行业作为金融业的重要内容，高风险是其最显著的特征之一。因此，无论采用何种设立制度，风险防控对于村镇银行都有着重要意义。

村镇银行作为农村金融市场的重要成员，其服务对象和业务开展都很有特点，能够因地制宜地采用灵活的经营方式是其重要优势。但构建一套完整有效的风险防控体系，一方面可能抑制村镇银行的经营效率；另一方面也可能因为成本巨大使得村镇银行难以承担。一是严格的风控体系本身就会牺牲经营效率，降低村镇银行的经营活力；二是农村金融市场有其独特性，寻找一套适合村镇银行的风控体系难度不小。即便能够探索出适合村镇银行的风控机制，其建设、运行和维护成本可能极大地增加村镇银行的经营成本，限制村镇银行的发展潜力。

国际上，类似的金融机构也面临着同样的困难，孟加拉国的格莱珉银行就是其中之一。格莱珉银行的服务对象主要是该国大量的贫困人口，财务状况差、还款能力低是贫困人群的主要特点。格莱珉银行除了传统的对象调查外，还通过建立互助小组，小组成员为借贷者提供信用担保的方式，来降经营活动可能面临的信用风险。这种信用担保可以通俗地理解为“连坐”，但是有别于担保的连带责任，小组成员的不需要负责偿还借贷者未能清偿的贷款。[①] 值得一提的是，这种风控机制下，格莱珉银行的信用风险有效降低，根据 2017 年 9 月格莱珉银行公布的数据，该行的贷款收回率高达 99. 12% 。[②]

遗憾的是，根据我国的实践来看，格莱珉模式似乎并不适用于中国。[③] 一种更加现实可行的方案，是将村镇银行融入授权行的风控体系中。授权行大多是经营多年的商业银行，市场和监管机构都对风险防控提出了很高的要求，因此授权行拥有非常完备、运行多年的分控机制。与其可能费力不讨好地重构村镇银行的风控体系，还不如依靠授权行良好、有效的风控机制。而且，授权行与村镇银行共用商标、字号等标识，也完全可以将村镇银行纳入主发起行的风控体系。村镇银行使用授权行的风控体系，授权行的成本也会相应增加。授权行收取村镇银行授权费自然应当覆盖这部分成本，以体现对使用授权行这一资源的补偿。然而，授权费的增加有可能增加村镇银行的经营成本，还可能导致村镇银行的独立性遭到授权行的侵夺等新问题。

现实中，在村镇银行中实践商业特许制，可能还会存在更多的问题和困难。但将商业特许制运用于村镇银行，仍然拥有相当不错的前景。首先，村镇银行作为一个新事物，在中国经历着从无到有的过程，将其称作“摸着石头过河”再合适不过。这个过程中，没有现成的方案可供执行，这本来就是一个需要不断摸索和尝试的过程。其次，虽然可能面临各种困局，但由于村镇银行本身规模不大，影响区域也比较有限，所以把商业特许制作为破局之策，其试错成本并不会太过巨大。即便试点效果不佳，其不良后果也不大可能达到影响整个农村金融市场稳定发展的程度。最后，商业特许制应用于国外社区银行取得的良好成果，已经说明这一方案对于建设村镇银行这类社区行金融具有非常独特的价值。因此，将商业特许制运用于村镇银行尚面临着不少困难，但这些困难并不足以影响商业特许经营制的可行性，“办法总比困难多”，现实障碍和困难并不能成为阻碍制度创新的借口。

---

① 阿西夫·道拉、迪帕尔·巴鲁阿：《穷人的诚信：第二代格莱珉银行的故事》，中信出版社 2007 年版。

② Monthly Reports 09 – 2017，http：//www. grameen-info. org/monthly-reports – 09 – 2017/，2018 年 1 月 1 日访问。

③ 新浪网：《格莱珉银行模式水土不服在华 22 年仅 1 项目存活》，http：//money. 163. com/15/1026/01/B6QMOJJA00253B0H. html，2018 年 1 月 1 日访问。另见财新网：《格莱珉银行真相及中国农村金融之痛》，http：//opinion. caixin. com/2015 – 10 – 21/100865111. html，2018 年 1 月 1 日访问。

六、结论和建议

改革农村金融市场，已经得到了金融深化理论的支持。践行普惠金融理念，丰富农村地区金融服务供给，缩小城乡区域金融产品和服务差异，不仅是当前金融发展的重要主题，还是中国经济发展的一项重要方案。我国适时推出村镇银行这一制度安排，正是解决农村金融供给不足、发展农村经济、建设普惠金融的重要举措。由于主发起行制度及其引致的股权结构异化问题，导致了目前村镇银行运行出现了不少问题，村镇银行的发展面临着较严重的瓶颈。为了村镇银行的持续深入发展，调整主发起行制度势在必行。

具体而言，是采用渐进式改革还是进行激进式创新，即改革主发起行制度还是以商业特许制替代主发起行制度，是本文讨论的核心。一般而言，前者成本小但进步慢，后者虽然力度大，但制度创新不确定性也大、风险偏高。本文从制度经济学和发展经济学视角，对两种改革方案的利弊进行了分析。村镇银行所凸显的矛盾实质，恰是当前中国经济发展面临的比较突出的民间资本和农村金融如何结合的问题，“二选一”式非此即彼的思维模式可能不足以解决所有问题。而面对这样的困局，或许可以改革和创新双管齐下，齐头并进，相互激活。这样村镇银行这一新型农村金融机构，才可能迸发出更大的发展活力和拓展更为宽阔的发展空间。

参考文献

1. 温铁军：《中国农村基本经济制度研究》，中国经济出版社2000年版。

2. 温铁军、姜柏林：《把合作金融还给农民——重构“服务‘三农’的农村金融体系”的建议》，载于《农村金融研究》2007年第1期。

3. 周立、王子明：《中国各地区金融发展与经济增长实证分析：1978～2000》，载于《金融研究》2002年第10期。

4. 周立、周向阳：《中国农村金融体系的形成与发展逻辑》，载于《经济学家》2009年第8期。

5. 周立：《农村金融市场四大问题及其演化逻辑》，载于《财贸经济》2007年第2期。

6. 周天芸：《中国农村二元金融结构研究》，中山大学出版社2004年版。

7. 周天芸、李杰：《农户借贷行为与中国农村二元金融结构的经验研究》，载于《世界经济》2005年第11期。

8. 周小川：《关于农村金融改革的几点思路》，载于《经济学动态》2004年第8期。

9. 何广文、冯兴元：《农村金融体制缺陷及其弥补的路径选择》，中国青年农业经济学者年会，2004 年。

10. 杜晓山：《农村金融体系框架、农村信用社改革和小额信贷》，载于《中国农村经济》2002 年第 8 期。

11. 杜晓山：《小额信贷的发展与普惠性金融体系框架》，载于《中国农村经济》2006 年第 8 期。

12. 焦瑾璞：《构建普惠金融体系的重要性》，载于《中国金融》2010 年第 10 期。

13. 赵志刚、巴曙松：《我国村镇银行的发展困境与政策建议》，载于《新金融》2011 年第 1 期。

14. 谢地、李冠华：《村镇银行贷款“脱农化”问题亟待解决》，载于《经济纵横》2011 年第 4 期。

15. 徐瑜青、周吉帅、刘冬：《村镇银行问题调查与研究》，载于《农村经济》2009 年第 4 期。

16. 何颖媛：《我国村镇银行脆弱性的测度及成因分析》，2013 年中南大学博士论文。

17. 熊德平、陆智强、李红玉：《农村金融供给、主发起行跨区经营与村镇银行网点数量——基于中国 865 家村镇银行数据的实证分析》，载于《中国农村经济》2017 年第 4 期。

18. 李红玉、熊德平、陆智强：《村镇银行主发起行控股：模式选择与发展比较——基于中国 899 家村镇银行的经验证据》，载于《农业经济问题》2017 年第 3 期。

19. 吴加居：《加强农村合作银行主发起村镇银行管理和服务研究——以龙湾农村合作银行为例》，载于《浙江金融》2009 年第 8 期。

20. 李镇西：《发挥主发起行作用　促进村镇银行科学发展》，载于《内蒙古金融研究》2009 年第 2 期。

21. 李晓春、崔淑卿：《我国村镇银行建设进展缓慢的原因及对策》，载于《经济纵横》2010 年第 3 期。

22. 柴瑞娟、马一：《村镇银行主发起银行制度存废之辩》，载于《经济法论丛》2014 年第 1 期。

23. 柴瑞娟：《银行商业特许经营：村镇银行主发起行制之替代路径选择》，载于《武汉大学学报》（哲学社会科学版）2014 年第 4 期。

24. 柴瑞娟：《银行商业特许经营：模式创制及其本土化移植——以澳大利亚 Bendigo 社区银行为借鉴对象》，载于《山东大学学报》（哲学社会科学版）2017 年第 4 期。

25. 柴瑞娟：《普惠金融视角下的银行商业特许经营：模式创制、制度解构与移植路径》，载于《法学评论》2017 年第 5 期。

26. Mckinnon R I, 1974, "Money and capital in economic development", Washington, MA: Brookings Institution.

27. Newlyn, W T, and Shaw E S, 1973, "Financial Deepening in Economic Development. ", *Economic Journal*, 84 (333): pp. 227.

28. Fry MJ, 1980, "Money and Capital or Financial Deepening in Economic Development?", *Money & Monetary Policy in Less Developed Countries*, 10 (4): pp. 107 –113.

29. Fry MJ, 1988, Money, interest, and banking in economic development, Baltimore, MA: Johns Hopkins University Press.

30. Stiglitz JE, and Weiss A. , 1981, "Credit Rationing in Markets with Imperfect Information", *American Economic Review*, 71 (3): pp. 393 –410.

31. Banerjee AV, Besley T. , and Guinnane TW, 1993, "Thy Neighbor's Keeper: The Design of a Credit Cooperative with Theory and a Test", *Quarterly Journal of Economics*, 109 (2): pp. 491 –515.

32. Ghatak S. 2007, "Rural credit and the cost of borrowing: Interstate variations in India", *Journal of Development Studies*, 13 (2): pp. 102 –124.

33. Banerjee AV, . Gertler PJ, and Ghatak M. , 2002, "Empowerment and Efficiency: Tenancy Reform in West Bengal", *Journal of Political Economy*, 110 (2): pp. 239 –280.

34. Quidt JD, Fetzer T. , and Ghatak M. , 2016, "Group lending without joint liability", *Journal of Development Economics*, 121: pp. 217 –236.

35. Chowdhury PR, 2005, "Group-lending: Sequential financing, lender monitoring and joint liability", *Journal of Development Economics*, 77 (2): pp. 415 – 439.

36. Gine X. , Karlan D. , 2014, "Group versus individual liability: long term evidence from Philippine microcredit lending groups", *Journal of Development Economics*, 107 (1): pp. 65 –83.

37. Patrick HT, 1980, "Financial Development and Economic Growth in Underdeveloped Countries", *Money & Monetary Policy in Less Developed Countries*, 14 (2): pp. 37 –54.

38. Jeffrey W. , 2000, "Financial markets and the allocation of capital", *Journal of Financial Economics*, 58 (1 –2): pp. 187 –214.

39. Yunus, Weber, 2012, Building Social Business: The New Kind of Capitalism That Serves Humanity's Most Pressing Needs Prima Practices & Research in Marketing, 5 (3): pp. 373 –375.

40. Byrne G. , Rogers M. and Jobling E. , 2005, "Community banks in Australia: an innovative approach to social and economic wealth creation?", *International Journal of Entrepreneurship & Innovation Management*, 56 (5): pp. 495 - 507.

Influences of the Main Initiated Bank Institution on the Current Development of the Village Bank and Countermeasures

—From the Perspective of Institutional Analysis

YANG Zhi　SUN Shengmin

(Center for Economic Research, Shandong University, 250100)

[**Abstract**] Currently, inclusive finance has been sinking deep into the hearts of people. In order to improve the level of financial services in rural areas, Chinese government has timely implemented the policy of village bank. During the past ten years, the village bank has encountered many problems, which is mainly due to the alienation of the ownership structure caused by the main initiated bank institution. Therefore, it is necessary to reform and innovate the main initiated bank institution. This paper hackles problems of development of the village bank caused by the main initiated bank institution, and propose two feasible paths: reforming the main initiated bank institution, or innovating institution, that is, replacing the main initiated bank institution with commercial franchise institution. Moreover, this paper discusses the specific content of the two paths, and wishes it can help village bank out of development dilemma.

[**Key Words**] Inclusive Finance　Village Bank　The Main Initiated Bank Institution

JEL Classifications: O13　P11　Q14

政府推动语言国际传播的共性：坚持与改变*

王海兰　宁继鸣**

【摘　要】语言国际传播是政府治理公共事务，维护国家利益的重要内容和手段，也是全球化时代一国践行国际道义的重要方式和路径。政府是推动语言国际传播的重要主体和支撑力量。梳理各国政府推动语言传播的历史发现，各国政府基本坚持了传播战略上的明确性和一致性，传播策略上的适应性与相对灵活性，传播范围上国际传播与国内传播的内外联动性，同时顺应国际形势变化和时代发展需求，在传播基础、传播理念和传播方式上进行不断调整。

【关键词】语言国际传播　汉语国际传播　政府

中图分类号：F069　文献标识码：A

一、引　言

语言传播，"指A民族（包括部族）的语言被B民族（包括部族）学习使用，从而使A民族的语言传播到B民族"（李宇明，2007），即一种语言使用范围的扩大和使用人口数量的增长。在不同视角下，语言传播可分为不同类型。从传播范围来看，语言传播分为国内传播和国际传播。从是否存在明确的传播主体以及传播主体是否以传播语言为目的，并采取语言传播行动来

* 本文是国家语委语言文字科研项目优秀成果后期资助2016年度项目"语言、语言规划与经济发展：一个理论分析框架"（HQ135－3）阶段性成果。

** 王海兰，经济学博士，中国语言文学博士后，广州大学人文学院、广州大学语言服务研究中心讲师，地址：广东省广州市广州大学城外环西路230号（510006），E-mail：hlwang0916@126.com。宁继鸣，山东大学国际教育学院教授，博士生导师，地址：山东省济南市山大南路27号山东大学国际教育学院（250100），E-mail：jmning@sdu.edu.cn。

看，语言传播可分为自发语言传播和人为语言传播。自发语言传播是指伴随移民和商贸等人类行为产生的语言接触所带来的语言扩散。人为语言传播是人类所采取的一种有组织、有目的、有计划的语言传播行为，也称为语言推广。一种语言的传播究竟是其自发性力量作用的结果，还是人类有意识干预的结果，对此有两种不同的声音。以菲利普森为代表的一种观点强调国家的语言推广行为对语言传播的重要性，指出英语在全球范围内的传播得益于英国和美国等英语国家所采取的一系列积极的对外英语推广举措，是一种语言领域的“帝国主义”。英国语言政策和语言规划学者苏·赖特以法国政府对外推广法语但仍无法阻挡法语相对于英语国际地位的衰落为例，指出“当一种通用语正广泛传播时，政府部门没有必要去倡导它，而当该语言使用人数减少时，立法来控制这种减少也不可能达到目的”（苏·赖特，2012），强调语言传播具有自发性，如果一种语言具备成为通用语言的政治、经济、文化等因素，就会得到广泛使用和传播，反之，也没有什么政治行为能够复制这些因素，认为政府行为在语言传播中是收效甚微的。

一种语言能否传播，传播到什么程度，取决于多种复杂因素的综合作用。人类语言版图的形成与改写，既是语言自发性演变的结果，又都带有人为干预的痕迹。综观世界主要语言的传播，可以发现各国政府所采取的语言传播政策和措施，有成功案例，但也不是总能奏效，有时甚至会适得其反，与预期目标背道而驰。尽管如此，各国政府致力于本国语言对外传播的想法和行为从未停止。随着人类进入全球化和信息化时代，语言在国家综合实力中重要性的日渐凸显，各国政府对外推广本国语言的努力在不断强化。这是由政府职能和语言及语言政策的公共产品属性决定的。政府的重要职能是解决公共事务，特别是那些依靠单个个体无法解决，但又关系到公共利益的事务，其中最核心的就是提供公共产品。语言的使用具有非竞争性和非排他性，一个人使用某种语言不仅不会损害他人利益，还会提高其他使用者的收益，同时人们也很难阻止他人使用某种语言。语言以及语言推广与传播都具有公共产品性质（张卫国，2008；王海兰、宁继鸣，2015），政府理所应当应在其供给中发挥重要作用。研究语言传播中的政府行为对于语言传播也就具有了重要意义。

国内已有学者关注了政府采取的语言传播政策，以及语言传播中政府的重要性。如周庆生（2003）对语言传播政策进行国别介绍；张西平、柳若梅（2008）指出政府的重视与投入是语言对外推广的重要保障；郑梦娟（2009）比较分析了英国、日本等 8 国政府的语言传播政策、法律和措施；王海兰和宁继鸣（2016）介绍了各国政府参与本国语言推广机构建设的共性特征等。但这些成果对政府在语言传播中共同经验的分析还不够深入。汉语国际传播是中国全方位“走出去”的重要组成部分，但如李宇明先生指出的“我国处理现代语言传播的经验十分不足，理性思考也相当欠缺。全面观察语言传播现象，深入探讨语言传播规律，按照语言规律做好语言传播规划，已成为国家发展不容忽视、懈怠的社会课题”（李宇明，2007），“认真梳理总结‘西方国家语言传播的历史与经验’是我们汉语向外传播和传播过程中必须做的一项基础性研究工作”（张西平，2011）。在引荐西方国家的语言推广和传播实践与经验为汉语国际传播提供服务方面，国内学者已做了很多工作，形成诸多论著，如张西平（2006）、吴坚（2013）、王建勤（2015）等。这些成果是我们了解国外的语言传播政策与实践知识的重要来源，但其大多为国别政策的描述性介绍。政府是语言传播的重要主体，各国都积累了丰富的实践。本文希望在对英、法、美、西、俄、日、韩等国政府推动语言国际推广与传播的行为进行历史比较和国际比较的基础上，总结梳理一些共性特征，找出政府在推动语言传播中的那些变与不变的理念、原则与行为选择，以期为我国政府开展汉语国际传播提供启示与借鉴。

二、政府推动语言传播的共性之一：坚持三个不变

（一）传播战略：坚持明确性和一致性不变

综观世界主要国家的语言国际传播历史，不难发现各国都始终如一地将语言传播作为服务于国家发展和国家利益的重要手段，在语言国际传播战略上都表现出明确性和一致性。所谓明确性就是明确语言传播对国家建构和国家全方位发展的重要性，将其纳入国家战略的整体框架。所谓一致性，就是强调语言传播在国家发展中的战略定位不变，始终服务于国家利益。利益是国家行为的逻辑起点。语言是人类最重要的交际工具，是重要的文化载体和文化符号。“语言强则国强”，一种语言的推广与传播将对一国的政治、经济、文化等方面产生全方位的积极影响，一种语言的强势能给国家的发展产生持久推动作用。大规模且影响深远的语言国际传播当属西班牙、英国和法国等老牌资本主义国家的海外殖民扩张，其产生的根本动因在于国家利益的需要，即为巩固和扩大殖民疆域，服务于国家的政治扩张和文化扩张。到近代，除了老牌资本主义国家外，新兴的经济强国也加入语言国际推广行列，尽管在推广手段和推广方式上有所改变，但是语言传播的最终目的仍然是服务于国家利益，主要体现为经济利益、外交利益和文化利益。不同国家在不同发展阶段因对国家发展目标和国家利益定位的不同，其所追求的语言国际传播的具体目标和直接目标有所差异，但其服务于国家发展和国家利益的终

极目标却高度一致，并且始终如一。如英国早期的英语推广是为殖民统治服务，而第二次世界大战后其推广的直接动力来自经济贸易和外交的需求，但无论是殖民扩张，还是经济发展和外交需求，都可以归于为国家发展和国家利益服务。语言国际传播直接动因的这种差别主要是由国家发展的目标和国家利益的构成在不同阶段有不同的表现形式而造成。由于各国无一例外地将语言国际推广与国家发展与国家利益相捆绑，并将其作为谋求国家利益的重要手段，因此各国都将语言国际推广纳入国家战略发展框架，从国家层面予以推动。尽管有的国家在对外传播语言的重要性的认识上经历了一个过程，但随着国际形势的变化和对语言与国家利益关系认识的不断完善，目前世界上很多国家已经将语言国际传播纳入国家战略发展框架，重视程度空前。

（二）传播策略：坚持灵活性与适应性不变

在坚持语言国际传播服务于国家发展和国家利益这一大原则之下，各国政府根据国家实力和本国语言地位变化采取相对灵活的、具有适应性的语言国际传播策略，通过策略调整实现更好的传播效果。法国、俄罗斯和德国在这一点上表现尤为明显。法国对外传播法语的直接动因来自英语扩张对法语地位带来的冲击和挑战。第二次世界大战后，法语的国际地位被动摇，这种变化使得法国不仅改变了过去殖民扩张式的语言国际推广方式，同时采取了以保卫促推广，以“文化多元化”为口号的法语推广模式，这一模式既是法语相对英语作为“弱势语言”的防御性心理的表现，又体现了法国突出法语文化优势的策略选择，通过文化多元化这一容易为国际社会所认同和接受的理念来赢得他国的理解与支持。俄罗斯在苏联解体后，鉴于国家国际影响力的下降和俄语国际地位所受到的严重冲击，在对外俄语推广中由原来的依托政治实力进行自发传播的策略逐渐转变为制定主动、明确的语言国际推广方略，并根据国家发展需要来确定重点推广国家和区域。德国的语言国际推广理念和推广政策也是根据国家国际地位变化以及欧盟形势变化，经历了一种由自发到边缘再到重视的转变过程。但无论各国在语言传播策略上如何调整，其调整的根本出发点是为了达到更好的语言推广和文化传播效果，服务于国家利益。

（三）传播范围：坚持国际传播与国内传播联动不变

不同国家政府在语言传播中的另一个共性是，各国都始终坚持将对外语言推广与国内语言地位的确立同时推进，将语言国内传播与国际传播相结合，实现内外联动，特别是那些国内通用语言地位的确立面临冲击的国家，如美国、法国、俄罗斯等。美国是个多民族的移民国家，语言种类有几百种。美国的对外英语推广与国内对英语地位的确立和维护始终是并行的。在国内，美国的语言政策始终坚持为确立和维护英语为中心的语言一致性，打击和排斥其他语言服务；在国外，美国的语言推广战略是始终坚持对外推广英语是美国全球战略的一个重要组成部分，在政府机构和民间组织通力合作的基础上，制定强有力的法律法规为语言推广提供制度保障，并以其独特而卓有成效的方式向全世界推广“美式英语”（宁继鸣，2006）。法国同样采取了内外并进的语言战略：对内，主要是保卫法语的纯洁性，通过制定一系列法令、法规乃至法律，加强国内语言管理，督促国民使用法语，保障了法语商务经贸场合的使用；对外，通过多种举措维护法语的国际地位。俄罗斯的对外语言推广与国内俄语国语地位的确立和巩固始终并行推进，后者是前者的前提条件，在对外推广俄语之前，俄政府通过颁布一系列语言法令确保俄语的国语地位。这一点比较好理解，一种语言如果在国内的地位得不到认可，一定会对其海外传播带来阻碍。

三、政府推动语言传播的共性之二：遵循三个转变

政府推动本国语言对外传播是一项复杂的系统性活动，除了坚持传播战略上的明确性和一致性，传播策略的灵活性和适应性，国内传播和国际传播的联动性外，各国根据国际形势和本国国际地位变化，在不变中求“变”，主要体现在传播基础、传播理念和传播方式几个方面的转变。

（一）传播基础：从强调政治、经济与军事手段到追求政治、经济、文化、科技与军事的均衡综合实力的共同支撑转变

政府开展有组织、有计划、有目的的语言国际传播，需要以一定的条件和基础为支撑。世界范围内的语言国际传播实践明确表明：一个国家的综合实力是该国开展语言国际推广的决定性力量，一个没有强大综合实力的国家很难或者根本无法开展语言国际推广。国家的综合实力包括硬实力和软实力两种实力。任何一个国家在构成其国家实力的要素中，除了有形的、物质的力量外，的确还存在一种无形的、非物质的力量，“硬”“软”两实力始终是同时存在的，只是在不同时期，在不同国家两种力量的表现形式和所占权重不同。在国家实力的演变中，硬实力始终是构成一国综合实力的核心力量和基础力量，但软实力作为国家治理中的“柔性”力量一直是推动国家发展的另一种不可或缺的重要支撑。特别到了全球化时代，各国的发展越来越依赖

于国家良好国际形象的树立，一国的发展越来越需要得到他国给予的正面评价和肯定以获得更多理解、认同与支持时，软实力以一种普遍的社会存在强烈表征着国家的影响力和竞争力。到现在，提升国家软实力成为各国在新的国际环境下赢取国际地位的无可替代的重要途径。

伴随国家综合实力构成要素的转变，各国政府进行语言国际传播所依托的基础呈现从强调政治、经济与军事手段到追求政治、经济、文化、科技与军事的均衡综合实力的共同支撑转变。在老牌殖民主义国家早期的殖民扩张时期，军事实力和经济实力是构成其国家硬实力的重要因素，因此早期的对外语言传播主要依托于由这两种力量所构成的硬实力。第二次世界大战后到苏联解体前，美、苏两大超级大国形成军事和意识形态对抗，这一时期，军事实力和经济实力所构成硬实力仍然是语言国际推广的重要依托力量，同时源于意识形态和政治价值观念的软实力也成为支撑其语言国际推广的重要力量。到了20世纪90年代，全球化作为一种普遍的社会存在辐射全球，影响到每个国家，世界成为一个相互依存、密切关联的整体，一方面语言作为交际的工具重要性更为凸显；另一方面民族国家的语言意识觉醒，语言多样性和文化多元化的理念逐渐成为全球共识。在这一背景下，尽管由经济力量和科技力量等构成的硬实力仍然是语言国际推广的重要依托力量，但是一国的文化、政治制度以及外交理念等构成的软实力对语言国际推广的支撑作用日渐凸显。如法国面对英语的入侵，在进行对外法语推广时就旗帜鲜明地强调法语的文化功能，提出维护文化多样性的口号，德国的歌德学院和西班牙的塞万提斯学院都是以本国的名人进行命名，这些都是依托“软资源”进行语言传播的一种体现。

（二）传播理念：从追求霸权和自利到强调互利共赢转变

传播理念上，政府推动语言对外传播经历了从追求霸权和自利到强调与对象国互利共赢的转变。在殖民主义时期，推广国凭借其绝对主导地位，可以以强制性方式促使他国民众学习本国语言，因此在进行推广时只是推广国基于自身利益最大化进行单向输出，而被推广国则是往往被动接受。到了当代，一国有组织、有目的的语言国际传播的一个重要动因是国家经济、政治和文化的发展需要进一步提升本国语言的国际地位，或者要通过扩大本国语言的国际影响力塑造良好国际形象，以获得更大的国家利益，同时语言传播的一个重要前提是国际社会具有学习该国语言的需求或者潜在需求。当动因与前提同时具备时，一国往往就会采取积极主动的语言国际传播策略，进行语言国际推广也才可能达到预期目的。一国要不要进行语言推广，以什么方式进行推广不再仅取决于本国的需求，还取决于国际社会及其民众的需求与选择。在这一形势下，依靠“单边行动”、完全从自身利益出发进行语言传播的想法已行不通，各国需要以合作的态度，以互利共赢的理念来指导语言国际传播。

确立互利共赢的传播理念，这是由语言国际传播的目的和国际评价标准所决定的。第二次世界大战结束后，特别是进入全球化时代，语言传播目的的一个重要转向是语言国际传播成为一国国家文化外交的重要内容，成为塑造国家良好国际形象，提升国家软实力的重要途径。良好国际形象的塑造和国家软实力的提升都是建立在其他民族、其他国家对该国的认可和喜爱基础上的。一国在采取国际行动时是完全考虑自身利益，还是在追求自身利益的同时兼顾其他国家利益，是否具有全球利益意识和国际道义，在很大程度上影响着国际社会对该国的评价。在这一背景下，当前一国要想达到语言国际传播的目的就需要建立互利共赢的推广理念，尊重被传播国的选择和利益。

与此同时，全球化时代对文化多样性的共同追求和对外语能力的普遍需求，使得任何一种以文明方式推进的语言国际传播都具有共赢的性质。不同语言、不同文化的冲突与融合是全球化时代人类文明的基本特征，维护人类文化多元化，促进不同国家、不同文化之间相互了解和理解是国际社会的共同愿望，也是每个国家应该承担的国际责任。语言与文化的关系，以及语言本身的重要性决定了语言国际推广是维护文化多样性的重要途径，语言国际推广带来的利益具有全球共享性（宁继鸣，2008）。与此同时，全球化时代，任何一个国家要发展，要分享全球化和信息化红利，就需加强本国的外语教育，提升国民的语言能力和跨文化能力，即便是美国这样的世界超级大国也高度重视外语教育，制定专门政策鼓励国民学习外语。外语教育成为各国政府急需提供的公共产品。语言国际传播主要就是提供语言教育产品和服务，其实就是满足外语教育需求。政府推动语言传播不仅能使本身受益，还能使接受方受益，具有共赢性。

（三）传播方式：由强制性的“刚性推广”到温和式的“柔性传播”转变，由单一方式向多元方式转变

在传播方式上，各国政府经历了由强制性的“刚性推广”到温和式的“柔性推广”的转变，由单一方式到多元方式的转变。在殖民主义时代，英国、法国、西班牙等老牌殖民主义国家无一例外地以武力扩张开始，为巩固殖民统治以强制性手段迫使所属殖民地居民学习本国语言，这种依托武力而进行的语言国际推广属于强制性的“刚性推广”（吴应辉，2011）。第二次世界大战后，殖民体系瓦解，和平与发展逐渐成为世界的主流，平等、公正、合理等理念逐渐成为国际社会倡导的国际交往准则，在这一国际形势变革之

下，原有殖民主义国家都改变了先前强制性的刚性语言推广方式，而代之以通过援助、教育等方式开展的温和式的“柔性推广”，新加入的国家如美国、日本、韩国等国也是通过多种形式采取温和的方式进行推广，包括在海外建立专门的语言国际推广机构，向当地民众提供语言教育服务、教材，派遣教师，提供奖学金等“援助性”措施，以及建立完善的考试体系等“制度性”安排。这些推广方式隐含的一个共同特点是，非强制性，基于被推广国的需求和自愿，以温和、隐蔽或者合作的方式进行。殖民体系解体前后，语言国际传播方式的这一转变，一方面是国际形势巨变所引致的推广国推广策略调整的结果，很大程度上也是在不同时期语言功能转变和推广国推广的具体目标改变的体现。在殖民主义时期，殖民者处于绝对控制方，语言推广是其进行殖民教育的重要组成部分，其目的是实现思想和意识形态控制，实际为达到政治侵略和文化侵略。因此这一时期语言的功能更多体现为建立在交际功能和文化功能基础上的思想和意识形态控制。殖民体系解体后，各民族国家获得独立和解放，尽管这一时期一些落后的国家在经济、科技、教育等方面仍然依赖于发达国家的援助，但是由于其有了独立的主权，在语言教育和语言选择上有了相对的自主权，一国强制性的语言推广不仅会受到被推广国的抵制，同时也会受到国际社会的谴责。也就是说，国家间的“相对平等”关系和和平与发展的国际主流意识使得强制性推广方式失去了存在环境。与此同时，全球化发展所引致的语言作用的凸显也为柔性语言国际推广方式提供了土壤。在这个不同国家、不同民族相互依存的世界里，外语教育成为每个国家基础教育和高等教育的重要内容。语言教育是最有效的语言传播方式（李宇明，2015），旺盛的、制度化的语言教育需求无疑为各国以温和方式开展语言传播创造了前提。与此同时，各国都建立了相对完善的语言国际推广体系，包括制定语言国际推广政策、建立专门的语言国际推广机构、设立奖学金制度和考试制度等，形成了由政府部门和民间机构共同参与构建的语言国际传播支撑力量，通过多元组合方式促进语言传播。

四、对汉语国际传播的启示

中国在2004年借鉴其他国家的民族语言国际推广的经验基础上，启动了以孔子学院为龙头的汉语国际传播，经过10年多的实践取得了显著成效，在世界语言国际传播中发挥了积极效应。汉语国际传播是人类语言传播的重要组成部分，既要体现中国特色，又要借鉴世界主要国家的成功经验，遵循语言传播的一般规律。各国政府推动本国对外传播的实践和经验可以为中国开展汉语国际传播提供几方面的启示。

第一，做好汉语国际传播顶层设计和整体规划，确立汉语国际传播的战略地位。尽管各国政府在不同时期对语言传播采取的政策、措施，以及支持的力度和方式不同，但将语言传播纳入国家战略框架，明确语言传播与国家经济、外交的密切关系，并据此调整语言传播的策略和方式是各国的通行做法。中国进行对外汉语传播虽已有较长历史，但有组织、有计划，大规模投入予以推动的时间还较短。目前我们还未形成汉语国际传播整体规划，甚至在是否要支持汉语国际传播方面也还存在争议。历史证明，语言强是一国政治、经济和文化强的坚实后盾，加快汉语国际传播，提升汉语国际地位是中国融入全球化进程，参与全球公共产品供给的重要举措。加快汉语国际传播是时代发展之要求，势在必行。但如何传播需要好好规划。汉语国际传播规划是个“规划群”，应该包括主体规划、目标规划、对象规划、内容规划、学科规划、汉语国际教育规划等不同层级、不同维度，既要有顶层设计，又要有具体措施。

第二，探索符合语言传播规律的文明、柔性的汉语国际传播模式。人类语言国际传播已经进入供需双向选择时期，受众方对语言的选择和需求对一种语言的传播具有重要影响。适应国际形势变化和时代发展需求，汉语国际传播应在借鉴其他国家政府推广语言经验的基础上，探索一种文明的、柔性的汉语国际传播模式。所谓文明的、柔性的汉语国际传播模式大概包含以下几个方面：一是要尊重和符合语言传播规律。语言传播的动因在于价值，历史表明违背语言传播规律的语言传播政策和行动早晚会失败（李宇明，2007）。二是要尊重受众方的选择和自愿，适应受众的内容需求和方式需求。三是建立政府、企业、非营利组织、个体等多元主体参与的、灵活多样的传播方式。

第三，加强孔子学院的内涵建设，发挥孔子学院在汉语国际教育市场中的特殊主体作用。孔子学院已经推动汉语国际传播的一支重要力量，其发展不仅满足了国际社会的汉语学习需求，更重要的是创造了新需求。加快汉语国际传播，需要加强对孔子学院的规划布局，加强孔子学院的内涵建设，提升发展质量，发挥孔子学院作为汉语国际教育市场的供给者、调控者和引导者的多重主体功能，培育和发展汉语国际教育市场，为汉语国际传播注入持久动力。

参考文献

1. 曹叠峰：《各国语言推广机构运营模式和决策机制的比较分析》，载于《湖南师范大学社会科学学报》2014 年第 1 期。

2. 戴曼纯、贺战茹：《法国的语言政策与语言规划实践》，载于《西安外国语大学学报》2010 年第 1 期。

3. 菲利普森：《语言领域的帝国主义》，上海外语教育出版社2000年版。

4. 黄少安：《交易成本节约与民族语言多样化需求的矛盾及其化解》，载于《天津社会科学》2015年第1期。

5. 黄少安、张卫国、苏剑：《语言经济学导论》，商务印书馆2017年版。

6. 卢德平：《汉语国际传播的推拉因素：一个框架性思考》，载于《新疆师范大学学报》（哲学社会科学版）2016年第1期。

7. ［英］苏·赖特：《语言政策与语言规划——从民族主义到全球化》，商务印书馆2012年版。

8. 李英姿：《美国语言政策研究》，南开大学出版社2013年版。

9. 李宇明：《探讨语言传播规律》，载于《云南师范大学学报》（对外汉语教学与研究版）2007年第4期。

10. 李宇明：《成功的语言传播》，载于《国际汉语教学研究》2015年第2期。

11. 宁继鸣：《汉语国际推广：关于孔子学院的经济学分析与建议》，山东大学博士论文，2006年。

12. 宁继鸣：《语言国际推广：全球公共产品和国家公共产品的二重性》，载于《文史哲》2008年第3期。

13. 宁继鸣、王海兰：《汉语国际推广的公共产品属性分析》，载于《东岳论丛》2009年第5期。

14. 宁继鸣、王海兰：《政府对个体语言技能资本投资的影响》，载于《理论学刊》2013年第7期。

15. 徐波：《当代英国海外英语推广的政策研究——以英国文化委员会为中心》，西南大学博士论文，2009年。

16. 张宏莉、张玉艳：《俄罗斯对外语言推广政策及其启示》，载于《甘肃社会科学》2011年第6期。

17. 张卫国：《作为人力资本、公共产品和制度的语言：语言经济学的一个基本分析框架》，载于《经济研究》2008年第2期。

18. 张西平：《走向世界的汉语所面临的若干战略问题思考》，载于《北华大学学报》（社会科学版）2011年第2期。

19. 张西平、柳若梅：《研究国外语言推广政策，做好汉语的对外传播》，载于《语言文字应用》2006年第1期。

20. 张西平、柳若梅：《世界主要国家语言推广政策概览》，外语教学与研究出版社2006年版。

21. 郑梦娟：《国外语言传播的政策、法律及其措施刍议》，载于《语言文字应用》2009年第2期。

22. 周庆生：《国家、民族与语言——语言政策国别研究》，语言出版社

2003 年版。

23. 王海兰、宁继鸣：《全球公共产品视角下的语言国际推广分析》，载于《制度经济学研究》2015 年第 2 期。

24. 王建勤：《美国"关键语言"战略与我国国家安全语言战略》，载于《云南师范大学学报》（哲学社会科学版）2010 年第 2 期。

25. 王建勤：《全球文化竞争背景下的汉语国际传播研究》，商务印书馆 2015 年版。

26. 王辉：《全球化、英语传播与中国的语言规划研究》，社会科学文献出版社 2015 年版。

27. 伍慧萍：《德国的欧盟语言政策：从边缘化到重视》，载于《德国研究》2003 年第 2 期。

28. 吴坚：《全球化下国家语言推广战略——政策、模式与中国的借鉴》，科学出版社 2013 年版。

29. 吴应辉：《国家硬实力是语言国际传播的决定性因素》，载于《汉语国际传播研究》2011 年第 1 期。

30. Burrows M.，1986，"'Mission civilisatrice'：French Cultural Policy in the Middle East 1860 – 1914"，*Historical Journal*，29（1）：pp. 109 – 135.

31. Kevin V. Mulcahy.，1999，"Cultural Diplomacy and the Exchange Programs：1938 – 1978." *Journal of Arts Management Law & Society*，29（1）：pp. 7 – 28.

32. Paschalidis，G.，2009，"Exporting national culture：histories of Cultural Institutes abroad"，*International Journal of Cultural Policy*，15（3）：pp. 275 – 289.

33. Pennycook A.，1994，*The cultural politics of English as an international language*. Longman.

34. Taylor I.，2014，"Language as a Global Public Good"，*Res Publica*，20（4）：pp. 377 – 394.

The Common Features of the Government to Promote the International Communication of Language: Persistence and Change

WANG Hailan

(College of Literature and Arts / Language Service Research Center, Guangzhou University, 510006)

NING Jiming

(College of International Education, Shandong University, 250100)

[**Abstract**] The international communication of language is the important content and means for the government to manage the public affairs and to safeguard the national interests. It is also the important way to practice the international morality in the era of globalization. The government is also an important part of promoting the international communication of language and the supporting force. sortting out the reference materials about the language spread polices of different countries and governments, we will find, governments adhere to the basic spread strategic clarity and consistency, communication strategy of adaptability and flexibility, the spreading scope international communication and the spread of the linkage between inside and outside. At the same time, governments continuous adjustment in the spread foundation, the dissemination of ideas and modes of transmission, adapting to the changes in the international situation and the development needs of the times.

[**Key Words**] Language International Promotion　International Promotion of Chinese Language　Government

JEL Classifications: A20　D10　120

中国企业自主创新能力为何较差？

——基于创新政策视角的文献综述

亢延锟　毛　宇　刘瑞明*

【摘　要】中国的大国崛起需要走出一条自主创新型道路，然而长期以来，转型时期的中国企业却普遍陷入了自主创新不足的陷阱之中。诸多文献指出，在由计划经济向市场经济转型的过程中，中国式分权激励背景下存在着诸多“扭曲性政策”，这也是我国企业自主创新能力不强的重要原因。首先，本文从中国企业创新能力不足的既有事实出发，描述了我国总体自主创新能力不断提升、企业自主创新能力仍然不足以及地区间的自主创新能力存在巨大差异三个特征性事实。其次，系统梳理了中国转型时期的各类政策对于企业自主创新的影响，具体围绕税收、财政、贸易、环境和金融五个方面的政策因素进行了考察，系统分析了我国各项创新政策的有效性以及扭曲性政策与企业自主创新之间的关系。最后，本文在对已有文献创新和贡献进行论述的同时，指出未来的研究方向。

【关键词】**企业自主创新　扭曲性政策　创新政策**

中图分类号：**F202**　文献标识码：**A**

一、引　言

中国的大国崛起需要以创新作为基石，然而，与美好愿望相悖的是，中国企业的自主创新能力迟迟不能有效提升来承担这一重任。企业自主创新不

* 亢延锟、毛宇，西北大学经济管理学院硕士研究生，地址：陕西省西安市长安区学府大道 1 号，邮政编码：710127，电子邮箱：kangyankun@126. com；刘瑞明（通讯作者），中国人民大学国家发展与战略研究院副教授，地址：（100872）中国人民大学国家发展与战略研究院，电子邮箱：lrmjj@126. com。

足不仅是限制企业发展的关键因素，同时也成为中国制造业大而不强的重要原因。为了提高中国企业的自主创新能力，近年来，中国一直致力于寻求为企业提供适宜的政策环境。李克强总理在2015年政府工作报告中指出，要实施“中国制造2025”，随后出台的纲领性文件——《中国制造强国2025规划纲要》明确提出，中国实施制造强国战略，首要的战略任务和重点就是提高国家制造业的创新能力。然而，这一战略任务如何落地、真正推动中国企业的自主创新能力提升呢？在推动这一战略落地实施的过程中，是否也会遇到过去同样的阻碍？总结中国企业自主创新能力不足的原因，破解企业自主创新路径中的障碍是一项重要而又紧迫的任务。

自从熊彼特（Schumpeter，1934）的开创性工作以来，创新被普遍认为是经济发展最重要的驱动力，而“创造性破坏”往往是“企业家精神”的产物。在理论上，如果将企业家精神纳入内生经济增长模型，拥有较多企业家的经济体会有较高的增长率（庄子银，2003），并且，由于企业家精神在现实中，既可以配置于生产性部门又可以配置于非生产性部门，因此，一个经济体能够持续增长的关键在于，企业家精神是否配置在创新等生产性活动中（Baumol，1990）。大量的实证文献则支撑了这一思想，比格斯蒂克和诺德海文（Beugelsdijk and Noorderhaven，2004）发现企业家精神是战后欧洲不同地区经济增长差异的重要原因，格莱尔（Glaear，2007）也发现企业家精神有助于解释美国城市经济发展差异。就中国的经验证据来看，企业家精神对于经济增长的推动作用同样明显（李宏彬等，2009）。

既然企业家精神和企业创新活动如此重要，那么，如何才能激发企业家精神，激励企业进行创新活动呢？大量文献就什么因素影响了企业创新这一问题进行了探索。就研究的思路而言，国内外文献总体上是围绕企业创新的内部因素和外部因素两个方面展开。从内部影响因素的思路看，这类文献主要是考虑到创新取决于企业的一些内在特质，往往侧重于微观因素的研究，例如企业治理结构（李维安，2003；李新春等，2006；冯根福等，2008；李春涛、宋敏，2010）、企业规模（Arrow，1962；Scherer，1980；周黎安等，2005；聂辉华等，2008；朱恒鹏，2006）、企业的所有制结构（李春涛、宋敏，2010；温军、冯根福，2012；吴延兵，2012）、人力资本水平（刘剑雄，2008；吴延兵、刘霞辉，2009；Koellinger，2007）、企业吸引FDI的水平（蒋殿春、夏良科，2005；徐毅等，2008；范承泽等，2008；张海洋，2005；王红领等，2006；陈继勇等，2010）等要素对于自主创新的影响。

然而，人们注意到，如果某一个企业的创新是与其内部因素高度相关的，那么，企业普遍性的创新不足应当和其生存的“土壤”有关。自然而然地，人们就将企业创新和政策环境联系到了一起。现实中，并不是所有的国家都能够提供与企业自主创新相配套的政策制度。尤其是，在由计划经济向市场经济转型的过程中，中国式分权激励背景下存在着诸多“扭曲性政策”，这些政策土壤是否对企业创新产生了抑制作用呢？基于此，本文试图系统梳理中国企业缺乏创新的政策扭曲动因，探索转型时期中国式分权激励背景下“扭曲性政策”与企业创新之间的内在关系，对中国企业缺乏自主创新这一事实进行合理解释，探索构建中国特色的企业自主创新之路。图 1 表明了本文梳理的框架结构。

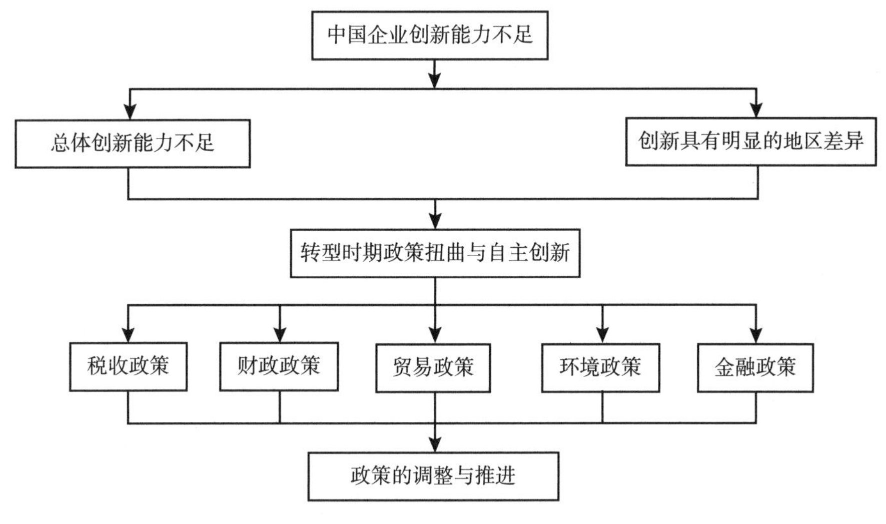

图 1　文献综述框架

本文的结构安排如下：第一部分为引言。第二部分从总体自主创新能力测度与企业创新能力的地区差异两个方面概述中国企业创新能力不足这一现实。第三部分从税收政策、财政政策、贸易政策、环境政策以及金融政策五个方面，对造成中国企业创新能力不足的政策原因进行梳理分析，并整理出关于不同类型政策对企业创新能力影响的不同观点，提出了可能的调整措施。第四部分总结全文并指出未来的研究进展和方向。

二、中国企业创新能力不足：一些特征性事实

（一）总体自主创新能力不断提升

自改革开放以来，中国政府一直致力于提高自主创新能力。从国家层面来看，其对于创新的扶持主要通过政策支持和资金支持来实现。在政策扶持

方面，中国出台了包括科技计划、技术引进、法制建设、技术创新基金在内的一系列科技扶持政策。以科技计划为例，自改革开放以来中国政府颁布了1978～1985年的《八年科学规划》《1986～2000年中国科技发展规划》、星火计划、“863”计划、火炬计划、攀登计划等一系列国家及战略科技计划（解维敏等，2009；Liu et al.，2011）。在资金支持方面，中国的研发经费不断增加。如图2所示，自20世纪90年代以来，中国政府的R&D支出一直在以较大的速度增长，从1995年的348.69亿元增加至2013年的11 846.6亿元，R&D支出占当年GDP的比重也从1995年的0.57%上升至2.08%，足足翻了将近4倍。根据国家统计局[①]公布的数据，2015年全国研发经费投入总量为1.4万亿元，成为仅次于美国的世界第二大研发经费投入国家。2015年中国研发经费投入强度（研发经费与GDP之比）为2.10%，已达到中等发达国家水平，居发展中国家前列。

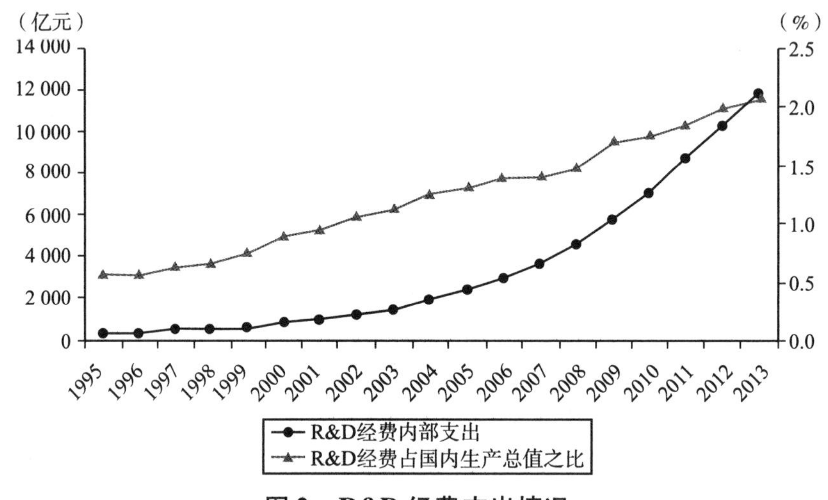

图2　R&D经费支出情况

资料来源：《中国科技统计年鉴》。

20多年的政策扶持和资本投入为中国科技创新实现“并跑”和“领跑”创造了有利条件，在提高中国自主创新能力的同时，使得创新资源进一步向企业集聚，企业创新活力竞相迸发。2015年，中国企业研发经费逾1.1万亿元，占全社会研发经费支出的比重为77.4%。其中，规模以上工业企业研发经费支出首次突破万亿元，达10 150.9亿元。企业研发人员约为425万人，比2012年增长26.2%。截至2015年底，中国累计认定的国家级企业（集团）技术中心为1 187家，建在企业的国家重点实验室为177个，占比

① http：//www.stats.gov.cn/tjsj/sjjd/201603/t20160309_1328568.html。

36.8%；建在企业的国家工程（技术）研究中心为144个，占比41.6%。根据中国企业家调查系统发布的《2016·中国企业家成长与发展专题调查报告》，有96.8%的企业有专人或部门负责企业创新工作。

（二）企业自主创新能力仍然不足

然而，中国目前总体自主创新能力仍然不足，较发达国家仍有较大差距。如果用研发支出占GDP的比重来衡量，中国的研发强度在20世纪90年代一直徘徊在0.5%的水平，2009年达到了1.70%，但是同期美国研发投入占比为2.7%，日本则达到了3.4%（王文春、荣昭，2014）。从专利的角度看，中国国内专利维持时间普遍较短。在有效发明专利中，国内维持时间10年以上的专利仅有5.5%，而国外则达到26.1%，并且国外在华维持10年以上的有效发明专利数量达到10.5万件，是国内数量的近4倍。

从企业角度讲，中国的经济虽然在快速增长，但创造性破坏的缺乏也是不争的事实，在汤森路透（Thomson Reuters）评选的“全球创新企业百强”榜单中，2011~2013年中国企业连续3年无一入选。从自主知识产权数量看，中国自主知识产权和主要工业化国家存在很大差距，中国国际专利申请已从2000年的784件增加到2007年的5 456件，但这只占排名第一的美国PCT专利申请量的10.3%，同时也远远落后于日本、德国等发达国家（韩小非，2008）。对于技术引进，中国目前的消化吸收能力也较弱，引进技术和消化吸收费用的比例为1∶0.07~1∶0.08，而韩国、日本的比例为1∶5~1∶8。根据中国企业联合会、中国企业家协会给出的数据，中国制造业企业500强2012年的研发费用占营业收入的平均比例仅达到1.87%，而中国规模以上制造业研发经费占主营业务收入的比重仅为0.85%。与国际比较看，中国制造业研发投入强度为1.1，而美国的这个数值是4.0、日本3.4、德国2.3、法国1.7、英国2.6、韩国1.9①。长期以来，中国企业在粗放型的增长方式下，既无法保持对技术创新的高投入，又缺乏对外来技术足够的消化吸收能力，使得中国企业自主创新能力普遍较差，进一步导致中国工业企业产品出现一系列质量问题，成为中国制造业“大而不强”的重要原因。

（三）地区间的自主创新能力存在巨大差异

一些文献就区域间的自主创新能力进行了比较分析。杨晔（2008）选用了全国30个省份（不包含港澳台及西藏地区）企业自主创新投入、产出状

① http://www.ce.cn/cysc/zljd/yqhz/201407/30/t20140730_3259199.shtml。

况进行综合评价并进行对比，其中有12个省份企业技术创新产出排名优于投入排名，其自主创新效率较高，而有14个省份企业创新的投入是低效率的。不难看出，中国各省市间的创新能力具有一定差异，柳卸林和胡志坚（2002）则就中国区域创新能力的分布进行了研究，总体上看，中国区域创新能力从东部沿海地区向西部内陆地区由高到低呈梯次分布，沿海地区表现出强劲的创新能力，中部地区和西部地区较接近。刘凤朝等（2005）则研究了中国八大经济区的自主创新能力，其由强到弱的排序依次是：东部沿海地区、北部沿海地区、南部沿海地区、长江中游地区、西南地区、东北地区、黄河中游地区、西北地区。可以看出，虽然对区域创新能力的评价指标不尽相同，但对企业创新能力存在区域差距的认识是相同的。另外，尽管研究的区域划分依据不同，但总体上看，东部区域的创新能力明显强于中西部地区。

另外，一些中国政府和民间针对中国企业的调查也表明，中国企业自主创新能力存在较大的地区差异，总体上来说东部地区企业自主创新能力最强，中部地区次之，西部地区最弱。中国企业家调查系统发布的《2015·中国企业家成长与发展专题调查报告》中，用企业拥有高新技术企业认定证书、位于高新技术园区、建立研发中心及海外研发中心，以及获得国内外专利等六项指标刻画企业创新的基本情况，结果显示，在所有的六项指标中，都基本呈现出东部、中部、西部地区递减的态势。其中，国际专利一项，东部地区几乎是西部地区的9倍（见表1）。同样的，从衡量企业创新的关键指标——企业研发投入占销售收入的比重来看。中西部地区与东部地区仍有较大差距。相比之下，东部地区保持了较快的增长率，从2008年的4.8%增长至2014年的7.5%，同期中、西部地区分别由4.4%和4.5%增长至4.8%和5.2%（见表2）。

表1　　企业创新基本指标情况　　单位：%

基本指标	地区		
	东部地区	中部地区	西部地区
建立自己的研发机构	59.5	56.8	51.2
近3年内获得过国内专利	57.0	52.5	49.3
拥有高新技术企业认定证书	38.2	36.6	33.3
位于高新技术园区内	27.7	25.6	24.0
近3年内获得过国际专利	8.9	4.8	0.9
建立了海外研发机构	3.0	3.6	2.1

资料来源：《2015·中国企业家成长与发展专题调查报告》。

表 2　　企业研发投入占销售收入的比重　　单位：%

年份	地区		
	东部地区	中部地区	西部地区
2008	4.8	4.4	4.5
2009	4.7	4.3	4.3
2010	4.5	4.8	4.3
2011	5.2	5.1	5.1
2012	5.1	4.5	4.2
2013	5.2	4.7	4.4
2014	7.5	4.8	5.2

资料来源：《2015 · 中国企业家成长与发展专题调查报告》。

三、中国转型时期的政策扭曲与自主创新

（一）税收政策对企业自主创新的影响

税收可能是将政府和企业连接最紧密的一种形式之一，其征管方式、征收额度等都会直接影响到企业的经济效益，进而对企业的自主创新产生影响。尽管政府和企业考虑问题的角度不同，但是税收政策可以将政府和企业的利益统一起来，营造一个双赢的局面（安体富等，2007）。所以，通过税收政策对企业自主创新效应进行探讨就显得格外重要。

1. 税收政策的有效性

国外的研究大多认为税收优惠政策对 R&D 投入的激励是有效的，如曼斯菲尔德（Mansfield，1986）、曼奈丝和纳迪里（Mamuneas and Nadiri，1996）、布鲁姆等（Bloom et al.，2002）的研究就表明税收优惠政策的实施使得企业增加了研发投入，他们同时发现税收优惠政策对自主创新的长期激励效果更为显著，即保持税收优惠政策的长期性和稳定性会更有利于企业的自主创新。但是，也有人发现，如果税收激励政策采取不当，则可能产生负面效应。例如，罗迪克（Rodirk，2004）认为当企业因这种激励获得的收益很高时，企业会倾向于进行“寻扶持”投资，而不是提高技术水平。此外，沃斯顿（Wallsten，2000）则认为政府过高的扶持政策不仅不会对企业的 R&D 投入产生激励，反而会对企业技术创新活动产生一定程度的抑制。

近年来，为了促进企业的自主创新，中国也制定了一系列税收扶持政策，这些政策涉及多个税种、多种方式，一些文献就这些税收优惠政策对自主创

新的效应展开了研究。但是，绝大多数文献都表明，目前我国税收政策对企业自主创新作用已经相当微弱。夏杰长和尚铁力（2006）、李丽青（2007）等人的研究发现，在中国使用所得税优惠政策虽然存在对 R&D 支出的激励效应，但是效果并非十分显著。孙伯灿等（2011）利用来自杭州、北京、沈阳、厦门和深圳 5 个城市的问卷分析了税收优惠政策对高新技术产业的影响，认为中国现行的税收优惠政策许多已不再适用，其激励作用已经明显减弱，甚至成为阻碍高新技术企业发展的因素。

2. 我国税收政策失效的原因

对于我国税收政策对企业自主创新刺激不足的原因，已有的文献给出了不同的解释。第一种是对象限制论。樊丽明（2002）、夏杰长和尚铁力（2006）、安体富等（2007）、王华和龚钰（2013）、王玺和张嘉怡（2015）等人均提到了中国税收优惠政策对象限制的问题，即普惠性不够，税收优惠政策特定化严重，导致优惠范围偏小，同时内外资税收优惠的不均，也导致内资企业所得税税负重于外资企业的现状。第二种是临界值论。王华和龚钰（2013）认为自主创新的刺激措施已基本饱和，达到临界状态。进一步，林州钰等（2013）利用国家统计局的企业专利数据，通过 OLS 回归发现，当激励强度超过临界值时，税收政策对企业技术创新的抑制效应开始显现。第三种是制度缺陷论。岳树民和孟庆涌（2006）认为税收政策存在着制度性缺陷，如生产型增值税对高科技企业发展具有抑制作用，以及内外资企业缴纳所得税的差异化等。但是，杨振冰和张诚（2015）基于偏向技术进步的理论框架构建了两税合并与外资企业创新效率的模型，采用倍差法证明了 2008 年的内外资企业所得税合并已经一定程度上缓解了内资企业因税负较重而无力进行研发投入的情况，促进了内资企业与外资企业在生产技术上的竞争，反而激励了外资企业的创新。同时，王晓滨等（2004）则认为中国缺乏对私人资本投资高新技术产业的所得税优惠是政策激励不足的主要原因。

3. 对于税收政策的改革建议

学界普遍认为，财政补贴政策虽然本意在于纠正市场失灵，但是同时面临产生新的政府失灵的问题。与财政补贴政策相比，税收优惠政策依靠市场机制配置科技资源，则可以避免这一点。同时，又有大量文献表明我国税收政策对企业自主创新的刺激作用已经相当微弱，已有文献在分析了其原因之后，提出了相应的政策建议。

（1）对于我国税收政策对象限制的问题，林州钰等（2013）认为政府对于企业创新活动单方面的政策扶持不是万能的，因此可以通过设立一个关于政策效果的阶段性评估机制，来提高激励对象遴选的科学性。此外，夏杰长和尚铁力（2006）提出要营造公平竞争的税收环境，这与许多学者如王玺和张嘉怡（2015）关注于中小企业的发展，提出设置中小企业特殊优惠条款具有相同的意义。(2) 对于我国税收政策的激励强度接近饱和的问题，安体富等(2007) 认为要促进税收政策的多样化，提高税收政策的实际效果。(3) 对于目前我国税收政策的制度性缺陷，安体富等 (2007) 提出矫正税收制度性扭曲，包括加大对研发前期、中期的税收优惠力度，关于这点夏杰长和尚铁力(2006) 也认为要实现税收优惠环节的平衡。具体措施方面，中国税务学会学术研究委员会第一课题组 (2007) 提出了恢复征收固定资产投资方向调节税，以及加大政府财政支持及金融支持等措施。

(二) 财政补贴对企业自主创新的影响

1. 对财政政策有效性的争论

如果说税收优惠政策是通过市场激励创新活动，那么财政补贴政策则是政府对 R&D 投入的直接干预。对于财政补贴与企业自主创新的关系，国内外学者们的观点却并不统一，主要有三类不同观点。

第一，财政政策对企业的研发投入有促进作用。在微观层面，安东内利(Antonelli, 1989) 和布斯姆 (Busom, 1999) 等人认为财政补贴对于企业的研发投入具有一定的互补作用。宏观层面上，列维和托尔莱斯季奇 (Levy and Terleckyj, 1983)、古拉奇和帕丁森 (Guellec and Pattinson, 2000)、莱奇(Lach, 2002) 等人的实证结果表明财政补贴对于提升一国整体研发投入和创新活动具有促进作用。但是，财政政策要想达到好的效果，必须具备两个方面的前提：一是要把握好政府公共 R&D 投入与企业 R&D 投入之间的关系，姚洋和章奇 (2001) 利用 1995 年工业普查的数据对影响企业技术效率的各个因素进行了检验，通过计算每个企业的技术效率指数后发现，以政府为主导的 R&D 并不具有市场效率，R&D 更多地应由企业来承担；二是要注意与税收政策等其他政策的相互配合，郑绪涛和柳剑平 (2008) 通过一个三阶段博弈模型探讨了激励企业开展 R&D 活动的税收和补贴政策工具该如何搭配的问题。更进一步，朱平芳和徐伟民 (2003) 以上海市政府的科技激励政策为案例，通过面板数据的估计，得出直接拨款资助与税收减免政策之间存在着相互促进作用的结论。

第二，财政政策对企业创新有负向作用。贝内斯 (Bennis, 2006) 的研究发现政府对企业自主创新的推动作用是有限的，财税政策的影响是负向的。进一步，史维斯 (Shrieves, 1978)、利希滕贝格 (Lichtenberg, 1984) 和沃斯顿 (Wallsten, 2000) 等人在微观层面的研究结果表明，政府补贴等创新资助政策对于企业自身的研发投入具有替代作用或挤出作用。关和严 (Guan and Yam, 2015) 利用超过 1 000 家制造业企业的样本，发现中国政府的财政支持计划与企业的专利获得无关，并且专项创新基金还与企业专利负相关。

第三，财政政策对企业创新的影响具有不确定性。科扎尼思奇和哈辛格（Czarnitzki and Hussinger，2004）认为财税政策对高新技术产业的发展具有正向影响，布朗兹尼和皮塞利（Bronzini and Piselli，2014）同样认为财政补贴会促进企业创新，然而却只是针对小型企业。从中国的经验来看，安同良等（2009）建立了一个企业与 R&D 补贴政策制定者之间的动态不对称信息博弈模型，刻画了企业获取 R&D 补贴的策略性行为及 R&D 补贴的激励效应，他们发现在对 R&D 补贴的激励效应中，国有企业获得了绝大部分政府 R&D 补贴，但其 R&D 补贴的效果却远不及私营企业和外资企业，因此他们对中国财政补贴的效率产生了怀疑。类似的，陶虎等（2013）等发现对于政府创新政策及补贴，国有企业因为其资源优势形成较强的创新活力，但是在创新转化率上却逊于非国有企业。此外，陈林、朱卫平（2008）构建了一个南北间的静态古诺模型来研究创新激励政策的有效性，他们认为中国的创新补贴政策稳健性较弱，他们发现创新补贴并没有明显刺激全社会创新产出的增长，因而认为财政政策的政策效果具有一定的不确定性。

2. 对于财政政策的改革建议

虽然已有的文献对财政政策与企业自主创新之间的关系仍有争论，但是合理适当的财政政策可以促进企业自主创新却已达成共识。如何正确使用财政政策，从而刺激企业的自主创新才是文献争论的重点。在经过文献的梳理之后，本文有以下四点发现：

第一，在财政政策本身方面，姚洋、章奇（2011）与朱平芳、徐伟民（2003）均认为政府对 R&D 的补贴应当是适量的，同时要具有普惠性，尤其是要加大对中小企业 R&D 的支持以及对劳动密集型技术的投资。朱平芳和徐伟民（2003）认为政府对企业 R&D 活动的资助应注意长远考虑，尽量保持稳定性。与此相同，安同良等（2009）则建议实现 R&D 补贴的长期化和制度化。

第二，注重政策的互动。柳剑平等（2005）认为可以通过对 R&D 或产出进行补贴与对投入征税相结合的方式来弥补市场失灵。但郑绪涛和柳剑平（2008）认为这种税收与财政政策相结合的方式并不是社会最优的，应当对 R&D 投入进行补贴，降低企业科研成本的同时，对产出进行补贴，让企业获取更大的利润，以激励企业进行长期的创新活动。

第三，建立企业创新的信用机制。安同良等（2009）认为企业释放的虚假信号会严重削弱政策的激励效应，针对这一问题，他建议提高 R&D 要素投入价格，增加企业发送虚假创新类型信号的成本；同时建立信号发送者间的制衡关系，鼓励各创新主体间的合作，从而起到监督与制衡的作用。此外，郭（Guo，2016）等认为分散化的治理结构，例如权力下放会缓解信息不对称问题，并且激励地方政府在项目选择和事后监管上做出更多努力，从而促进企业创新。

第四，政策的普惠性。因为财政政策对小企业和非国有企业的创新活动具有更加显著的激励效应（Bronzini and Piselli，2014；陶虎，2013），但不可忽视的是在我国以国有企业占主导的现实中，国有企业获得了绝大部分的补贴，这显然是一种资源的低效配置。所以，加大政策的普惠性也显得格外重要。

（三）贸易政策对企业自主创新的影响

早期国际上的研究发现实行开放的贸易政策比保护政策能够更快获得更高水平的经济效益（Grossman and Helpman，1989），随后在宋和范登布斯（Song and Van Den Bussche，2008）的研究中，得出了自由贸易或贸易保护政策利弊与企业的不同性质有关的结论，也就是说，贸易保护会增强效率相对落后企业的生产率，反而会降低创新能力强、效率高的企业的生产率。学界对于中国的贸易政策与企业创新能力的研究主要集中在出口贸易与 FDI 两个方面，与此同时对于中国看似强劲的出口贸易发展势头也褒贬不一。

1. 出口贸易、地方保护与企业自主创新

改革开放以来，中国的出口贸易发展迅速，一跃成为贸易大国。而这种贸易激增与中国的地方保护和市场分割有着必然的联系。尽管学界对于市场分割的走势存在争议，但都认为中国的地方保护和市场分割是非常严重的（Young，2000；Poncet，2003；郑毓盛、李崇高，2003；Naughton，1999；Xu，2002；白重恩等，2004）。对于这种出口贸易对企业创新能力的影响及其后果，许多学者进行了研究。从表面上看，中国各省份地区之间普遍存在着“以邻为壑”的“囚徒困境”式的市场分割现象（林毅夫、刘培林，2004）。中国实行的地方保护政策导致的市场分割，尽管促进了中国的出口贸易，但这并不是长久之计。朱希伟等（2005）以克鲁格曼（Krugman，1990）的“母市场效应”来进行说明，即一国出口的产品应在国内具有较大的市场，且通过本国市场发挥规模经济。反观中国，大量出口的产品并未在中国销售，大部分是以劳动密集型产业通过压低工资获取价格优势，根本没有形成自有品牌，这本身就是一种行为扭曲（张杰等，2010）。但在黄志勇（2013）通过将创新引入 C－D 生产函数后研究了 FDI、国际贸易与国内企业创新能力的关系，发现对中国企业创新能力最大且显著的积累效应来自出口贸易。这是因为虽然市场分割没能发挥国内市场的规模经济效应，但可以发挥国外市场的规模经济效应，促进产品出口地区的 GDP 增长。因此，各地政府也一直愿意为追求短期的绩效而实行这种扭曲的地方性保护（刘凤委等，2007），这样的后果直接导致了中国企业缺少对自有品牌以及技术创新的追求动力与压力（张杰等，2010；余东华、王青，2009）。

2. 外商直接投资（FDI）与企业自主创新

国内外大量文献指出对于发展中国家，FDI 作为一种重要的技术转移方式能够通过竞争效应、示范效应和模仿效应、跨国公司人员培训和流动效应以及前后向关联效应等渠道促进东道国技术进步（Kinoshita，2001；Kokko，1992），缩小其与发达国家的科技差距。一些经验研究也支持了 FDI 的促进作用（Kokko，1994；Liuetal，2000；Wang and Wu，2016）。然而，在中国学者对 FDI 与技术进步的研究探讨中，王红领等（2006）将其系统地概括为“抑制论”“促进论”“双刃剑论”，即一部分实证研究支持了 FDI 的促进作用（沈坤荣，2000；潘文卿，2003），而另一些实证研究则没有发现 FDI 的促进作用（王飞，2003；张海洋，2005）。对于中国现有的文献，王红领等（2006）、范承泽等（2008）认为，这一问题缺乏基于行业和企业层面的微观数据的系统分析。王红领等（2006）通过全部工业行业 1998 ~ 2003 年的数据，使用混合最小二乘法后发现，FDI 加剧了竞争，并且实现了优胜劣汰，存留下来的企业自主创新能力得到提升。但范承泽等（2008）则通过从行业层面和企业层面的综合分析，利用 Robust 最小二乘法得出 FDI 会给企业带来效率的提高，但同时会让企业产生惰性并且不再积极创新的结论，即 FDI 对科技研发的替代效应大于行业补充的溢出效应。蒋殿春和夏良科（2005）利用面板数据模型分析后同样认为 FDI 的竞争效应不利于国内企业的技术创新，虽然其示范效应和引发的科研人员流动能够促进企业的研发活动，但国内企业在与外资企业的抗衡中很难占据上风。邢斐和张建华（2009）在累积创新框架下建立一个动态博弈模型探讨外商技术转移对东道国自主研发的影响，并运用中国 36 个分行业的工业企业在 1999 ~ 2004 年的面板数据进行系统 GMM 估计后认为，一般研究从产出和全要素生产率角度衡量 FDI 对中国的技术溢出作用，却忽视了 FDI 对中国企业自主研发投入影响的探讨，因此他们认为 FDI 若间接促进了中国的技术研发投入，那 FDI 就是有效的，但结果表明 FDI 的竞争效应或技术溢出效应对中国研发投入的长期影响均不显著。

3. 对于贸易政策的改革建议

大量文献已经发现，我国目前存在的地方保护和市场分割严重影响了我国的出口贸易，进而影响到了我国企业的创新行为；此外，关于 FDI 对我国企业自主创新的影响仍未达成一致。针对我国地方保护和市场分割以及如何合理利用 FDI 的问题，现有文献也纷纷给出了自己的答案。

从地方性保护以及市场分割的角度来讲，虽然这一情况正在缓解，但仍困扰着中国各地区经济发展，张杰等（2010）认为对外开放甚至可能会加强地方政府的市场分割倾向，正是由于这一现象阻碍了国内市场的一体化。学者们都认为从长期来看应该打破地方保护与市场分割，正如银温泉和才婉茹（2001）写道：“打破地方保护和市场分割、形成全国统一大市场是现阶段中国反垄断的一项迫切而艰巨的任务”。追根溯源，应当健全中国地方政府官员政绩的考核体系，减弱地方政府官员考核与短期政绩的联系，改进地方官员激励模式（余东华、王青，2009；刘凤委等，2007）。此外，建立健全全国统一的大市场，以及市场准入制度，杜绝壁垒也成为学界共识。

关于 FDI，范承泽等（2008）认为政府部门不应对企业引进外资进行直接干预，只能通过设立必要的制度环境、采取适当的政策来引导和鼓励企业进行自主的研发创新，在技术溢出效应和正的外部性方面，通过政策措施吸引外资公司在中国设立研发机构，也可以对整个行业乃至整个国家的科技水平和自主创新能力起到积极作用。冼国明、严兵（2005）通过对各地区间的经验差异进行分析，提出了因地制宜的政策建议，东部地区的外商投资已有成效，但仍应提高本地企业的技术创新能力，以便更好地吸收先进技术，同时应更注重投资的质量，激励外资企业与国内创新主体如企业、高校、科研机构等的合作；而中西部地区外商的带动作用并不明显，因此应结合各地现状，有选择地引进，并提高自身的人力资源水平、科研水平等，以获取正面的溢出效应。同时，邢斐和张建华（2009）则认为不能过分迷信 FDI 带来的技术溢出效应，也不应盲目引进外资或过多给予外资优惠的政策，而应鼓励外商在中国进行更高端的产品研发活动，提高外资进入的“技术溢出”门槛。

（四）环境规制对企业自主创新的影响

1. 环境规制对企业自主创新

从 20 世纪中期开始，政府在制定环境政策时注意到了技术创新与环境污染治理的密切关系，由此也引发了许多关于环境规制政策对技术创新影响的研究。传统的新古典经济学理论使大多数学者认为环境规制政策会增加企业的生产成本，从而影响了企业的绩效，降低企业的生产效率。但 20 世纪 90 年代初期波特提出了“波特假说”，认为合适的环境规制能激发“创新补偿”效应，即严格而恰当的环保政策能够刺激企业进行技术创新，波特认为环境规制必然会导致成本增加这种想法是没有远见的，并对环境规制持有乐观的态度。

然而，环境规制对企业创新能力的影响在中国是否乐观呢？许多学者进行了研究，黄德春和刘志彪（2006）在罗伯特（Robert）的环境规制模型中引入了技术系数，认为在发展中国家进行环境规制，能够引起显著收益，在这些国家，支持波特假设的经验证据也最有力。根据赵红（2008）研究发现，环境规制政策在中长期对中国产业的技术创新有一定的激励作用，环境规制强度每提高 1%，R&D 支出和专利申请数量分别增加 0.19% 和 0.30%。但有学者对此持不同意见，根据江珂和卢现祥（2011）对中国 1997 ~2007 年

29个省份（不包括重庆、西藏及港澳台地区）的面板数据的实证分析，环境规制对中国技术创新没有显著的正影响，对于中部地区和东部地区，其作用必须依赖于人力资本水平，对于西部地区几乎没有影响。对于这样的地区差异，王国印和王动（2011）利用固定效应的面板数据模型也发现“波特假说”在较落后的中部地区得不到支持，而在较发达的东部地区则得到了很好的支持。对于环境规制强度与技术进步之间的关系，巫强和刘志彪（2007）证明了出口企业创新利润会随着进口国质量管制水平高低而变化，但是存在令出口企业创新利润最大化的质量管制水平。在此基础上，张成等（2011）在环境规制强度和企业生产技术进步之间构建了数理模型，并采用面板数据方法发现，环境规制与技术创新的“U”形关系不仅在时间维度上存在，并且在强度维度上也存在，但同样，这一关系在西部地区并不适用。

2. 对环境政策的改革建议

根据“波特假设”，环境规制一方面提高了企业的成本；另一方面又促进创新（傅京燕、李丽莎，2010），同时文献实证分析也表明，“波特假设”在发展中国家往往得到更大程度的印证。因此，对于中国的现状，文献普遍认为要利用好环境政策来提高我国企业的自主创新能力。

由于中国仍处于“U”形拐点的左边，许多学者（江珂、卢现祥，2011；张成等，2011；王国印、王动，2011；赵红，2008）提出了应当加强环境管制的政策建议，以此激励企业的技术创新，抵消因环境规制造成的不利影响。同时，应提高环境规制政策的合理性，如根据产业的具体情况制定不同的环境规制政策标准（赵红，2008），以及实施差异化的区域技术创新政策（江珂、卢现祥，2011），优化环境规制的形式，自然资源丰裕而经济发展相对滞后的地区应调整转变发展模式（王国印、王动，2011），因地制宜（张成等，2011）。此外，根据江珂和卢现祥（2011）的研究，应当提高人力资本水平，从而跨越环境规制政策对技术创新促进的人力资本门槛。最后，企业自身也应该积极应对，大力发展循环经济，在保证环境不受污染的同时，发展自身经济，为自主创新提供经济基础（赵红，2008；王国印、王动，2011）。

（五）金融政策对企业自主创新能力的影响

1. 金融政策与企业自主创新能力

关于金融政策对企业自主创新影响的界定始终不明确，因此国内外关于金融政策与企业自主创新之间关系的研究缺少系统性，大多就单一措施或整体政策分析，缺少对金融政策的专门研究。一个共识是，目前我国金融政策的有效性不足，对企业自主创新缺乏足够的刺激和扶持。吴建环和赵君丽（2007）等人就指出，中国企业自主创新能力低、科技创新投入产出的效益低，原因在于金融政策的有效性低，他们认为金融政策应该注重激发金融机构和企业的积极性，从而提高自主创新的投入产出效益。概览这支文献后我们发现，这一领域目前的研究主要集中在以下几个方面：

第一，信贷政策。由于银行是信贷的主要提供者，对于银行与企业自主创新关系的研究尤为重要，文献普遍认为，银行信贷对于企业创新的质量和数量都有正向影响（Amore et al. , 2013），尤其是对小型企业更为显著（Cornaggia et al. , 2015）。在微观层面，刘和江（Liu and Jiang, 2016）的研究通过引入 2LSL 和两阶段最小二乘法，发现与没有银行所有权的企业相比，拥有银行所有权的企业对于创新的投入越多，创新绩效也越好。在宏观层面，肖和赵（Xiao and Zhao, 2012）的研究表明银行业国有比重会影响企业创新，银行业国有比重越高，企业自主创新能力越差。

第二，企业规模与信贷支持的关系问题。在熊彼特提出大企业因资金实力雄厚而成为创新的主体后所引发的讨论中，人们发现中小企业比大企业具有更高的创新力，但由于无法像大企业那样容易获得信贷资金，从而影响了技术创新。因此，许多学者专注研究扶持中小企业的金融政策。具体措施方面，如建立“大企业监督式”的财务制度，形成大企业与小企业的信誉链（罗正英，2003），或者中小企业利用产业集聚，加强自身融资能力（刘峰涛，2006）等。

第三，风险投资政策。国外学者普遍认为，鼓励发展风险投资是鼓励和支持企业创新的一项重要金融政策，如赫尔曼和普里（Hellmann and Puri, 2002）等，同时许等（Hsu et al. , 2014）指出，由于银行信贷更多地趋向于风险规避，并且无法解决高新技术产业的信息和代理问题，因此风险投资特别有助于高新技术产业的研发与创新。在国内的研究中，吕炜（2002）通过对不同体制下既有企业组织结构技术创新效率的研究发现，风险投资企业在推动技术创新方面具有更强的能力。而王玉荣和李军（2009）应用描述性统计分析、相关分析及回归分析方法对中国中小企业板的上市公司进行分析，其研究发现风险投资在中国企业的创新投入中具有积极作用，但与自主创新效果之间的关系并不显著。

2. 对金融政策的改革建议

国内学者已经关注到了中国金融制度对企业创新能力的扶持问题，中国关于金融政策研究的结论认为金融政策的主要作用在于营造有利于企业创新的软环境。目前中国处于经济转轨时期，融资渠道不够广阔，金融工具及产品不足，不能完全满足企业创新的资金需求，因而在一定程度上制约了企业的自主创新能力。

因此，文献普遍认为中国虽然已初步建立起了金融政策体系，但仍需不断完善，同时针对中小企业的成长阶段和创新类型，制定不同的金融政策进行分阶段扶持，从而提高政策有效性。在具体措施方面，解维敏和方红星（2011）通过对 2002～2006 年中国上市公司进行考察研究，提出政府应当提高金融水平，扩宽企业对科研投入的融资渠道，同时减少对金融资源配置的干预。鞠晓生等（2013）通过使用 SA 指数法测量了企业的相对融资约束程度，认为促进企业自主创新能力的关键还是在于金融资本的增长以及融资制度的完善。吴建环和赵君丽（2007）认为，在信贷政策方面，政府可以利用贴息、担保等方式，支持企业创新，同时让金融机构与投资者自己进行决策，建立健全风险投资的相关制度法律，维护投资者的利益。

四、结　语

中国企业的自主创新能力一直备受关注，政府也希望能够积极促进企业自主创新能力的发展，使中国成为真正的制造强国。但是，中国企业的自主创新能力依然不足，企业也并未成为自主创新的主体。作为企业创新的土壤，中国转型时期的各类政策受到了不同程度的扭曲，这些扭曲性政策并没有给企业自主创新提供充足的激励，使得企业自主创新能力迟迟不能得到有效提升。本文从中国企业创新能力不足的既有事实出发，围绕税收、财政、贸易、环境和金融五个方面的政策因素对政策与企业自主创新之间的关系进行梳理。我们发现，文献中对上述政策的扭曲有了较为清醒的认识，并且对政策扭曲拖累我国企业自主创新能力的事实达成共识。同时，已有文献分别从各自角度对于如何纠正扭曲的各类政策，从而促进我国企业自主创新提出诸多政策性建议，虽在侧重点上有所不同，但是在把握政策适度性、倾向性原则、注重各项政策的协调配合等方面仍有共通之处。

通过对已有文献的梳理，我们发现目前关于中国政策制度与企业创新能力的文献虽然较多，但在认识上仍存在缺陷，这主要表现在以下几点：

第一，对于各项政策对企业自主创新的影响，已有的文献大多从宏观角度进行分析，因而对于政策有效性的结论不尽相同。原因在于文献中缺乏大样本微观层面的分析，对政策的研究不够细致和深入。在今后的研究中，一方面需要进一步利用大样本微观数据对已有政策效果进行更加严谨的评价；另一方面需要选择更加合适的指标和方法，同时注意计量过程的科学性，严格控制内生性等问题。

第二，文献中缺少对单一政策对单一类型企业影响的专门研究，中国本就在制定支持企业自主创新的政策上经验不足，只有对更深层的政策效用进行分析，才能更加细致地对政策制定提出建议。所以今后对此需要进行更为细致的研究，例如不同政策的侧重点与针对性不同，对某一特定企业类型的具体影响也会不同，这也是今后的研究方向之一。

第三，尽管学界目前对于各项政策与企业自主创新关系的研究很多，但是对于不同政策究竟如何协调搭配的研究较少。虽然不少研究都提及要注重不同政策的协调和配合，但是对于具体政策之间的配合，实证上却还没有给出合理的证明和检验。因而选择最优的政策搭配、政策之间如何协调互动可能是未来研究的一个重要方面。

参考文献

1. 安同良、周绍东、皮建才：《R&D 补贴对中国企业自主创新的激励效应》，载于《经济研究》2009 年第 10 期。

2. 白重恩、杜颖娟、陶志刚、仝月婷：《地方保护主义及产业地区集中度的决定因素和变动趋势》，载于《经济研究》2004 年第 4 期。

3. 冯根福、温军：《中国上市公司治理与企业技术创新关系的实证分析》，载于《中国工业经济》2008 年第 7 期。

4. 陈继勇、雷欣、黄开琢：《知识溢出、自主创新能力与外商直接投资》，载于《管理世界》2010 年第 7 期。

5. 陈林、朱卫平：《出口退税和创新补贴政策效应研究》，载于《经济研究》2008 年第 11 期。

6. 樊丽明：《中国外商投资企业税收政策的评价与完善》，载于《经济学（季刊）》2002 年第 3 期。

7. 范承泽、胡一帆、郑红亮：《FDI 对国内企业技术创新影响的理论与实证研究》，载于《经济研究》2008 年第 1 期。

8. 傅京燕、李丽莎：《环境规制、要素禀赋与产业国际竞争力的实证研究——基于中国制造业的面板数据》，载于《管理世界》2010 年第 10 期。

9. 韩小非：《中国 PCT 申请量排名世界第七位》，国家知识产权局（http：www. sipo. gov. cn. ），2008 年。

10. 黄德春、刘志彪：《环境规制与企业自主创新——基于波特假设的企业竞争优势构建》，载于《中国工业经济》2006 年第 3 期。

11. 黄志勇：《FDI、国际贸易与国内企业的创新能力》，载于《财经科学》2013 年第 4 期。

12. 江珂、卢现祥：《环境规制与技术创新——基于中国 1997 ~ 2007 年省际面板数据分析》，载于《科研管理》2011 年第 7 期。

13. 蒋殿春、夏良科：《外商直接投资对中国高技术产业技术创新作用的经验分析》，载于《世界经济》2005 年第 8 期。

14. 解维敏、方红星：《金融发展、融资约束与企业研发投入》，载于《金融研究》2011 年第 5 期。

15. 解维敏、唐清泉、陆姗姗：《政府R&D资助、企业R&D支出与自主创新——来自中国上市公司的经验证据》，载于《金融研究》2009年第6期。

16. 鞠晓生、卢荻、虞义华：《融资约束、营运资本管理与企业创新可持续性》，载于《经济研究》2013年第1期。

17. 李春涛、宋敏：《中国制造业企业的创新活动：所有制和CEO激励的作用》，载于《经济研究》2010年第5期。

18. 李宏彬、李杏、姚先国、张海峰、张俊森：《企业家的创业与创新精神对中国经济增长的影响》，载于《经济研究》2009年第10期。

19. 李丽青：《中国现行R&D税收优惠政策的有效性研究》，载于《中国软科学》2007年第7期。

20. 李维安、王辉：《企业家创新精神培育：一个公司治理视角》，载于《南开经济研究》2003年第2期。

21. 李新春、苏琦、董文卓：《公司治理与企业家精神》，载于《经济研究》2006年第2期。

22. 林毅夫、刘培林：《地方保护和市场分割：从发展战略的角度考察》，北京大学中国经济研究中心工作论文，2004年。

23. 林州钰、林汉川、邓兴华：《所得税改革与中国企业技术创新》，载于《中国工业经济》2013年第3期。

24. 刘峰涛：《小企业融资困境与孵化器制度》，载于《研究与发展管理》2006年第2期。

25. 刘凤朝、潘雄峰、施定国：《基于集对分析法的区域自主创新能力评价研究》，载于《中国软科学》2005年第11期。

26. 刘凤委、于旭辉、李琳：《地方保护能提升公司绩效吗？——来自上市公司的经验证据》，载于《中国工业经济》2007年第4期。

27. 柳剑平、郑绪涛、喻美辞：《税收、补贴与R&D溢出效应分析》，载于《数量经济技术经济研究》2005年第12期。

28. 刘剑雄：《企业家人力资本与中国私营企业制度选择和创新》，载于《经济研究》2008年第6期。

29. 柳卸林、胡志坚：《中国区域创新能力的分布与成因》，载于《科学学研究》2002年第5期。

30. 罗正英：《信誉链假说：中小企业融资能力的放大》，载于《上海经济研究》2003年第5期。

31. 吕炜：《论风险投资机制的技术创新原理》，载于《经济研究》2002年第2期。

32. 聂辉华、谭松涛、王宇锋：《创新、企业规模和市场竞争：基于中国企业层面的面板数据分析》，载于《世界经济》2005年第7期。

33. 潘文卿:《外商投资对中国工业部门的外溢效应:基于面板数据的分析》,载于《世界经济》2003 年第 6 期。

34. 沈坤荣:《外商直接投资的外溢效应分析》,载于《金融研究》2000 年第 3 期。

35. 孙伯灿、陈卫东、范柏乃:《中国高新技术产业税收优惠政策实证研究》,载于《浙江大学学报》2011 年第 6 期。

36. 陶虎、田金方、郝书辰:《科技财政、创新活动与国有企业自主创新效率——基于治理制度视角的比较分析》,载于《经济管理》2013 年第 11 期。

37. 王飞:《外商直接投资促进了国内工业企业技术进步吗?》,载于《世界经济研究》2003 年第 4 期。

38. 王国印、王动:《波特假说、环境规制与企业技术创新——对中东部地区的比较分析》,载于《中国软科学》2011 年第 1 期。

39. 王红领、李稻葵、冯俊新:《FDI 与自主研发:基于行业数据的经验研究》,载于《经济研究》2006 年第 2 期。

40. 王华、龚珏:《完善支持科技创新的财税政策推动产业结构调整》,载于《税务研究》2013 年第 3 期。

41. 王文春、荣昭:《房价上涨对工业企业创新的抑制影响研究》,载于《经济学(季刊)》2014 年第 13 卷第 2 期。

42. 王玺、张嘉怡:《促进企业研发创新的税收政策探析》,载于《税务研究》2015 年第 1 期。

43. 王晓滨、尚志龙、刘炜:《论促进高新技术产业发展的税收优惠政策》,载于《税务研究》2004 年第 10 期。

44. 王玉荣、李军:《风险投资对中小企业自主创新影响的实证研究——基于中小企业板的经验数据》,载于《山东科技大学学报》2009 年第 1 期。

45. 温军、冯根福:《异质机构、企业性质与自主创新》,载于《经济研究》2013 年第 3 期。

46. 巫强、刘志彪:《进口国质量管制条件下的出口国企业创新与产业升级》,载于《管理世界》2007 年第 2 期。

47. 吴建环、赵君丽:《支持企业自主创新金融政策的有效性研究》,载于《理论月刊》2007 年第 5 期。

48. 吴延兵:《中国哪种所有制企业最具创新性》,载于《经济研究》2012 年第 6 期。

49. 吴延兵、刘霞辉:《人力资本与研发行为——基于民营企业调研数据的分析》,载于《经济学》(季刊)2009 年第 8 卷第 4 期。

50. 夏杰长、尚铁力:《自主创新与税收政策——理论分析、实证研究与对策建议》,载于《税务研究》2006 年第 6 期。

51. 冼国明、严兵：《FDI对中国创新能力的溢出效应》，载于《世界经济》2005年第10期。

52. 邢斐、张建华：《外商技术转移对中国自主研发的影响》，载于《经济研究》2009年第6期。

53. 徐毅、张二震：《FDI、外包与技术创新：基于投入产出表数据的经验研究》，载于《世界经济》2008年第9期。

54. 杨晔：《中国各省市企业自主创新能力的综合评价》，载于《财经研究》2008年第6期。

55. 杨振冰、张诚：《两税合并后外资企业创新效率提升了吗？——来自中国制造业的证据》，载于《财贸经济》2015年第9期。

56. 姚洋、章奇：《中国工业企业技术效率分析》，载于《经济研究》2001年第10期。

57. 银温泉、才婉如：《中国地方市场分割的成因和治理》，载于《经济研究》2001年第6期。

58. 余东华、王青：《地方保护、区域市场分割与产业技术创新能力——基于2000～2005年中国制造业数据的实证分析》，载于《中国地质大学学报》2009年第3期。

59. 岳树民、孟庆涌：《构建税收激励机制提升企业自主创新能力和动力》，载于《税务研究》2006年第6期。

60. 张成、陆旸、郭路、于同申：《环境规制强度和生产技术进步》，载于《经济研究》2011年第2期。

61. 张海洋：《R&D的两面性、外资活动与中国工业经济增长》，载于《经济研究》2005年第5期。

62. 张杰、张培丽、黄泰岩：《市场分割推动了中国企业出口吗?》，载于《经济研究》2010年第8期。

63. 赵红：《环境规制对产业技术创新的影响——基于中国面板数据的实证分析》，载于《产业经济研究》2008年第3期。

64. 郑绪涛、柳剑平：《促进R&D活动的税收和补贴政策工具的有效搭配》，载于《产业经济研究》2008年第1期。

65. 郑毓盛、李崇高：《中国地方分割的效率损失》，载于《中国社会科学》2003年第1期。

66. 中国企业家调查系统：《企业进入创新活跃期：来自中国企业创新动向指数的报告——2016·中国企业家成长与发展专题调查报告》，载于《管理世界》2016年第6期。

67. 中国企业家调查系统：《企业经营者对宏观形势及企业经营状况的判断、问题和建议——2015·中国企业家成长与发展专题调查报告》，载于

《管理世界》2015 年第 6 期。

68. 中国税务学会学术研究委员会第一课题组：《支持企业自主创新的税收政策研究》，载于《税务研究》2007 年第 4 期。

69. 周黎安、罗凯：《企业规模与创新：来自中国省级水平的经验证据》，载于《经济学》（季刊）2005 年第 4 卷第 3 期。

70. 朱恒鹏：《企业规模、市场力量和民营企业创新行为》，载于《世界经济》2006 年第 12 期。

71. 朱平芳、徐伟民：《政府的科技激励政策对大中型工业企业 R&D 投入及其专利产出的影响——上海市的实证研究》，载于《经济研究》2003 年第 6 期。

72. 朱希伟、金祥荣、罗德明：《国内市场分割与中国的出口贸易扩张》，载于《经济研究》2005 年第 12 期。

73. 庄子银：《南方模仿、企业家精神和长期增长》，载于《经济研究》2003 年第 1 期。

74. Amore, M. D., C., Schneider, and A. Žaldokas, 2013, "Credit Supply and Corporate Innovation", *Journal of Finance*, 109, pp. 835 – 855.

75. Antonelli, C., 1989, "The Role of Technological Expectations in a Mixed Model of International Diffusion of Process Innovations: The Case of Open – End Spinning Rotors", *Research Policy*, 18, pp. 273 – 288.

76. Baumol, W., 1990, "Entrepreneurship: Productive, Unproductive, and Destructive", *Journal of Political Economy*, 98, pp. 893 – 921.

77. Bennis, W. Y., 2006, "Reassessment of the State Role in the Development of High – Tech Industry: A Case Study of Taiwan's Hsinchu Science Park", *East Asia*, 23, pp. 61 – 86.

78. Beugelsdijk, S., and N. Noorderhaven, 2004, "Entrepreneurial Attitude and Economic Growth: A Crosssection of 54 Regions", *Annals of Regional Science*, 38, pp. 199 – 218.

79. Bloom, N., R. Griffith, and J. Van, Reenen, 2002, "Do R&D Tax Credits Work? Evidence From a Panel of Countries 1979 – 1997", *Public Economics*, 85, pp. 1 – 31.

80. Bronzini, R., and P., Piselli, 2014, "The Impact of R&D Subsidies on Firm Innovation", *Temi Di Discussione*, 45, pp. 42 – 457.

81. Busom, I., 1999, "An Empirical Evaluation of the Effects of R&D Subsidies", *Working Paper*, No. B99 – 05, Burch Center, University of California.

82. Cornaggia, J., Y., Mao, X., Tian, and B., Wolfe, 2015, "Does Banking Competition Affect Innovation?", *Journal of Financial Economics*, 115,

pp. 189 – 209.

83. Czainitzki, D. , and K. , Hussinger, 2004, "The Link R&D Subsidies R&D Spending and Technological Performance", *Ssrn Electronic Journal*, 56.

84. Glaeser, E. , 2007, "Entrepreneurship and the City", *Working Paper.*

85. Grossman, G. M. , and E. , Helpman, 1989, "Trade, Innovation, and Growth", *The American Economic Review*, 80, pp. 86 – 91.

86. Guan, J. C. , and R. C. M. , Yam, 2015, "Effects of Government Financial Incentives on Firms' Innovation Performance in China: Evidences from Beijing in the 1990s", *Research Policy*, 44, pp. 273 – 282.

87. Guellec, D. , 2003, "The Impact of Public R&D Expenditure on Business R&D", *Economics of Innovation & New Technology*, 12, pp. 225 – 243.

88. Guellec, D. , and B. , Pattinson, 2000, "Innovation Surveys: Lessons from OECD Countries' Experience", *STI – Science Technology Industry Review*, 27, pp. 77 – 102.

89. Guo, D. , Y. , Guo, and K. , Jiang, 2016, "Government – Subsidized R&D and Firm Innovation: Evidence from China", *Research Policy*, 45, pp. 1129 – 1144.

90. Hellmann, T. , and M. , Puri, 2002, "Venture Capital and the Professionalization of Start-up Firms: Empirical Evidence", *Journal of Finance*, 57, pp. 169 – 197.

91. Hsu, Po – Hsuan, X. , Tian, and Y. , Xu, 2014, "Financial Development and Innovation: Cross – Country Evidence", *Journal of Financial Economics*, 112, pp. 116 – 135.

92. Kinoshita, Y. , 2001, "R&D and Technology Spillovers via FDI: Innovation and Absorptive Capacity", *CEPR Working Paper*, University of Michigan.

93. Kokko, A. , 1992, Foreign Direct Investment, Host Country Characteristics and Spillovers, The Economic Research Institute.

94. Kokko, A. , 1994, "Technology, Market, Characteristics and Spillover", *Journal of Development Economics*, 43, pp. 279 – 293.

95. Krugman, P. R. , 1990, Rethinking International Trade, MIT Press.

96. Lach, S. , 2002, "Do R&D Subsidies Stimulate or Displace Private R&D? Evidence from Israel", *The Journal of Industrial Economics*, 50, pp. 369 – 390.

97. Levy, D. M. , and N. E. , Terleckyj, 1983, "Effects of Government R&D on Private R&D Investment and Productivity: A Macroeconomic Analysis", *The Bell Journal of Economics*, 14, pp. 551 – 561.

98. Lichtenberg, F. R. , 1984, "The Relationship between Federal Contract

R&D and Company R&D", *The American Economic Review*, 74, pp. 73 –78.

99. Liu, F. C., D. F., Simon, Y. T., Sun, and C., Cao, 2011, "China's Innovation Policies: Evolution, Institutional Structure, and Trajectory", *Research Policy*, 40, pp. 917 –931.

100. Liu, X., and S. Q., Jiang, 2016, "Bank Equity Connections, Intellectual Property Protection and Enterprise Innovation – A Bank Ownership Perspective", *China Journal of Accounting Research*, 9, pp. 207 –233.

101. Liu, X., P., Sile, C., Wang, and Y., Wei, 2000, "Productivity Spillover from Foreign Direct Investment: Evidence from UK Industry Level Panel Data", *Journal of International Business Studies*, 31, pp. 407 –425.

102. Mamuneas, T. P., and M., Nadiri, 1996, "Public R&D Policies and Cost Behavior of the US Manufacturing Industries", *Journal of Public Economics*, 63, pp. 57 –81.

103. Mansfield, E., 1986, "The R&D Tax Credit and Other Technology Policy Issues", *American Economic Review*, 76, pp. 190 – 194.

104. Naughton B., 1999, "How Much Can Regional Integration Do to Unify China's Markets?" *Conference for Research on Economic Development and Policy Research.*

105. Poncet, S., 2003, "Domestic Market Fragmentation and Economic Growth", *Ersa Conference Papers.*

106. Rodrik, D., 2004, Industrial Policy for the 21st Century, Kennedy School of Government, Harvard University.

107. Schumpeter, J. A., 1934, The Theory of Economic Development, Cambridge, MA: Harvard University Press.

108. Shrieves, R. E., 1978, "Market Structure and Innovation: A New Perspective", *The Journal of Industrial Economics*, 26, pp. 329 –347.

109. Song, H., and H., Vandenbussche, 2008, "Trade Policy and Innovation", Available at SSRN: https: //ssrn. com/abstract = 1107140 or http: // dx. doi. org/10. 2139/ssrn. 1107140.

110. Wallsten, S. J., 2000, "The Effects of Government-Industry R&D Programs on Private R&D: The Case of the Small Business Innovation Research Program", *Rand Journal of Economics*, 31, pp. 82 – 100.

111. Wang, C. C., and Wu, A., 2016, "Geographical FDI Knowledge Spillover and Innovation of Indigenous Firms in China", *International Business Review*, 25, pp. 895 –906.

112. Xiao, S., and S., Zhao, 2012, "Financial Development, Government

Ownership of Banks and Firm Innovation", *Journal of International Money and Finance*, 31, pp. 880 –906.

113. Xu, X. P. , 2002, "Have the Chinese Provinces Become Integrated under Reform?", *China Economic Review*, 13, pp. 16 –133.

114. Young A. , 2000, "The Razor's Edge: Distortions and Incremental Reform in the People's Republic of China", *Quarterly Journal of Economics*, 114, pp. 1091 –1135.

Why Corporations in China Lack Self-innovation Capability?

—A Literature Review Based on Policy Perspective

KANG Yankun　MAO Yu

(School of Economics & Management, Northwest University, 710127)

LIU Ruiming

(National Academy of Development and Strategy, RUC, 100872)

[**Abstract**] The rise of China requires independent innovation. However, the development of Chinese enterprises in the transition period has long been compromised by lack of self-innovation. Many literatures have suggested that as China shifts from planned economy to market economy, various "distorting policies" have occurred in the context of decentralization incentive, which is the key reason that leads to poor capacity for independent innovation of Chinese enterprises. The paper first displayed the three characteristic facts including the overall continuous improvement of capacity for independent innovation of China, lack of self-innovation capacity on the part of the Chinese enterprises and the significant differences in intersectional self-innovation capacity in view of the given facts that the capacity for independent innovation of Chinese enterprises is relatively poor; what's more, the work systematically investigated the effect of different policies in the transition period of China on the capacity for independent innovation of Chinese enterprises, among which there are five policy factors consisting of revenue, fiscal, trade, environment and finance, and the work also analyzed the effectiveness of the innovation policies of China and the relationship between distorting policies and e the capacity for independent innovation of Chinese enterprises in detail; finally, the paper indicated the direction for future research while discussing the innovation and contribution of existing literature.

[**Key Words**] Self-innovation　Distorted Policy　Innovation Policy

JEL Classifications: O31

区域经济韧性及其影响因素研究新进展

逯苗苗　孙　涛*

【摘　要】在面临冲击时，为什么有的地区可以平稳过渡，甚至获得更好的发展；有的则在危机中走向低谷，经济复苏遥遥无期。西方学者将该疑问归结为区域经济韧性的问题，且近年来韧性问题逐渐成为备受关注的热点，但国内关于区域经济韧性的研究仍处于起步阶段。通过梳理区域经济韧性的概念与测算方法、分析区域经济韧性的影响因素，本文发现“新增长路径的创造能力”成为区域经济韧性的主要表现，产业结构、知识网络以及制度环境等因素对区域经济韧性产生重要影响。在我国经济研究与政策制定中若引入区域经济韧性研究方法，将有助于不同地区的稳定和平衡发展。

【关键词】区域经济韧性　产业结构　知识网络　制度环境

中图分类号：F014　F127　F061.5　文献标识码：A

随着经济社会的不断进步，各种各样的不确定因素不断冲击和困扰着区域经济的稳定和平衡发展。在面临冲击时，有的地区可以平稳过渡，甚至获得更好的发展，有的地区则在危机中走向低谷，经济复苏遥遥无期。如何应对冲击、保持区域经济的稳定发展，成为各个国家和地区亟待解决的重要问题之一。党的十九大明确提出，我国社会主要矛盾已经转化为人民日益增长的美好生活需要和不平衡不充分的发展之间的矛盾。而各个地区之间应对冲击与保持经济稳定性能力的差异也是造成我国区域间经济发展的不平衡重要因素之一。例如，“东北老工业基地”作为我国经济发展进程中曾经的中坚力量深陷发展困境，而南方珠三角、长三角等地区则能够一直保持良好的经济增长速度。

当前，我国正处于经济由高速增长阶段向高质量发展阶段转变的过程之

* 逯苗苗，山东大学经济研究院博士研究生；地址：（250100）山东省济南市山大南路 27 号；E-mail：657593056@ qq. com。孙涛（通讯作者），山东大学经济研究院副教授；地址：（250100）山东省济南市山大南路 27 号；E-mail：supersuntown@ 126. com。

中，区域经济能否适应发展阶段的转变，保持经济稳定，也成为整体经济发展阶段转变能否顺利进行的重要决定因素。因此，如何使区域经济平稳渡过危机时期，实现经济“软着陆”，或者在长期发展中保持良好增速，以保持区域经济发展的稳定，成为值得关注的经济问题。国外部分学者将这类问题归结为区域经济韧性（Regional Economic Resilience）的问题，并进行了一系列的研究，但国内关于区域经济韧性的研究仍处于起步阶段，因此，梳理和分析西方学者对区域经济韧性的研究新进展将为本土化的学术研究提供有益借鉴。

一、区域经济韧性的概念起源与发展演变

韧性（Resilience）一词最早是由霍林（Holling，1973）在生态学领域提出，指的是系统受到冲击后能够较快恢复到初始状态，并保持原有结构和功能的能力。在经济学领域，由雷贾尼等（Reggiani et al.，2002）最先将韧性概念应用于空间经济的分析，随后，韧性分析在经济学领域得到了较为迅速的推广与应用。尽管在经济韧性研究的早期阶段，一些学者认为韧性的概念与路径依赖、区域锁定等已有的概念并没有太大的区别（Hassink，2010；Pike et al.，2010；Davies，2011），但 2010 年以来学者对区域经济韧性理论的研究热度有所上升，且逐渐将韧性概念应用于实证分析的方面。

为了直观地表示出区域经济韧性的研究进展情况，本文从 WEB OF SCIENCETM（WoS）核心合集数据库中进行了文献检索，检索出主题为“regional × resilience”或者主题为“economic × resilience”的文献，同时设定语种为“English”，文献类型为“Article”，学科类别为“economics”和“geography”，时间跨度为 1986～2017 年，检索结果如图 1 所示。

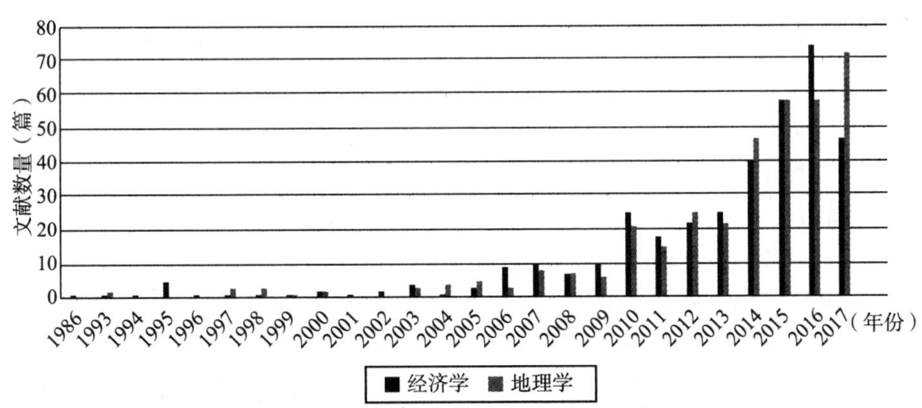

图 1　区域经济韧性研究的文献数量

2010年以前，关于区域经济韧性的研究较少，并且主要是有关如何将韧性理论应用于经济学与地理学研究领域的探讨性文献，但对区域经济韧性的概念界定问题没有达成共识。虽然没有一个统一明确的概念，哈辛克（Hassink，2010）在其文章中指出，有必要开始将区域经济韧性理论应用到实证研究中了，用韧性理论解决一些重要的实际问题，比如，社会资本与经济韧性的关系，沉没成本与经济韧性的关系，相关、非相关多样性与路径创造的关系以及区域政策对区域经济韧性的促进关系等。2010年之后，有关区域经济韧性研究的文献数量明显开始增多，尤其是实证研究文章，另外，在学科类别方面，经济学和地理学两个学科的相关文献数量几乎是同步在增多。

区域经济韧性的概念界定包括均衡论视角下的工程韧性和生态韧性，以及演化论视角下的适应性韧性（Martin，2012）。以工程学概念为基础的工程韧性是指系统在冲击后恢复到预先存在的稳定状态的能力（Rose，2004；Fingleton et al.，2012）。这种观点认为，区域经济会表现出不同程度的恢复力，有的区域可以恢复到冲击前的状态，有的则不能，而且恢复的时间也有差别，即可以通过“是否能够恢复、恢复到何种程度、恢复所需要的时间等”来进行经济韧性的区分（Pike et al.，2010）；生态韧性则认为有韧性的区域可以在面临外部冲击时进行资源重组，从而改变区域的结构或者功能并且进入新的平衡状态，是一种多重均衡的概念（Reggiani et al.，2002；Simmie and Martin，2010），虽然生态韧性的定义不再强调经济要恢复到原有单一的状态，而是考虑到区域的能动性，可以调整到其他稳定发展的状态，但生态韧性仍然是一种均衡观念，仍然强调一种相对静态的均衡。

适应性韧性则从演化视角对区域经济的韧性进行分析（Christopherson et al.，2010；Boschma，2015；Wink et al.，2015），在演化视角下，学者们认为区域经济在长期中保持稳定发展的能力与在短期中积极应对冲击的能力一样重要。培育区域经济的韧性不仅包括培育从冲击中恢复过来的能力，而且还要培育区域获得潜在变革机会的能力，从而实现长期稳定的经济发展（Davoudi et al.，2013）。演化视角下的区域经济韧性是一个持续过程，不仅包括在短期内恢复到新的或者已有的稳定均衡状态，而且可以涵盖一个区域的彻底转型（Evenhuis，2017）。因此，区域经济韧性取决于区域应对结构性变化的能力，即创造新增长路径来抵消不可避免的经济停滞或者下滑的能力（Martin and Sunley，2013）。

区域经济韧性从均衡论到演化论的演变，主要是因为学者们开始考虑更长时间内的区域经济发展，将其作为一个动态的、持续的，而非片段化的发展过程。从演化论角度考察区域经济韧性，是一种可持续发展的思维，有利于区域经济的长期发展（Stumpp，2013）。虽然自然灾害与气候环境的冲击是影响区域经济稳定性的重要因素，且有很多学者围绕该问题作出了一系列的研究（Cimellaro et al.，2015；Lu and Dudensing，2015），但这类冲击是偶然性的，与演化论视角下区域经济韧性表现出的“新增长路径的创造能力”相关性不强，因此本文重点关注区域在应对经济方面的不稳定性因素时所表现出来的韧性。

二、区域经济韧性的测度方法

区域经济韧性的测度是区域经济韧性实证研究必不可少的关键要素之一，学者们对此也作出了积极的探索，现有的测度方法主要包括定性与定量两种方式。

（一）定性测度

定性测度主要是通过案例分析的形式，将不同区域进行横向对比或同一区域的不同时段进行纵向对比，而非计算出一个具体的数值。学者们通常会把研究范围限定于特定的区域或者行业，通过资料收集、实地调研与访谈等方法，对该区域或者行业的发展历程进行研究，明确其在面临经济危机或者出现经济发展困境时作出的反应以及产生的后果。

1. 横向对比研究

横向对比研究重点考察一个国家内部不同地区在面临相同或者相似的冲击时，所作出的不同反应以及表现出的发展差异。通过资料对比分析，沃尔夫（Wolfe，2010）探讨了加拿大安大略省的两个核心城市（渥太华市和滑铁卢市）在其现有资源以及制度约束下如何应对过去10年内发生的两次主要的外部冲击。西米（Simmie，2014）、布里斯托和希利（Bristow and Healy，2015）也分别采用横向对比研究方式分析了英格兰与威尔士的不同地区在全球经济衰退背景下的发展差异。

2. 纵向对比研究

纵向对比研究则侧重于对某一特定区域的发展历程进行研究，这类区域可能在发展过程中因经济冲击出现了衰退，也可能成功地应对冲击继续保持稳定发展或衍生出新的发展路径。通过资料分析，特雷多（Treado，2010）研究了匹兹堡钢铁产业集群在炼钢能力相对下降时仍然能保持经济活力的原因。通过对当地企业的一系列采访，赫尔瓦奥利弗等人（Hervas - Oliver et al.，2011）研究了政府政策对北斯塔福德郡工业陶瓷区的经济发展稳定性和产生新增长路径能力的影响。奥克斯博和布林德利（Oxborrow and Brindley，2012）通过对样本企业进行访谈，追踪研究了2006~2011年英格兰的东米德兰地区服装行业的发展轨迹，以探究经济衰退时期的区域经济韧性。格伦斯文和哈钦森（Grunsven and Hutchinson，2016）则采用观察企业进入、退出的趋势以及对企业进行访谈两种方式研究了马来西亚柔佛地区电子电气产业的发展的稳定性问题。

定性测度研究方式主要是对区域内主导产业的兴衰进行访谈调查，但如果涉及区域内产业结构比较复杂，访谈方式则不能较为全面地反映区域的经济韧性程度。同时，如果访问对象的样本量不足够大，定性研究方法容易产生研究偏差，从而导致研究结论不够准确。

（二）定量测度

定量研究主要包括韧性指数体系和简单经济指标两种方式。其中，简单经济指标又可以分为宏观经济指标和微观经济指标，宏观经济指标主要以GDP、失业率与就业人数等中的一个或多个为区域经济韧性的衡量指标。微观经济指标则侧重考察区域内以企业为单位的微观经济主体的特征，以测算区域经济韧性。

1. 韧性指数体系

采用韧性指数体系进行区域经济韧性定量测度的重点在于指数体系内指标的选择，布里古利奥等人（Briguglio et al.，2009）的研究最早以韧性指数方式进行区域经济韧性测算，他们所构造的韧性指数包括宏观经济稳定性、微观市场效率、良好的治理以及社会发展水平，并通过财政赤字占GDP的比重、私人公司主导银行业的程度、司法的独立性、教育水平等更加具体的数据指标分别对四个构成指标进行刻画。为了验证其所构造的韧性指数体系的合理性，布里古利奥根据他们所构造的韧性指数测算了86个国家和地区的经济韧性，并发现该韧性指数与国家和地区的人均GDP水平高度正相关。

部分学者还从产业角度和社会福利角度进行了韧性指数体系的构建。弗洛伊德（Fromhold - Eisebith，2015）从市场重新定位、价值链优化、战略合作、创新升级、生产迁移以及企业文化六个方面定义了产业经济韧性。阿特拉斯（Artelaris，2017）依据居民的主观幸福度衡量了希腊各地区的经济韧性，他所构造的指标体系主要包括教育、健康、收入、雇用、社会排斥、社会凝聚、社会资本、社会稳定、家庭、公民参与度等。

韧性指数体系虽然能够综合反映区域经济的各个方面，但仍然存在一些问题。例如，学者们以韧性指数体系来测算区域经济韧性时，所选取的测算指标并不统一，导致不同研究之间不具有可比性。同时，指标数据的选取容易带来内生性问题，很多情况下不能判断一项指标是区域经济韧性的表现，还是使区域经济具有韧性的影响因素。另外，在韧性指数构建方面，学者们对每项指标的衡量都是等权重的，但经济冲击对不同指标的影响往往是不平衡的。因此，在韧性指数构造时既要着重分析区域经济韧性的传导机制，还需要考虑对不同指标赋予不同的权重，以准确度量区域经济整体的韧性特征。

2. 简单经济指标

使用国内生产总值（GDP）、失业率与就业人数等宏观经济数据作为简单经济指标进行区域经济韧性的测度，有利于测度指标的统一，越来越多的学者采用这种分析关键经济数据的异常变化的方法来测度区域经济的韧性。马丁（Martin，2012）通过就业数量与产出水平测算了1972～2010年英国各地区的区域经济韧性。森西尔等人（Sensier et al.，2016）通过分析欧洲不同地区实际GDP和就业人数的变化，区分了各个地区开始进入衰退时间，而不是假设所有地区经济在同一时间点受到经济冲击的影响，从复杂概念角度衡量了各个经济衰退幅度和持续时间。贝赫艾克等人（Bergeijk et al.，2017）则通过测算世界范围内经济贸易量变化来度量全球经济大衰退对区域的影响，进而表征区域的经济韧性。

另外，部分学者也开始使用企业层面的微观经济数据来表征区域经济韧性。通过考察挪威4个不同地区的4家制造业企业，比灵顿等人（Billington et al.，2017）从企业组织演化视角指出区域经济韧性的形成是以企业对地区经济和社会制度的贡献为基础的。杜施尔（Duschl，2016）通过计算地区层面的企业增长率数据，测算了德国2008～2010年的区域经济韧性。肖等人（Xiao et al.，2018）则将具有韧性的区域定义为在经济冲击后仍然具有较高的企业进入门槛的区域，即区域内原有的企业在冲击后仍然具有较强的竞争力，新的企业不容易趁势而入。

虽然简单经济指标便于测算，可比性好，且具有广泛的适用性，但这种测算方法可能会忽视掉一些关键因素，导致对区域经济韧性的反映不全面。从企业层面测量区域经济韧性，可以充分考虑区域的异质性，结合不同地区的经济特征制定出更具有针对性的韧性测算方法，但是经济韧性的计量结果在很大程度上取决于所选择的指标，即对不同指标进行分析可能导致完全不同的结果，因此测量结果产生偏差的可能性较大。

三、区域经济韧性的影响因素

（一）产业结构与区域经济韧性

1. 专业化与多样化

产业结构的多样化与专业化特征经常被用来解释各地区长期和短期就业

增长的差异（Martin and Tyler，2000），并且在有关区域经济韧性研究的文献中得到高度的关注，被认为是韧性问题的关键所在（Martin and Sunley，2015）。

如果经济冲击是针对某个特定产业，那么以其他产业为主导并且具有专业化产业结构的区域则不容易陷入危机，但如果冲击恰好是针对该区域的主导产业，冲击就会导致较为严重的后果。多样化的产业结构具有冲击减震器的作用，能够避免遭受强烈的冲击，但是同时因为产业种类多样，受到冲击的概率也会增大（Desrochers and Leppala，2011），而且，如果多样化产业结构中的产业在投入产出方面具有紧密的联系，那么其分散风险的作用会减弱。不过，当区域内多样化的产业所需工人的劳动技能相同或者类似时，由于减少了摩擦性失业，可以缓解区域所受到的经济冲击（Diodato and Weterings，2015）。

在演化视角下，区域经济韧性主要强调一个地区创造新增长路径的能力，而这一能力与区域内现有的产业结构密切相关，因为新增长路径多数产生于对区域内现有资源的重组。虽然专业化发展方式能够使区域在一定时期内快速发展，但专业化的产业结构会造成区域内沉淀大量的专门化投入，这类沉没成本会将区域锁定在特定增长路径上，对企业进入新增长路径产生阻碍（Hassink，2005），因而依赖于某个主要行业的地区往往不具有创造新增长路径的能力（Ormerod，2010）。具有多样化产业结构的地区因为具有较多有价值的富余资源，通常被认为在对当地的经济资源进行重组方面更有潜力，从而能够发展出新增长路径。但是，换个角度看，就多样化产业结构中的单个企业而言，由于各个企业之间缺乏近似性，单个企业不容易受到关注，因此，在多样化产业结构区域不能为这类企业提供相应的资源支持时，企业会迅速衰落甚至消亡（Neffke and Boschma，2011）。

学者们也通过实证研究积极探索产业结构的专业化与多样化特征对区域经济韧性的影响。通过研究希腊各州的经济表现，佩特罗科斯和佩查瑞斯（Petrakos and Psycharis，2016）指出贸易和出口导向型专业化程度高的地区能够较好地应对经济危机，但欧盟市场的深度一体化并不利于区域应对经济危机。埃里克松和海恩维吉曼（Eriksson and Hane - Weijman，2017）指出如果规模较小的边缘城市实施专业化产业结构，则会降低其应对危机的能力，因为此类边缘地区很难吸引到好的投资项目，鼓励其进行专业化生产，也就不可避免地导致这些地区的专业化仅以制造业或者服务业为主，这不但没有使这些地区的经济得到稳固，反而增加了经济的波动性。

2. 相关多样化与非相关多样化

多样化的产业结构可以进一步细分为相关多样化和非相关多样化，不同相关性的产业结构对区域经济韧性的贡献也有所不同。弗伦肯等（Frenken et al.，

2007）认为多样化地区的重组潜力是由相关多样化提高的，而非多样化本身，相关多样化是地区多样化和发展新增长路径的关键因素，因为新兴产业倾向于从现有的技术相关的产业中重组或分离出发展所需的资源，相关多样化不仅能够增强区域吸收冲击的能力，还能提高区域开发新增长路径的能力。

通过研究美国各大城市现有技术的相关性，巴兰等人（Balland et al.，2015）指出现有技术具有高度相关性的城市拥有更大的承受危机的能力，能够减少危机的破坏程度和持续时间，这类城市通常具有将现有技术资产重新配置成为新技术的能力。但是，也有反证，洛斯等人（Los et al.，2013）则认为非相关多样性的地区更有可能产生技术突破，因为在这类区域存在重组先前不相关知识的机会，从而使区域获得更有效的重组能力。另外，卡斯塔尔迪等（Castaldi et al.，2015）发现非相关多样性提高了美国一些地区获得重大技术突破的可能性，因为重大的创新往往源自连接以前不相关的技术，从而开辟全新的功能和应用。

近几年的学术研究中，学者们开始将产业结构划分为专业化、相关多样化与非相关多样化三种类型，更加全面地刻画了区域的产业结构特征。普德尔科和亨特（Pudelko and Hundt，2017）在研究德国西部地区的区域经济短期韧性时，将其分为抵御力（resistance）和恢复力（recovery）两个方面，通过回归分析他们发现，具有非相关多样化或者知识密集型相关多样化产业结构的地区表现出良好的抵御力，具有知识密集型专业化产业结构的地区表现出良好的恢复力，但是知识密集型专业化产业结构会对抵御力产生负向影响、非相关多样化产业结构会对恢复力产生负面影响。埃里克松和海恩维吉曼在研究瑞典在1990~2010年的就业总流量数据时，发现与专业化区域相比，具有凝聚力和多样性的区域在面临经济危机时都具有较好的抵御力和适应力，即高度技术相关性与高度技术无关性的产业结构相较于单一的专业化的产业结构都具有更好的经济韧性。还有学者发现，通过投资于新领域促进经济多样化比提升或深化企业能力更能促进区域经济的发展（Grunsven and Hutchinson，2017），具有相关多样性和异质性的知识库对区域经济韧性具有至关重要的正向作用（Sedita et al.，2017）。

（二）知识网络与区域经济韧性

1. 网络识别

随着社会网络分析在经济地理学中的广泛应用，学者们将该方法应用于分析区域内部和跨区域的企业知识传递与交流现象。将区域中的每个企业作为一个节点，并在有知识交流的企业间建立联结，区域内的企业以及企业之间的关系就可以通过一个知识网络的形式展现，节点之间的关系可以反映出区域内知识网络的关联程度，即区域内的知识传递与交流情况（Neffke et al.，2011）。通过对静态或动态的知识网络进行识别，可以观察区域内与区域间知识网络的结构特征和演化方向（Wal and Boschma，2009）。

通过对匹兹堡地区的中间钢铁供应商所处的知识网络进行识别，特雷多和吉拉塔尼（Treado and Giarratani，2008）发现钢铁供应商不仅将上游和下游产业围绕单一产品联系在一起，而且与其他供应商以及企业建立了更为复杂的关联关系，从而使匹兹堡地区具有较好的经济韧性。本纳和帕斯特（Benner and Pastor，2016）指出在其所研究的三个具有经济韧性的区域中，虽然每个区域都有不同的经济增长特征，但共同点是每个区域都有相对丰富和多样化的知识网络结构，知识可以在区域内传播和分享。区域的知识网络对区域经济韧性具有重要影响，那些具有更多关联关系的地区往往被认为具有较好的经济韧性（Ormerod，2010）。但是如果把一个地区作为网络的节点，那么像捷克这样的小型开放经济体，其区域经济韧性主要受区域外因素的驱动，比如其在全球生产网络的地位和该地区特定行业或大型跨国公司的经济表现（Zenka et al.，2017）。

2. 网络特征

一个区域的内部知识网络结构和知识网络的开放性对区域经济韧性有重要的影响，知识网络不仅影响区域对冲击的敏感性还会影响到区域建立新增长路径的能力。良好的知识网络结构可以促进区域构建新增长路径，增强区域经济发展的稳定性。通过研究企业网络的关联度特征，科尼格等人（Konig et al.，2010）指出网络的规模和网络的形成年限对网络内企业之间的联系强度有重要影响，而且关联较为紧密的网络通常能够获得更好的区域弹性。但是，通过对加拿大投资银行承销关系的分析，鲍姆（Baum，2012）发现网络内基于的封锁关系（closure ties）的绩效优势随着网络形成年限的增加而增加，但是，桥接关系（bridging ties）所带来的好处却随着网络年限的增加而减少。

知识网络结构面临着连通性与适应性之间的冲突（Simmie and Martin，2010）。当一个区域内的知识网络结构非常集中时，企业之间会有很强的接近性，网络一般会由一个占据核心地位的企业节点和具有高度接近性的其他企业节点组成，这种模式加强了信息之间的传输、便于网络的协调、抑制了机会主义行为，从而具有较高的效率，但是知识网络结构内的企业会对冲击比较敏感，产生资源重组的可能性较小，容易产生网络内部的锁定效应（Crespo et al.，2014）。不过，当企业之间的知识网络结构过于分散时，虽然能够较为有效地克服技术锁定危机，但容易缺乏区域凝聚力，导致企业之间相互学习机会小或没有任何知识交流，仍不利于增强新增长路径的创造能力。克雷斯波等人（Crespo et al.，2014）提出具有“核心—边缘”特征的知识网络结构，在这种知识网络中，核心节点企业与边缘节点企业具有高度的连通性，核心节点企业加快了网络内部知识的流通，边缘节点企业可用有效进行新知识的探索，而核心与边缘节点的联结则有利于边缘企业将新知识传递到核心节点企业。

3. 关键节点

知识网络中存在着众多节点，如果某一企业节点与其他企业节点具有相同或相似的技术能力以及位置关系，那么这一企业的消亡对整个网络结构所带来的冲击微乎其微，区域经济的重组能力几乎不会受到影响。但是，如果是一个桥接性的企业消亡，那么两个不同的知识领域就会彻底隔断，对区域经济产生严重影响。鲍姆（Baum，2012）的研究指出，处在新旧网络之间桥接点的企业能够获得巨大的优势，而且这类节点企业也是区域经济获得外部资源、进行路径创造的关键，加强对关键节点企业的保护与扶持可以在一定程度上增强区域经济韧性。同时，企业也应该主动地与其他企业建立有效联结，以增强其在网络中的重要性以及新增长路径的创造能力（Boschma，2015）。

然而，将社会网络分析方法应用于区域经济韧性问题的研究仍然面临着诸多问题与挑战，因为现阶段并不存在一个可视化的知识网络，需要学者们进行区域内网络结构的识别与构建。学者们尝试分析调查数据和专利申请数据（Wal and Boschma，2009；Konig et al.，2010）从而描绘出一个区域的知识网络结构，但这种分析方法仅能表现出复杂的网络结构中的一部分，特别是调查方法往往只能够分析静态的网络结构，而忽视知识网络结构动态变化带来的影响。因此，如何构建一个有效的知识网络分析框架，在该网络框架中让知识流动透明化、可视化，仍然是值得进一步探索的问题。

（三）制度环境与区域经济韧性

1. 历史文化与法律规范

在研究区域经济韧性影响因素的文献中，还有一类文献侧重于对区域内历史文化与法律规范等制度环境的研究，因为一个地区长期以来形成的文化与法律规范会对区域经济韧性产生潜移默化的影响（Billington et al.，2017），而且制度环境往往也是产业结构与知识网络形成的外在因素，因此，在没有考虑制度因素的情况下，对区域经济韧性的研究是不完整的（Boschma，2015）。

由于新增长路径的创造根植于既有历史文化因素，所以具有经济韧性的区域是在现有资源约束条件下实现变革的（Wolfe，2010）。也就是说，历史文化因素包含了一个区域能够发展新增长路径的几乎所有可能性。当一个地区的制度仅能适应某些类型的产业时，这种制度保障了现有产业的快速发展，但这种制度也就阻碍了新增长路径的产生，导致区域经济韧性被削弱。如果一个区域内的制度环境有利于新的路径产生，那么区域应对危机的能力则会有所增强（Dawley，2014）。当一个区域内的新兴产业与原有产业有着相似但不相同的制度需求时，区域可以在不改变制度框架的基础上适应新兴产业的需求，从而满足新增长路径创造的条件（Boschma，2015）。

制度结构可能会受到诸如社会资本的侵蚀、财产权的丧失、经济政策的突然变化等冲击，这些冲击会影响到区域发展新增长路径的能力，从而影响区域经济韧性（Dawley，2014）。利斯尼亚克（Lisnyak，2016）通过对欧盟“东部伙伴关系（EaP）”国家的研究发现，提升区域经济韧性不仅要建立合理的法律规范，以保证私有产权和合同权利的执行，还应该克服新兴市场制度的不完整性，以促进产权平等、优化金融结构和发展新的金融市场。格伦斯文和哈钦森（Grunsven and Hutchinson，2016）的分析则强调了制度环境中关键驱动因素的重要性，他们指出区域中具有非本地网络联结的制度经纪人作为一个关键因素需要得到更多关注，这与知识网络中关键节点的作用相类似。

2. 国家方针与区域政策

随着制度环境越来越受到学者们的重视，有关国家作用的研究也逐渐增多，有学者认为国家政府部门在引导、鼓励和组织经济发展方面发挥着重要作用（Oxborrow and Brindley，2012；Rodriguezpose and Cataldo，2014）。因为有的危机可能会使整个区域陷入困境，即便是最具有优势的区域也可能无法应对，所以区域在面临这类危机时仍需要国家政策提供的帮助。除了国家层面的政策之外，区域自身的经济发展政策也具有重要影响，例如，区域政策制定者可以通过制定产业政策在很大程度上决定区域内的产业的类型与结构（Grunsven and Hutchinson，2016）。

学者们也探讨了现有政策对区域经济韧性的影响，戴维斯（Davies，2011）的研究通过考察欧洲地区在经历最近一次经济衰退时对公共部门的依赖程度，有效地测算了国家在区域经济复兴中的作用，该项研究着重考察了什么样的区域治理结构（包括市政资本、政府质量等）能够有更好的适应力且更容易促进变革。科威尔（Cowell，2015）比较了美国中西部 8 个大都市地区在 20 世纪 70 年代和 80 年代应对逆工业化时面临的问题，通过比较政策和治理方面的差异，以及这些差异对区域经济韧性的影响，她发现政策参与度高的地区的表现明显好于缺乏政策参与的区域。埃雷丁（Eraydin，2016）在研究各国政府的区域经济政策时指出，现有政策对建设有韧性的区域的贡献有限，从区域经济韧性视角制定区域经济发展政策是非常有必要的，政策制定者应该充分发挥区域的能动性，主动预测和处理可能发生的外部经济冲击，而且路径创造能力差的地区需要得到额外的关注和援助。

虽然新增长路径的建立有利于促进区域经济的复苏，但政策制定者不应该将新增长路径直接引入以期快速的区域经济修复，即不能直接移植新的“计划”行业或者路径体系，而是该更多地关注如何培养本地企业和行业的内生创造能力，实施具有针对性的引导策略（Coenen et al.，2015）。胡（Hu，2017）比较了中国两个地区（枣庄和阜新）应对发展困境的能力，枣庄和阜新都是以煤矿开采为主要经济产业，现在也同样面临资源枯竭困境，他发现枣庄比阜新有更好的应对能力，因为枣庄地区主要依赖于区域内部的调整，而阜新地区则主要依赖国家自上而下的政策，没有充分发挥区域自身的主观能动性。

制度环境对区域经济韧性的影响显著存在，但其测度比较困难，特别是一些制度因素本身也是多方面的，很难从单一维度去测量，历史文化因素也随时间的发展不断变迁，进一步探索制度环境因素的度量方法仍然是有必要的。同时，制度环境的构建需要国家与地区层面的共同努力，要从区域长期发展的角度去思考制度环境对区域经济韧性的影响，培育区域创造新增长路径的能力，使区域能够主动适应变化应对危机，而非在受到冲击后制定临时的政策以减少冲击的危害。

（四）其他影响因素

除了产业结构、知识网络以及制度环境因素外，学者们发现区域的创新体系、行业类型、城市化程度、生产能力、人力资本等因素也对经济韧性产生影响。

1. 创新体系

区域创新体系可以使区域在面对经济发展中的困境时有更好的表现（Cooke，2001）。就区域经济韧性而言，纳瓦罗埃斯皮亚雷斯等人（Navarro－Espigares et al.，2012）发现一些地区与行业所显示出强大的创新和变革能力，可以有效减弱经济冲击的影响。通过研究美国、日本和欧洲的专利数据，克拉克（Clark，2010）认为拥有许多创新型小企业的地区的确具有更强的适应能力，能够较好地应对经济冲击，区域的创新体系增强了区域的演化、变革与适应能力。西米（Simmie，2014）在对比研究英国的东南部和东北部区域经济韧性时发现，东南部地区具有良好的创新体系，新知识在促进产品与服务革新以及新企业形成方面的成功率更高，即该地区有更高的知识生产水平，可以在更广泛的地域范围内展开更高水平的学习，较少地依赖当地政府暂时性的发展改革措施。

2. 行业类型

不同的行业类型在应对经济危机时表现出的适应能力也有所不同（Fromhold - Eisebith，2015），雷等人（Ray et al.，2017）发现在每次经济衰退时，加拿大地区的制造业就业损失远高于服务业，且复苏程度较低。因此，制造业放大了经济冲击，而商业服务部门则充当了区域经济的减震器。拉格维纳斯（Lagravinese，2015）调查了1970～2011年发生在意大利的经济危机，发现制造业份额较大的地区比其他地区遭受经济危机和经济衰退的次数更多。在逆工业化的过程中，那些迅速作出反应并且展开多样化新经济活动的地区的表现要好于那些反应较慢且侧重保留制造业的地区（Cowell，2015）。佩特罗科斯和佩查瑞斯指出贸易和出口导向型行业中专业化程度较高的地区在应对经济危机具有更好的表现。布雷克曼等（Brakman et al.，2015）则认为高科技产业占比较大的地区受危机影响较小。

3. 城市化程度

区域的城市化程度对于区域经济韧性也很重要，通过考察区域内人口的流动性，布雷克曼发现通勤人口比例较高的地区具有较强的适应能力，可以在经济危机时保持较好的经济增速。同时，在城市化程度已经较为完善的区域中，移民的增多进一步促进了区域经济的一体化，增强了区域的经济韧性。李斯特和梅（Lester and Mai，2015）也指出移民在增强区域适应性方面有积极作用，外来人口可以增加对商品和服务的需求，同时创造额外的经济产出来促进区域的稳定和发展。

4. 生产力差异

通过研究西班牙各个地区的经济恢复情况，库拉德罗鲁阿和马洛托（Cuadradoroura and Maroto，2016）认为区域经济中的生产力差异是解释区域在危机后经济复苏能力差异的重要原因，而这种生产力的差异主要是通过是否具有专业化生产的能力表现出来。因为专业化生产的能力提高了一个地区的生产力，从而在经济衰退时仍然能够表现出一定的比较优势，为区域内新增长路径的创造提供了必要的支持。

5. 人力资本

卡罗（Caro，2014）通过对比意大利南北地区之间的经济韧性差异发现，南方地区的低经济韧性与该地区人力资本存量较低有关。人力资本是塑造区域经济韧性的主要决定因素，在绝大多数情况下，投资于教育可以提高人力资本的质量，并提高生产率（Giannakis and Bruggeman，2018），高素质的劳动力能够增强区域新增长路径的创造能力（Duschl，2016）。

经济冲击给区域带来的影响是多方面的，因此，区域经济韧性的表现形式也是多样的，从这个层面而言，区域应对经济危机、创造新增长路径的有利因素也是多样的。在面临经济危机与经济发展困境时，不同区域受影响于其自身历史、经济、社会、政治、文化等因素，可能需要从不同的角度制定区域经济韧性政策，因此，探索区域经济韧性的其他影响因素有助于较为全面地了解区域经济韧性发挥作用的方式，也为各地区制定增强区域经济韧性的政策提供了更具针对性的参考。

四、研究总结与展望

虽然区域经济韧性的概念经历了从均衡论到演化论的发展，但仍缺乏一个统一明确的界定，因此有必要从区域吸收冲击的短期能力与发展新增长路径的长期能力相统一的角度，对区域经济韧性的内涵和外延做出进一步的探讨，同时，还需要结合相关的实证研究结果，以增强其适用性。在区域经济韧性的测算方面，虽然越来越多的学者采用GDP与失业率等宏观经济数据来表示区域经济韧性，但是这类数据的影响因素较多，且缺乏行之有效的方法将区域经济韧性的测度控制在合理范围内，而微观经济数据虽然可以较多地考虑到区域的异质性，但对区域经济的反映不够全面。采用指标测定的方法虽然面临内生性问题，但如果指标设计的恰当，且结合区域的经济特征，则可以有效反映出不同地区的区域经济韧性，因此，构建一个良好的区域经济韧性测度指标体系可以为相关研究提供有力支撑。

区域经济韧性受到区域内产业结构、知识网络以及制度环境等因素的影响，这些因素主要通过影响区域内新增长路径的产生而发挥作用。而有关这些影响因素的实证分析中，区域的知识网络与制度环境因素的度量方法仍然不完善，探索这类影响因素的度量方法可以优化对区域经济韧性的实证研究。同时，探讨影响区域经济韧性的其他影响因素也有助于对区域经济韧性概念的进一步了解。考虑到国家与区域政策的作用，政策制定者可以通过改善区域经济韧性的影响因素，制定满足可持续发展的标准与差异化的地区发展战略，来增强区域内新增长路径的创造能力（Giannakis and Bruggeman，2018）。进一步探究区域经济韧性的影响因素，可以为国家制定相关政策以增强区域的抗冲击能力与稳定发展能力提供更加全面的理论基础。

将区域经济韧性分析方法应用于我国经济实际的研究，可以解释我国部分地区存在的经济发展滞后现象。例如，从区域经济韧性角度来看我国东北地区的经济发展问题，“东北老工业基地”的经济衰退是一种必然现象，因为东北地区的经济不具备良好的韧性属性。东北地区主要以重工业为主导产业，产业结构比较单一、几乎不存在多样性，而且面临着产能过剩的状态，因此不能有效将资源转移到新兴产业，导致产业结构进一步恶化。同时，东北地区的企业与外界的联系比较少，知识网络不健全、关键企业节点少，因此不能有效地从外部获得资源，存在“投资不过山海关”的投资关系状态，新增长路径的产生也就更加困难。另外的问题是，东北地区的制度环境僵化，企业的创新意识薄弱，历史制度因素导致企业倾向去获取国家政策和财政转移的支持，而不是积极开拓新增长路径以获得发展。

解决我国各地区间不平衡、不充分的发展问题，可以以解决区域之间的经济增长的差异为突破口。“东北老工业基地”日渐衰落，国家多次实施振兴政策仍没能改变其衰退局面，而我国珠三角、长三角等地区则有效克服了危机，取得了较快的发展。因此将区域经济韧性的研究应用于解决我国经济发展中的不平衡问题，通过构建适用于我国经济特征的区域经济韧性测度指标，分析我国不同地区经济韧性的差异，发现具有良好韧性区域的发展路径与经济特征，并为经济增长不稳定的区域提供借鉴，将有利于我国整体经济水平的平衡、稳定发展。

现阶段，我国经济开始由高速增长阶段向高质量发展阶段转变，必然面临着区域经济政策的调整，将韧性思维应用到区域经济的战略调整中，将有利于制定保障区域经济的稳定发展的政策。因为政策从制定到实施具有一定的时滞性，如果仅以应对偶然性的经济冲击为目标制定临时性的政策，一方面会导致区域被动地应对危机；另一方面则可能因为时滞的影响，导致政策实施不及时。因此，应该在充分考虑本地区的历史经济特征后，制定一个在长期中可以培育创新增长路径的区域经济发展政策。另外，单个的行政区域可能会面临资源匮乏、劳动力不足等约束，无法实施增强经济韧性的政策，所以，需要从国家层面制定跨行政区域的经济发展政策，从而有效整合各地区资源，增强整体经济韧性。

参考文献

1. Artelaris, Panagiotis, 2017, “Geographies of crisis in Greece: A social well-being approach”, *Geoforum*, 84 (84): pp. 59 – 69.

2. Balland, Pierre Alexandre, David Rigby and Ron Boschma, 2015, “The technological resilience of US cities”, *Cambridge Journal of Regions Economy and Society*, 8 (2): pp. 167 – 184.

3. Baum, Joel A. C., Bill Mcevily and Tim J. Rowley, 2012, “Better With Age? Tie Longevity and the Performance Implications of Bridging and Closure”, *Social Science Electronic Publishing*, 23 (2): pp. 529 – 546.

4. Benner, Chris and Manuel Pastor, 2016, “Whither Resilient Regions? Equity, Growth and Community”, *Journal of Urban Affairs*, 38 (1): pp. 5 – 24.

5. Billington, Mary Genevieve, James Karlsen, Line Mathisen and Inger Beate Pettersen, 2017, “Unfolding the relationship between resilient firms and the region”, *European Planning Studies*, 25 (3): pp. 425 – 442.

6. Bishop, Paul and Daniel Shilcof, 2016, “The spatial dynamics of new firm

births during an economic crisis: the case of Great Britain, 2004 –2012", *Entrepreneurship and Regional Development*, 29 (3 –4): pp. 1 –23

7. Boschma, Ron, 2015, "Towards an Evolutionary Perspective on Regional Resilience", *Regional Studies*, 49 (5): pp. 733 –751.

8. Brakman, Steven, Harry Garretsen and Charles Van Marrewijk, 2015, "Regional resilience across Europe: on urbanisation and the initial impact of the Great Recession", *Cambridge Journal of Regions Economy and Society*, 8 (2): pp. 309 –312.

9. Briguglio, Lino, Gordon Cordina, Nadia Farrugia and Stephanie Vella, 2009, "Economic Vulnerability and Resilience: Concepts and Measurements", *Oxford Development Studies*, 37 (3): pp. 229 –247.

10. Bristow, Gillian, 2010, "Resilient regions: re – 'place' ing regional competitiveness", *Cambridge Journal of Regions Economy and Society*, 3 (1): pp. 153 –167.

11. Bristow, Gillian and Adrian Healy, 2015, "Crisis response, choice and resilience: insights from complexity thinking", *Cambridge Journal of Regions Economy and Society*, 8 (2): pp. 241 –256.

12. Caro, Paolo Di, 2014, "Testing and explaining economic resilience with an application to Italian regions", *Papers in Regional Science*, 96 (1): pp. 93 – 113.

13. Castaldi, Carolina, Koen Frenken and Bart Los, 2015, "Related Variety, Unrelated Variety and Technological Breakthroughs: An analysis of US State – Level Patenting", *Regional Studies*, 49 (5): pp. 767 –781.

14. Cellini, Roberto and Gianpiero Torrisi, 2014, "Regional Resilience in Italy: A Very Long – Run Analysis", *Regional Studies*, 48 (11): pp. 1779 – 1796.

15. Christopherson S., J. Michie and P. Tyler. 2010, "Regional resilience: theoretical and empirical perspectives, Cambridge Journal of Regions", *Economy and Society*, 3 (1): pp. 3 –10.

16. Cimellaro, Gian Paolo, Daniele Solari and Michel Bruneau, 2015, "Physical infrastructure interdependency and regional resilience index after the 2011 Tohoku Earthquake in Japan", *Earthquake Engineering and Structural Dynamics*, 43 (12): pp. 1763 –1784.

17. Clark, Jennifer, Hsini Huang and John P. Walsh, 2010, "A typology of 'innovation districts': what it means for regional resilience", *Cambridge Journal of Regions Economy and Society*, 3 (1): pp. 121 –137.

18. Coenen, Lars, Bjorn Asheim, Markus M. Bugge and Sverre J. Herstad, 2016, "Advancing regional innovation systems: What does evolutionary economic geography bring to the policy table?", *Environment and Planning C: Politics and Space*, 35 (4): pp. 600 –620.

19. Coenen, Lars, Jerker Moodysson and Hanna Martin, 2015, "Path Renewal in Old Industrial Regions: Possibilities and Limitations for Regional Innovation Policy", *Regional Studies*, 49 (5): pp. 850 –865.

20. Cooke, Philip, 2001, "Regional Innovation Systems, Clusters and the Knowledge Economy", *Industrial and Corporate Change*, 10 (4): pp. 945 – 974.

21. Courvisanos, Jerry, Ameeta Jain and Karim K. Mardaneh, 2016, "Economic Resilience of Regions under Crises: A Study of the Australian Economy", *Regional Studies*, 50 (4): pp. 629 –643.

22. Cowell, Margaret M., 2013, "Bounce back or move on: Regional resilience and economic development planning", *Cities*, 30 (3): pp. 212 –222.

23. Cowell, Margaret M., 2014, *Dealing with deindustrialization: Adaptive resilience in American Midwestern regions*. Routledge Press.

24. Crespo, Joan, Raphael Suire and Jerome Vicente, 2014, "Lock-in or lock-out? How structural properties of knowledge networks affect regional resilience", *Papers in Evolutionary Economic Geography*, 14 (1): pp. 199 –219.

25. Cuadradoroura, Juan R. and Andres Maroto, 2016, "Unbalanced regional resilience to the economic crisis in Spain: a tale of specialisation and productivity", *Cambridge Journal of Regions Economy and Society*, 9 (1): pp. 153 –178.

26. Davies, Sara, 2011, "Regional resilience in the 2008 –2010 downturn: comparative evidence from European countries", *Cambridge Journal of Regions Economy and Society*, 4 (3): pp. 369 –382.

27. Davoudi, Simin, Elizabeth Brooks and Abid Mehmood, 2013, "Evolutionary Resilience and Strategies for Climate Adaptation", *Planning Practice and Research*, 28 (3): pp. 307 –322.

28. Dawley, Stuart, 2014, "Creating New Paths? Offshore Wind, Policy Activism and Peripheral Region Development", *Economic Geography*, 90 (1): pp. 91 –112.

29. Desrochers, Pierre and Samuli Leppala, 2011, "Opening up the 'Jacobs Spillovers' black box: local diversity, creativity and the processes underlying new combinations", *Journal of Economic Geography*, 11 (5): pp. 843 –863.

30. Diodato, Dario and Anet B. R. Weterings, 2014, "The resilience of re-

gional labour markets to economic shocks: Exploring the role of interactions among firms and workers", *Journal of Economic Geography*, 15 (4): 723 –742.

31. Dokic, Irena, Zlatan Frohlich and Ivana Rasic Bakaric. 2016, "The impact of the economic crisis on regional disparities in Croatia", *Cambridge Journal of Regions Economy and Society*, 9 (1): pp. 179 –195.

32. Duschl, Matthias, 2016, "Firm dynamics and regional resilience: an empirical evolutionary perspective", *Industrial and Corporate Change*, 25 (5): pp. 867 –883.

33. Eraydin, Ayda, 2016, "The role of regional policies along with the external and endogenous factors in the resilience of regions", *Cambridge Journal of Regions Economy and Society*, 9 (1): pp. 217 –234.

34. Eriksson, Rikard and Emelie Hane –Weijman, 2017, "How do regional economies respond to crises? The geography of job creation and destruction in Sweden. 1990 –2010)", *European Urban and Regional Studies*, 2 (4): pp. 292 –295.

35. Evenhuis, Emil, 2017, "New directions in researching regional economic resilience and adaptation", *Geography Compass*, 11 (2): pp. e12333.

36. Fingleton, Bernard, Harry Garretsen and Ron Martin, 2012, "Recessionary shocks and regional employment: Evidence on the resilience of U. K. regions", *Journal of Regional Science*, 52 (1): pp. 109 –133.

37. Frenken, Koen, Frank Van Oort and Thijs Verburg, 2007, "Related Variety, Unrelated Variety and Regional Economic Growth", *Regional Studies*, 41 (5): pp. 685 –697.

38. Fromhold –Eisebith, Martina, 2015, "Sectoral Resilience: Conceptualizing Industry –Specific Spatial Patterns of Interactive Crisis Adjustment", *European Planning Studies*, 23 (9): pp. 1 –20.

39. Giannakis, Elias and Adriana Bruggeman, 2018, "Determinants of regional resilience to economic crisis: a European perspective", *European Planning Studies*, 25 (8): pp. 1 –22.

40. Grunsven, Leo Van and Francis E. Hutchinson, 2017, "The evolution of the electronics industry on Batam Island. Riau Islands Province, Indonesia: an evolutionary trajectory contributing to regional resilience?", *Geojournal*, 82 (3): pp. 475 –492.

41. Grunsven, Leo Van and Francis E. Hutchinson, 2016, "The evolution of the electronics industry in Johor. Malaysia: Strategic coupling, adaptiveness, adaptation and the role of agency", *Geoforum*, 74 (74): pp. 74 –87.

42. Hall, Petera and David Soskice, 2001, *Varieties of capitalism*, Oxford University Press.

43. Hassink, Robert, 2005, "How to unlock regional economies from path dependency? From learning region to learning cluster", *European Planning Studies*, 13 (4): pp. 521 –535.

44. Hassink, Robert, 2010, "Regional resilience: a promising concept to explain differences in regional economic adaptability?", *Social Science Electronic Publishing*, 3 (1): pp. 45 –58.

45. Hervas –Oliver, Jose –Luis, Ian Jackson and Philip R. Tomlinson, 2011, " 'May the ovens never grow cold': regional resilience and industrial policy in the North Staffordshire ceramics industrial district-with lessons from Sassoulo and Castellon", *Policy Studies*, 32 (4): pp. 377 –395.

46. Holling, C. S., 1973, "Resilience and Stability of Ecological Systems", *Annual Review of Ecology and Systematics*, 4 (4): pp. 1 –23.

47. Hu, Xiaohui, 2017, "From Coal Mining to Coal Chemicals? Unpacking New Path Creation in an Old Industrial Region of Transitional China", *Growth and Change*, 48 (2): pp. 233 –245.

48. Lagravinese, Raffaele, 2015, "Economic crisis and rising gaps North –South: evidence from the Italian regions", *Cambridge Journal of Regions Economy and Society*, 8 (2): pp. 331 –342.

49. Lester, T. William and Thi Nguyen Mai, 2015, "The Economic Integration of Immigrants and Regional Resilience", *Journal of Urban Affairs*, 38 (1): pp. 42 –60.

50. Lisnyak, Sergey, 2016, "The Relevance Of Eap With Regard To Regional Economic Resilience Capacity Building", *Ces Working Papers*, 8 (3): pp. 364 –375.

51. Los, Bart, Carolina Castaldi and Koen Frenken, 2013, "Related Variety, Unrelated Variety and Technological Breakthroughs: An Analysis of U. S. State –Level Patenting", *ERSA conference papers*, 49 (13): pp. 767 –781.

52. Lu, Ruoxi and Rebekka Dudensing, 2015, "Post-Ike economic resilience along the Texas coast", Disasters 39 (3): pp. 493 –521.

53. Martin, Ron, 2012, "Regional economic resilience, hysteresis and recessionary shocks", *Journal of Economic Geography*, 12 (12): pp. 1 –32.

54. Martin, Ron and Peter Sunley, 2000, "Regional employment evolutions in the European Union: A preliminary analysis", *Regional Studies*, 34 (7): pp. 601 –616.

55. Martin, Ron and Peter Sunley, 2013, "On the notion of regional economic resilience: conceptualization and explanation", *Journal of Economic Geography*, 15 (1): pp. 1 -42.

56. Modica, Marco and Aura Reggiani, 2014, "Spatial Economic Resilience: Overview and Perspectives", *Networks and Spatial Economics*, 15 (2): pp. 1 - 23.

57. Navarro - Espigares, Jose Luis and Elisa Hernandez - Torres, 2012, "The role of the service sector in regional economic resilience", *Service Industries Journal*, 32 (4): pp. 571 -590.

58. Neffke, Frank, Martin Henning and Ron Boschma, 2011, "How Do Regions Diversify over Time? Industry Relatedness and the Development of New Growth Paths in Regions", *Economic Geography*, 87 (3): pp. 237 -265.

59. Ormerod, Paul, 2010, "Resilience after localeconomic shocks", *Applied Economics Letters*, 17 (5): pp. 503 -507.

60. Oxborrow, Lynn and Clare Brindley, 2012, "Regional resilience in recessionary times: a case study of the East Midlands", *International Journal of Retail and Distribution Management*, 40 (11): pp. 882 -899.

61. Petrakos, George and Yannis Psycharis, 2016, "The spatial aspects of economic crisis in Greece", *Cambridge Journal of Regions Economy and Society*, 9 (1): pp. 137 -152.

62. Pike Andy, Stuart Dawley and John Tomaney, 2010, "Resilience, adaptation and adaptability", *Cambridge Journal of Regions Economy and Society*, 3 (1): pp. 59 -70.

63. Pudelko, Franziska and Christian Hundt, 2017, "Gauging two sides of regional economic resilience in Western Germany - Why resistance and recovery should not be lumped together", *Innovation and Space Working Papers*, No. 2017 - 01.

64. Ray, D Michael, Ian Maclachlan, Rodolphe Lamarche and K. P. Srinath, 2017, "Economic shock and regional resilience: Continuity and change in Canada's regional employment structure, 1987 - 2012", *Environment and Planning A*, 49 (4): pp. 952 -973.

65. Reggiani, Aura, Thomas De Graaff and Peter Nijkamp, 2002, "Resilience: An Evolutionary Approach to Spatial Economic Systems", *Networks and Spatial Economics*, 2 (2): pp. 211 -229.

66. Rodriguezpose andrés and Marco Di Cataldo, 2014, "Quality of government and innovative performance in the regions of Europe", *Papers in Evolutionary*

Economic Geography, 15 (4): pp. 673 – 706.

67. Rose, Adam, 2004, "Defining and measuring economic resilience to disasters", *Disaster Prevention and Management volume*, 13 (4): pp. 307 – 314.

68. Sedita, Silvia Rita, Ivan De Noni and Luciano Pilotti, 2017, "Out of the crisis: an empirical investigation of place-specific determinants of economic resilience", *European Planning Studies*, 25 (2): pp. 155 – 180.

69. Sensier, Marianne, Gillian Bristow and Adrian Healy, 2016, "Measuring Regional Economic Resilience across Europe: Operationalizing a complex concept", *Spatial Economic*, Analysis 11 (2): pp. 1 – 24.

70. Simmie, James, 2014, "Regional Economic Resilience: A Schumpeterian Perspective", *Raumforschung Und Raumordnung*, 72 (2): pp. 103 – 116.

71. Simmie, James and Ron Martin, 2010, "The economic resilience of regions: Towards an evolutionary approach." *Cambridge Journal of Regions, Economy and Society*, 3 (1): pp. 27 – 43.

72. Steen, Markus, 2014, "Resilient peripheral regions? The long-term effects of ten Norwegian restructuring programmes", *Norsk Geografisk Tidsskrift – Norwegian Journal of Geography*, 68 (2): pp. 91 – 101.

73. Stumpp, E. M.. 2013, "New in town? on resilience and 'resilient cities'", *Cities*, 32 (1): pp. 164 – 166.

74. Svoboda, Ondrej and Tereza Klementova, 2014, "Correlation analysis and model of the regional economic resilience". *WSEAS Transactions on Business and Economics*, 11 (2): pp. 765 – 777.

75. Szabo, Mariann, Maria Szalmane Csete and Tamas Palvolgyi, 2018, "Resilient Regions from Sustainable Development Perspective". *European Journal of Sustainable Development*, 7 (1): pp. 395 – 411.

76. Treado, Carey Durkin, 2010, "Pittsburgh's evolving steel legacy and the steel technology cluster", *Social Science Electronic Publishing*, 3 (1): pp. 105 – 120.

77. Treado, Carey Durkin and Frank Giarratani, 2008, "Intermediate Steel-Industry Suppliers in the Pittsburgh Region: A Cluster – Based Analysis of Regional Economic Resilience", *Economic Development Quarterly*, 22 (1): pp. 63 – 75.

78. Van Bergeijk, Peter, Steven Brakman and Charles Van Marrewijk, 2017, "Heterogeneous economic resilience and the great recession's world trade collapse", *Papers in Regional Science*, 96 (1): pp. 3 – 12.

79. Wal, Anne L. J. Ter and Ron A. Boschma, 2009, "Applying social network analysis in economic geography: framing some key analytic issues", *Annals*

of Regional Science, 43 (3): pp. 739 – 756.

80. Wink, Rudiger, Laura Kirchner, Florian Koch and Daniel Speda, 2016, "There are Many Roads to Reindustrialization and Resilience: Place-based Approaches in Three German Urban Regions", *European Planning Studies*, 24 (3): pp. 463 – 488.

81. Wolfe, David A., 2010, "The strategic management of core cities: Path dependence and economic adjustment in resilient regions", *Cambridge Journal of Regions Economy and Society*, 3 (1): pp. 139 – 152.

82. Xiao, Jing, Ron Boschma and Martin Andersson, 2018, "Resilience in the European Union: the effect of the 2008 crisis on the ability of regions in Europe to develop new industrial specializations", *Industrial and Corporate Change*, 27 (18): 15 – 47.

83. Zenka, Jan, Adam Pavlik and Ondrej Slach, 2017, "Resilience of metropolitan, urban and rural regions: A Central European perspective", *Geoscape*, 11 (1): pp. 25 – 40.

Progress in Research on Regional Economic Resilience and Its Influencing Factors

LU Miaomiao SUN Tao

(The Center for Economic Research, Shandong University, 250100)

[**Abstract**] In the face of shocks, some areas smoothly transition and even achieve better development, while some are in a trough in the midst of a crisis, and the economic recovery is in the foreseeable future. Western scholars attribute this question to the issue of regional economic resilience. Moreover, the issue of resilience has gradually become a hot spot of concern in recent years. But domestic research on regional economic resilience is still in its infancy. By combing the concept and measurement method of regional economic resilience and analyzing the influencing factors of regional economic resilience, this article found "creativity of the new growth path" becoming the main performance of regional economic resilience. Factors such as industrial structure, knowledge network and institutional environment have an important impact on regional economic resilience. The introduction of regional economic resilience research methods in China's economic research and policy formulation will contribute to the stable and balanced development of different regions.

[**Key Words**] Regional Economic Resilience Industrial Structure Knowledge Network Institutional Environment

JEL Classifications: R50

后　　记

《制度经济学研究》已经入选中国社会科学引文索引（CSSCI）来源集刊，加入中国学术期刊网全文数据库（www. cnki. net）、中国台湾·华艺数位股份有限公司中文电子期刊服务数据库（www. ceps. com. tw），成为中国人民大学书报资料中心、《中国社会科学文摘》等收录来源书刊。为进一步规范《制度经济学研究》的稿件格式，要求所有来稿必须符合以下体例：

1. 除海外学者外，稿件一律使用中文。应将打印稿一式三份寄至：山东省济南市山大南路27号山东大学经济研究院（中心）《制度经济学研究》编辑部，邮编：250100；或者通过电子邮件发送至：zdjjxyj@126. com或者casslzg@126. com。

2. 稿件第一页应包含以下信息：（1）文章标题；（2）作者姓名、单位以及通信地址、电话和电子邮箱；（3）感谢语（如果有的话）。

3. 稿件的第二页应提供以下信息：（1）文章标题；（2）200字左右的文章摘要；（3）三个中文关键词；（4）中图分类号；（5）文献标识码；（6）文章的英文标题；（7）200字左右的英文摘要；（8）三个JEL（Journal of Economic Literature）分类号。（注："中图分类号"、"文献标识码"、"JEL分类号"可以直接从http：//www. cer. sdu. edu. cn中"制度经济学"栏目中查询）。

4. 稿件一律用Microsoft Word软件编辑。文章正文的标题、表格、图、等式必须分别连续编号；注释一律采用脚注，不得采用尾注，并请采用自动格式，按页编号；大标题居中，用中文数字一、二、三等编号，字体为四号、加粗、宋体；小标题左对齐，用中文数字（一）、（二）、（三）等编号，字体为五号、加粗、宋体；正文字体采用五号、宋体；其他编号一律使用阿拉伯数字；正文行距为单倍行距，页边距采用自动格式（上下各为2. 54厘米；左右各为3. 17厘米）。

5. 正文中的外国人名、地名翻译成中文。在文章中第一次出现时，在中文译名后用括号标出外文，以后再出现时直接采用中文，参考文献除外。

6. 文章的参考文献必须一律放在结尾处，按照先中文文献、后英文文献根据作者姓名的汉语拼音（或英文字母）顺序排列。以下为参考体例：

1. 黄少安：《关于制度变迁的三个假说及其验证》，载于《中国社会科学》2000年第4期。

2. 张军：《"双轨制"经济学：中国的经济改革（1978～1992）》，上海三联书店、上海人民出版社 1997 年版。

3. Alchian, Armen A., 1950, "Uncertainty, Evolution, and Economic Theory", *Journal of Political Economy*, Vol. 58, No. 3, June, pp. 211 – 221.

4. Tullock, Gordon, 1998, *On Voting: A Public Choice Approach*, Northampton, MA: Edward Elgar Publishing, Inc.

7. 译文须注明原文出处，是否取得原文作者授权（投稿时同时提供作者或原出版单位的授权许可）；译文可以不提供中英文摘要，参考文献不必译成中文。

8. 《制度经济学研究》不采用已经发表过的学术成果；稿件一经发表，未经允许不得转载或在其他地方再次发表。所有稿件自发出后三个月若无回音，请自行处理，恕不退稿；作者也可以在稿件发出两个月之后，通过 E-mail 或电话询问审稿信息，联系电话：0531 – 88364050。

山东大学经济研究院

2017 年 7 月